Les Rois
qui ont fait
la France

DU MÊME AUTEUR

ROMANS

La Caste, Prix du Renouveau français 1952 (Julliard).
Pavane pour un enfant (Julliard).
Les Armes à la main, Prix Ève-Delacroix 1956 (Julliard).
Le Bûcher (Julliard).
Deux cents Chevaux dorés, Grand Prix littéraire des Librairies de France 1959 (Julliard).
L'enterrement du Comte d'Orgaz (Julliard).
Les Tentations (Julliard).
Requiem pour Gilles de Rais (Julliard).
Les Quatre Cavaliers, ouvrage couronné par l'Académie française (Julliard).
Les Atlantes (Éditions R. Laffont).
Les Lances de Jérusalem, Prix de l'Académie de Bretagne 1967 (Laffont).
La Toccata (Laffont).
Guillaume le Conquérant (Laffont).
Le Chevalier du Landreau (Laffont).
Le Dernier Chouan (Pygmalion).
Le Vieil Homme et le Loup (Chien de Feu) (Pygmalion).

ÉTUDES HISTORIQUES

Les Templiers (Fayard).
La Guerre de Vendée (Julliard).
Les Rois fous de Bavière (Laffont).
Le Roman du Mont Saint-Michel (Laffont).
Prestiges de la Vendée (Éditions France-Empire).
Mandrin (Hachette-Littérature).
La Guerre de Six Cents Ans (Laffont).
Richelieu (Hachette-Réalités. En collaboration).
Voltaire (Hachette-Réalités. En collaboration).
Histoire du Poitou (Hachette-Littérature).
La vie quotidienne des Templiers au XIIIe siècle (Hachette).
Le Naufrage de « La Méduse », Bourse Goncourt du récit historique 1974 (Laffont).
Les Marins de l'An II, Prix de la Cité 1975, ouvrage couronné par l'Académie française (Laffont).
La vie quotidienne en Vendée pendant la Révolution (Hachette-Littérature).
Grands Mystères et Drames de la Mer (Pygmalion).
Foucquet, coupable ou victime ? (Pygmalion).
Jacques Cœur (Pygmalion).
La vie quotidienne de Napoléon en route vers Sainte-Hélène (Hachette).
Vercingétorix (Pygmalion).
Napoléon (Pygmalion).
Histoire secrète de Paris (Albin Michel).
Jean le Bon (Ramsay).
Les rois qui ont fait la France (Pygmalion) :
Les Bourbons : *Tome I : Henri IV. Tome II : Louis XIII. Tome III : Louis XIV. Tome IV : Louis XV. Tome V : Louis XVI.*
Les Capétiens : *Tome I : Philippe Auguste. Tome II : Saint Louis. Tome III : Philippe le Bel.*
Les Valois : *Tome I : Charles V. Tome II : Charles VII.*

ESSAIS

Montherlant (Éditions Universitaires).
Molière génial et familier, Prix Dagneau 1967 (Laffont).
Molière (Hachette-Réalités. En collaboration).

GEORGES BORDONOVE

Les Rois qui ont fait la France

LOUIS XI

le Diplomate

Pygmalion
Gérard Watelet
Paris

Sur simple demande aux
Éditions Pygmalion/Gérard Watelet, 70 avenue de Breteuil, 75007 Paris
vous recevrez gratuitement notre catalogue
qui vous tiendra au courant de nos dernières publications.

ISBN 2-85704-187-X.

Les nobles rois de France
ont toujours entendu
et travaillé à dilater
et à élargir leur royaume.

Le Rosier des Guerres

L'UNIVERSELLE ARAGNE

C'est un spectacle captivant que celui d'une araignée des champs tissant sa toile. Elle choisit son terrain de chasse avec soin. Tout montre en ce choix l'intelligence, le calcul, une sorte de génie instinctif. C'est un lieu de passage entre deux branchettes ou deux tiges. Ici l'impalpable brise fait son cours. A l'ombre des feuillages, la toile étire bientôt ses rayons concentriques, si ténus qu'ils sont à peine visibles, hormis dans la lumière de l'aube, alors que la rosée alourdit de ses perles les fils légers. L'éclat du jour l'efface. La brume du soir l'ensevelit dans son mystère. Que le vent s'élève, elle résiste à ses secousses. La pluie ne parvient pas à disjoindre cette architecture savante, comble de flexibilité et de robustesse ! Embusqué à l'un des sommets, sous le couvert d'une feuille, le maître d'œuvre attend. C'est l'araignée, monstre d'habileté, de patience. Les pattes repliées, elle semble dormir, mais reste toujours en alerte. Qu'un insecte vienne heurter le piège, elle le laisse se débattre, s'empêtrer dans les fils, se ligoter lui-même. Soudain elle se dresse, fond sur sa proie et l'achève.

Ce n'est point par hasard que j'évoque à propos de Louis XI cette image de l'araignée des champs. Certes, en son temps, deux partisans du duc de Bourgogne, Molinet et Chastellain, le surnommèrent «l'aragne» (l'araignée), «l'universelle aragne». Mais, surtout, le duel à mort entre Louis XI et Charles le Téméraire rappelle étrangement celui de l'araignée et de l'insecte. Le Téméraire fut ce bourdon de velours noir qui, abusé par sa force et par sa splendeur, pique résolument vers la toile de l'araignée. Il en rompt les fils, une fois, deux fois, ou plus. L'inlassable araignée répare les dégâts, elle renforce les parties faibles et reprend son guet. A la fin, le bourdon s'empêtre et succombe.

Il n'est pas jusqu'à la grisaille même de l'araignée qui ne rappelle ce roi sans majesté, ficelé dans un méchant habit de chasse, d'autant plus redoutable qu'il s'applique à passer inaperçu, à paraître anodin. Mais, comme lui, l'araignée réserve des surprises à l'observateur attentif. Quand on regarde sa petite masse disgracieuse à travers une forte loupe, alors apparaissent des couleurs invisibles à l'œil nu, un ensemble de teintes harmonieuses et subtiles, telles que la nature excelle à les agencer. Le travail de l'historien ressemble à celui de l'entomologiste. En tout cas, pour restituer les vraies couleurs de Louis XI, il ne faut certes pas moins d'obstination !

Il est en effet à part dans la galerie de nos rois. Il ne s'inscrit nullement dans la tradition de ses devanciers, si l'on s'en tient aux apparences. Son vêtement, son comportement, sa façon de vivre, son langage quotidien, ses méthodes de gouvernement lui appartiennent en propre. De nos jours, on dirait de lui : «C'est un original !» avec ce que ce qualificatif suggère de réserve et d'admiration rentrée. Est-il donc surprenant que la postérité ne l'ait pas traité selon son mérite ? Il reste, pour le plus grand nombre, le triste sire de Plessis-les-Tours, avec ses cages de fer et son verger de pendus, le faux dévot qui décorait son chapeau de médailles de plomb, le maître fourbe flanqué de ses hommes de main : Olivier le Daim, son barbier-confident, Tristan l'Hermite, son bourreau, bref un implacable tyran. Qu'il ait abattu la puissance bourguignonne, annihilé l'ambition du Téméraire de créer un royaume lotharingien aux dépens de la France, voire de coiffer la couronne impériale, on l'a oublié. Il en est de même de la restructuration de l'État, des réformes, des novations en une infinité de domaines, et du redressement économique. Des générations d'historiens n'ont retenu de Louis XI que son aspect négatif, sauf exceptions. A croire qu'ils puisèrent leur inspiration dans le célèbre Quentin Durward *de Walter Scott, où l'on voit une sorte de roi-marchand, véritable incarnation de Méphistophélès, évoluer dans un décor néo-gothique. Bien entendu, le décor est aussi faux que le personnage. Le manoir de Plessis-les-Tours n'était point la prison-forteresse que décrit si complaisamment Scott, mais une agréable demeure de campagne annonçant déjà la Renaissance. Quant à Louis XI, si son machiavélisme est évident, sa cruauté n'excède certainement pas celle des princes de son temps. Elle ne s'exerçait d'ailleurs qu'à l'encontre des traîtres, le plus souvent récidivistes. Louis XI était au contraire indulgent envers les faibles et les humbles. Mais on a pris pour argent comptant les ragots, les calomnies, les attaques fielleuses des Bourguignons. Charles le Téméraire lança contre son rival une véritable campagne d'intoxication. Avant la guerre du Bien public (1465), alors que Louis régnait depuis à peine quatre ans, les poètes Chastellain et Meschinot écrivaient :*

« Penses-tu avoir Dieu doux et propice,
Homme sans foi, sans loi et sans police,
Innocent feint tout fourré de malice,
Farci d'orgueil, rempli de gloire vaine... »

ou encore :

« Tu n'es tant bel, tant cointe, tant joli,
Ni de joyaux tellement embelli,
Que dedans bref ne gises sous la lame :
Les vers sont là pour ta peau entamer... »

Plus tard, Thomas Basin, ex-évêque de Lisieux, réfugié en Flandre, écrivit une histoire de Louis XI, laquelle n'est qu'un pamphlet vengeur. L'hypocrite prélat ne pardonnait pas au roi d'avoir abrégé sa carrière. Il commençait ainsi : « Fallait-il réaliser notre projet ou plutôt, mettant en vacances notre plume, renoncer à tenir notre engagement ? Nous craignions, en effet, en dévoilant ses ruses, ses malices, ses perfidies, ses sottises, ses méfaits et ses cruautés, de faire figure, auprès de certains lecteurs peu enclins à nous croire sur parole, de médisant plutôt que d'historien véridique [1] ».

1. Traduit du latin.

Il le compare aux tyrans de l'Antiquité: Phalaris d'Agrigente, Denys de Sicile, Marius, Sylla, Néron, accordant à chacun d'eux au moins quelques mérites. «Mais, dans ce Louis, ajoute-t-il, nous avons eu beau chercher longtemps et assidûment quelque chose qui fût digne d'éloge, nous n'avons absolument rien trouvé de tel. Lettré, il ne le fut pas le moins du monde ; éloquent, pas davantage, même en français. Il ne fut pas habile dans l'art de la guerre et il ne montra jamais de grandeur d'âme».

Ailleurs, il trace de lui cette caricature: «Inutile de parler de son élégance et de sa grâce: avec ses cuisses et ses jambes fluettes, il n'avait de prime abord rien de beau ni d'agréable. Bien plus, si on le rencontrait ne sachant pas qui il était, on aurait pu penser à un bouffon ou à un ivrogne, en tout cas à un homme de basse condition, plutôt qu'à un roi ou à une personne de distinction. C'est pourquoi certains, avant sa mort, assurèrent qu'il avait été atteint de la lèpre. Ce n'était pas la pourpre qui lui convenait, comme à un roi, ou une robe précieuse descendant jusqu'aux talons, comme il convient aux grands seigneurs, mais il faisait penser le plus souvent à un homme sans éducation ; quelquefois même, son vêtement ne descendait pas plus bas que les fesses». Et Basin de raconter comment Louis XI se fit injurier par les bourgeois, lors de son entrée à Saint-Omer en 1463: « Voyez ce galopin qui dit qu'il est le roi!», ce que tous entendant ajoutaient injure sur injure, le moquant dans tout le trajet du faubourg et criant après lui comme après le plus grotesque pilier de mauvais lieux».

Il était pourtant aisé d'opposer aux contrevérités et aux perfidies de l'évêque l'admirable portrait qui se dégage des Mémoires *de Commynes, ou même simplement ces lignes: «Je l'ai connu et ai été son serviteur en la fleur de son âge, et en ses grandes prospérités ; mais je le vis jamais sans peine et sans souci. Pour tout plaisir il aimait la chasse, et les oiseaux en leurs saisons, mais il n'y prenait point tant de plaisir comme aux chiens... En ceci, le plaisir qu'il prenait était peu de temps en l'an... Le temps qu'il reposait, son entendement travaillait ; car il avait affaire en moult (beaucoup de) lieux, et se fût volontiers empêché (mêlé) des affaires de ses voisins comme des siennes... Quand il avait la guerre, il désirait paix ou trêve ; quand il l'avait, à grand-peine la pouvait-il endurer. De maintes choses de son royaume il se mêlait, et d'assez dont il se fût bien passé ; mais sa complexion était telle, et ainsi vivait. Aussi sa mémoire était si grande qu'il retenait toutes choses, et connaissait tout le monde, en tous pays et à l'entour de lui. A la vérité, il semblait mieux fait pour seigneurier (gouverner) le monde qu'un royaume... Et j'oserais bien dire, à sa louange, qu'il ne me semble pas que jamais j'aie connu nul prince, où il y eût moins de vices qu'en lui, à regarder le tout».*

Qui est donc Louis XI, en réalité ? La marionnette émerillonnée de Basin ou le prince laborieux de Commynes ? Il est au-delà et en deçà, bien meilleur et bien pire, décevant par ses méthodes, notamment par sa fourberie érigée en système, fascinant par sa réussite, presque toujours déconcertant, insaisissable. Quel étrange caractère, tour à tour, tout ensemble, bonhomme, affable, séduisant même, mais redoutable, obstiné, suprêmement habile ! Pourtant ses écarts de langage, son humour caustique, son impulsivité, son goût du défi lui font commettre de graves erreurs. Il arrive qu'il soit en même temps lui-même et son contraire. Toutefois, sous les combinaisons savantes, on perçoit une espèce de simplicité qui rassure, brièvement. Comme le dit Commynes, il faut «regarder le tout». Car il y a en fait deux Louis XI, comme il y eut deux Charles VII. Le pauvre roitelet de Bourges n'est pas le roi Victorieux. Le dauphin Louis n'est pas le roi Louis XI. Mais la différence essentielle entre le père et le fils tient au fait que, dans le roitelet de Bourges, on trouve les linéaments de ce que sera le Libérateur du royaume, alors que le dauphin Louis diffère substantiellement du roi Louis XI. Rien, dans ce prince rebelle et ce fils indigne, ne laissait entrevoir le grand roi qu'il deviendrait : hormis sa réorganisation du Dauphiné. A cette époque, Louis prenait en tout le contre-pied de son père ; il affectait de le mépriser et fustigeait son prétendu laxisme, aveuglé par son impatience de régner et rongeant son frein. A peine eut-il pris les rênes du pouvoir et retrouvé son autorité, amoindrie par la guerre du Bien public, qu'il devint le véritable successeur de Charles VII, reprenant à son compte la politi que et jusqu'aux méthodes paternelles !

Commynes dit que Louis XI n'était jamais si grand que dans l'adversité. Je crois qu'il appartenait à cette espèce d'hommes, très rare, capable d'admettre ses erreurs et d'en tirer leçon. Ce fut même la qualité majeure de ce caractère plein de contrastes. Elle suffit à expliquer l'extraordinaire réussite de son règne.

PREMIÈRE PARTIE

L'EXILÉ

1423-1461

22 JUILLET 1461

Le dauphin Louis venait d'avoir trente-huit ans, quand il apprit que la santé de Charles VII, son père, déclinait. Avec quelle impatience suivit-il les progrès de la maladie ! Tout autre que lui se serait rendu en hâte au chevet du mourant et, oubliant le passé, lui eût offert l'ultime joie d'une réconciliation, fût-elle illusoire. Mais Louis ne pouvait oublier le passé. Il était au-dessus de ses forces de solliciter son pardon ! Bien plus, il avait fait son possible pour accroître les angoisses de son père et, par ce biais, précipiter sa fin. Il ne pouvait même pas dissimuler la joie qu'il éprouvait : celle d'une délivrance trop longtemps attendue. Lorsque la nouvelle du trépas de Charles VII — survenu le 22 juillet — lui parvint, il n'essaya pas davantage de feindre un chagrin qu'il ne ressentait pas. Il haïssait le défunt, ou croyait le haïr, le rendant responsable de tant d'années inactives et de cette misère dorée qui avait été la sienne en dépit de la générosité du duc de Bourgogne ! Il s'était si longtemps plaint d'être le prince le plus malheureux et le plus pauvre d'Europe ! Il devenait soudain le maître du plus beau des royaumes, Louis XI, roi de France par la grâce de Dieu! Pour lui, l'espoir ouvrait enfin les ailes! Comment n'eût-il pas exulté!

Sans perdre de temps, il se transporta de Genappe à Avesnes, avec sa suite et ses chariots. Avesnes était la dernière étape bourguignonne, sur la route du Sacre! Les messagers, les visiteurs se succédaient, venus de toutes les provinces, délégués des bonnes villes, seigneurs et officiers (titulaires d'offices) dévorés d'ambition ou d'inquiétude, quémandeurs de tout poil! Le bruit avait couru que le défunt roi déshériterait le dauphin Louis au profit de son frère cadet, l'aimable Charles de France. Louis en avait conçu les plus sérieuses craintes: il jugeait Charles VII d'après lui-même. La foule qui se pressait à Avesnes lui montrait que ses craintes avaient été vaines. Le peuple entier le reconnaissait pour roi, et d'abord les nobles. Son retour en France était attendu, souhaité unanimement. Même ses adversaires d'autrefois faisaient leur soumission! Même ses ennemis apparemment irréductibles: Chabannes, comte de Dammartin, Brézé, grand sénéchal de Normandie et principal conseiller du feu roi, avaient cru devoir se manifester. Qu'espéraient-ils? Sauver leurs prébendes ou leur peau? L'archevêque de Reims, Jean Juvénal des Ursins, frère du chancelier de France, vint tâter le terrain. Il avait préparé une noble harangue. Louis XI lui coupa ses effets. Il préférait le style direct aux périodes à la Cicéron et, surtout, il n'était pas dupe de la démarche. L'évêque de Paris se présenta, puis le duc de Bourbon. «Il fut bientôt notoire, écrivait Thomas Basin, que le nouveau roi ne voulait pas voir ceux qui portaient le deuil de son père en vêtements noirs: beaucoup d'habitants du royaume, en effet, étaient venus au-devant de lui en habits de deuil, montrant ainsi l'affection qu'ils portaient au roi défunt. Il fit beau les voir, pour la plupart, échanger aussitôt ces vêtements contre d'autres mi-partis blanc et rouge, si bien que les témoins de ce spectacle pouvaient dire à juste titre: "Le monde entier est à l'image du roi. Il n'est pas facile d'estimer le nombre de personnes qui accouraient vers lui".»

Les uns et les autres, peu ou prou, ne lui rappelaient que trop les années perdues: son enfance incertaine, sa jeunesse humiliée, son mariage avec l'irritante Marguerite d'Écosse, ses premières armes, ses premières déceptions, ses premières trahisons, ses complots avortés, sa fuite en Dauphiné puis en Flandre, tout ce passé de tumulte et d'amertume qui était celui d'un rebelle et qui lui pesait. Un passé qu'il ne pouvait cependant renier, mais qu'il entendait effacer ! Certains visages attisaient sa colère et ses appétits de vengeance. Ceux-là paieraient pour les années d'exil à Genappe... Louis avait cessé d'être un conspirateur. Désormais il était le seul maître : rien ni personne n'entraverait sa volonté. Le mépris et la fureur alternaient en lui, quand on l'abreuvait de belles paroles, de promesses, la main sur le cœur et le genou fléchi. Et, quand, dans les discours, on glissait quelque conseil timide, il avait envie de rire. Nul ne savait ce qu'il avait décidé pendant les soirées de Genappe, ni quels étaient ses projets. A la vérité, il voulait tout changer, tout renouveler, refaire la texture entière du royaume ! C'était un inventif, un créateur. Il condamnait les archaïsmes, les survivances, l'appareil désuet de la vieille royauté capétienne. Il voulait faire table rase, peau neuve ! Il voulait... trop et trop vite, perdant, pour un moment, la notion des réalités, oubliant que le passé tenait à ses chevilles comme un boulet. Cet homme déjà mûr, et réputé si subtil, avait une impétuosité d'adolescent. Il ne croyait guère aux promesses, mais n'apercevait point le feu qui couvait sous la cendre — ce feu qu'il avait naguère allumé ! Il ne prévoyait point que les fautes qu'il avait commises en tant que dauphin se retourneraient contre le roi ; que les événements qu'il avait suscités, se reproduiraient à l'identique.

I

ENFANCE ET JEUNESSE

D'après Robert Blondel, un saint homme d'ermite eût prophétisé que la reine Marie d'Anjou portait dans son sein un fils et qu'au « jour du baptême le choix du nom de cet enfant serait déterminé par le hasard ». Ce fils devait être le roi Louis XI. Dans son désarroi, Charles VII éprouva quelque réconfort de cette prophétie. Il décida que la reine accoucherait à Bourges, métropole de l'Aquitaine antique, remparée de quatre-vingts tours. La situation était critique, non cependant désespérée. De grosses villes, les provinces du Centre et du Midi lui restaient fidèles. Mais les Anglo-Bourguignons, le régent Bedford et le duc Philippe le Bon, unissaient leurs efforts pour lui arracher ce qui restait du royaume des lys. Il luttait pied à pied, mais, inéluctablement, chaque mince victoire était aussitôt annulée par une défaite ; les villes gagnées étaient aussitôt reperdues. L'armée s'amenuisait. Le trésor s'épuisait, cependant que les Écorcheurs ravageaient les campagnes, privant les habitants de leurs dernières ressources et souvent de logis. Le couple royal s'installa au palais archiépiscopal bâti à l'ombre de la cathédrale Saint-Étienne. Il était si démuni qu'on ne put trouver de quoi décorer, selon l'usage, la chambre dans laquelle accoucherait la reine. Les meubles et les objets précieux collectionnés par le défunt roi Charles V, les splendides tapisseries dont s'honorait naguère la famille royale : l'histoire de Clovis, celle de Du Guesclin, celle de la reine Penthésilée, celle des travaux d'Hercule, tout avait été pillé par les Anglais ou séquestré par le régent Bedford. En acheter d'autres ? Charles VII ne pouvait se le permettre. Il consacrait tout son argent à payer des mercenaires, du moins celui que ses conseillers lui laissaient : il est peu de dire qu'ils le grugeaient ; ils le dépouillaient sans le moindre scrupule, y compris même le fameux Tanguy du Châtel qui l'avait naguère tiré des griffes bourguignonnes. Alors, faute de mieux, Charles VII emprunta les tapisseries des ducs d'Orléans. Elles furent transportées d'Orléans à Bourges, sous bonne escorte. La reine Marie d'Anjou eut ainsi une chambre digne de son rang et du fruit qu'elle portait : « Une chambre de drap d'or de Chypre vermeille, garnie de ciel, dossier et couverture à lit de même drap et trois courtines de tiercelin vermeil ». Six tapis furent jetés sur le plancher. Un dais de velours rouge et bleu abritait le berceau, frappé, non du blason royal, mais de l'écu des Orléans !

L'enfant naquit le 3 juillet 1423, entre trois et quatre heures de l'après-midi. Selon la prédiction de l'ermite, c'était un fils. Charles VII, dont le cœur débordait d'allégresse, dicta aussitôt une lettre-circulaire, dans laquelle il annonça que « Notre-Seigneur, par sa clémence, avait délivré sa très chère et très aimée compagne d'un très beau fils ». Il espérait que cette heureuse nouvelle réjouirait ses fidèles sujets et allégerait les souffrances qu'ils enduraient. Un tireur d'horoscopes prédit que le nouveau-né aimerait la chasse ; que l'envie lui susciterait de graves querelles, dont il triompherait et qu'il jouirait finalement d'une grande prospérité. Le lendemain, 4 juillet, l'enfant fut conduit à la cathédrale Saint-Étienne pour y recevoir le baptême. Ce ne fut pas l'archevêque qui officia, mais Guillaume de Champeaux, évêque de Laon et conseiller du roi, connu pour son avidité et ses concussions. Les parrains furent Jean d'Alençon (celui que Jeanne d'Arc appellera son « gentil duc ») et Martin Gouge, évêque de Clermont, chancelier de France. La marraine fut Catherine de l'Isle-Bouchard, comtesse de Tonnerre. On disputa fort sur le nom de l'enfant. Charles VII voulait qu'il portât son prénom et Jean d'Alençon le sien. On s'accorda sur Louis. C'était le prénom du père de Marie d'Anjou, mais aussi de saint Louis, patron de la Maison de France. Les villes fidèles, les rois de Castille et d'Écosse, nos alliés traditionnels, félicitèrent Charles VII. Quant au pape Martin V (Othon Colonna), il écrivit à la reine : « Le seigneur t'a sanctifiée après la douleur ; les peuples pour lesquels tu as enfanté un futur roi, se sont réjouis de ta joie, et Nous, nous te félicitons en Dieu, que nous louons et bénissons, d'avoir donné un nouveau fils à Nous et à l'Église, car c'est à Lui qu'il faut rendre grâces, c'est Lui qu'il faut prier de garder la vie à l'enfant royal pour la conservation de la Maison de France et la consolation des peuples soumis à son autorité. » Il exhortait aussi Charles VII à remercier le Ciel qui, au temps de ses tribulations et labeurs, avait daigné le visiter et pérenniser sa race. Il souhaitait que le nouveau-né fût le messager de la paix.

L'euphorie de Charles VII et de Marie fut brève. Le 31 juillet, leur armée fut écrasée à Cravant. On dénombra trois mille Armagnacs tués, sans compter les prisonniers. Paris illuminait pour complaire aux Anglais. Une fois de plus l'espoir s'obscurcissait. En août, les Anglo-Bourguignons envahirent le Berry et, après avoir incendié plusieurs villages, vinrent assiéger Bourges. Leurs assauts furent repoussés. Ils furent ensuite poursuivis et durement châtiés par les Écossais du roi. Si Bourges avait été prise, c'en était fait du gouvernement de Charles VII et, peut-être, de sa famille. Plus tard, Louis XI comblera de bienfaits les habitants de sa ville natale, en mémoire de leur vigoureuse défense.

La nourrice de l'enfant fut une humble femme du Berry appelée Jeanne Pourponne. La « berceresse » fut Clémence Fillonne et le maître de son Hôtel, bien modeste, fut Jacques Trousseau de Boistrousseau. Charles VII avait alors vingt et un ans et la reine, vingt ans. Louis aurait pu grandir dans une ambiance amoureuse et gaie. Il n'en fut rien. La lutte contre les Anglo-Bourguignons obligeait le roi à se déplacer fréquemment. Son naturel inquiet le portait aussi aux itinérances. On décida d'envoyer le dauphin au château de Loches, pour le mettre à l'abri des enlèvements. Loches était une robuste forteresse couronnant un coteau abrupt, dominant la ville, elle-même entourée de solides remparts, et la vallée de l'Indre. La rivière est claire et vive ; le paysage, riant ; le ciel, limpide. Tel fut le cadre des premières années de Louis. Le décor luxueux, les nombreux serviteurs qui entouraient traditionnellement les Enfants de France, Charles VII ne put les offrir à Louis. Ce dernier dut se contenter de la Pourponne, de la Fillonne, de quelques bas officiers et de son modeste maître d'hôtel. On faisait maigre chère, car la dotation de « Monseigneur le Dauphin » ne pouvait lui assurer un train princier. Parfois, Jacques Trousseau ne pouvait payer le boucher ou l'épicier. Mais le calcaire de la vieille forteresse était sain, et pur l'air que l'on respirait. Louis ne voyait guère ses parents. Très certainement leur tendresse, leurs caresses lui manquèrent. Il fut un enfant solitaire ; cet état peut expliquer en partie son caractère et l'attitude qu'il aura à l'égard de son père. Quand il fut en âge de comprendre, il ne connut de la situation que ce qu'il entendait raconter par les braves gens de son entourage. Il avait six ans, lorsqu'on lui donna pour gouvernante sa marraine, Catherine de l'Isle-Bouchard. Cette intrigante venait d'épouser le meurtrier de son mari, Georges de La Trémouille, nouveau favori du roi. On se demande par quelle aberration l'éducation du dauphin fut confiée à cette femme ambitieuse, frivole et sensuelle : mais telle était la volonté du tout-puissant favori. Heureusement l'influence de la gouvernante fut contrebattue par celle de Jean Majoris, le précepteur. C'était un jeune prêtre, maître ès arts et maître ès lois, très versé dans les questions de théologie et passionné de politique. Il demanda un plan d'éducation à l'illustre Jean Gerson, ancien chancelier de l'Université de Paris. Ce dernier lui recommanda l'usage de livres français, l'indulgence aux fautes vénielles, la modération en toutes choses. Il interdit les châtiments corporels, la contrainte et suggéra à Majoris d'éveiller d'abord la curiosité d'esprit de son élève. Au plan de la religion, il lui prescrivait de répéter à l'enfant que les rois tiennent leur mission de Dieu et sont comptables devant Lui de leurs fautes ; qu'ils sont, par nature, les égaux des pauvres et des faibles devant la justice divine. Aidé d'un répétiteur, Jean d'Arconville, Majoris apprit à lire au dauphin. Puis il lui enseigna la grammaire et l'histoire, l'arithmétique et les sciences. Louis était intelligent et studieux ; il avait une excellente mémoire. Il apprit aisément le latin. L'histoire surtout le passionnait, bréviaire des rois et des têtes bien faites.

Quand il n'étudiait pas, on l'emmenait en promenade. La campagne, les bois étaient proches. L'enfant était en contact direct avec la nature, avec les bêtes. Il pouvait observer les travaux des champs, parler aux paysans, jouer avec les garçons de son âge. Il ne manquait ni d'air ni d'espace. Sa passion pour la chasse, son goût pour la fréquentation des humbles, sa simplicité instinctive, son dédain des courtisans et de leurs divertissements futiles, s'expliquent aisément. Regardant de ses yeux d'enfant les moissonneurs et les vignerons, les marchands dans leurs boutiques, les ouvriers dans les ateliers, on comprend que, très tôt, il préférât le labeur à l'oisiveté. Il ne fut pas élevé comme un prince, mais comme un fils de petit hobereau de campagne, proche des humbles, partageant quotidiennement leurs soucis et leurs craintes, et se réjouissant avec eux.

L'histoire faisait son cours[1]. Rien ne semblait pouvoir arrêter les progrès de l'adversaire. Bedford tentait de prendre Orléans qui verrouillait la Loire. Loches, Chinon, où résidait la famille royale, se trouvaient menacées. D'étranges rumeurs de fuite parvenaient jusqu'au dauphin. L'angoisse était générale. Jeanne d'Arc parut. Louis apprit l'arrivée de la jeune fille lorraine, la délivrance miraculeuse d'Orléans, la prise de Beaugency, la décisive victoire de Patay. Il vit, sans aucun doute, l'héroïque Pucelle avant le voyage du Sacre. Selon le récit d'un clerc allemand de Spire, Jeanne aurait déclaré: « Dans vingt ans, le Dauphin (il s'agit de Charles VII non encore sacré à Reims) reposera auprès de ses pères ; son fils aîné lui succédera, qui est maintenant un enfant de dix ans ; il régnera avec une gloire, des honneurs, un pouvoir royal plus grands qu'aucun roi de France depuis Charlemagne. » L'épopée de Jeanne ne semble pas avoir marqué le dauphin. Jamais par la suite il n'y fera allusion. Il est vrai qu'elle ne dura guère plus d'un an. Mais cette année avait suffi pour retourner la situation au profit de Charles VII. Le supplice de Jeanne avait exalté l'esprit de résistance. À partir de là, les Anglais ne firent plus que décroître. Pourtant la partie n'était pas gagnée. La Trémouille perdit le pouvoir et Charles VII devint enfin lui-même, émergeant de ses doutes et de ses complexes. Il réussit un coup de maître en signant le traité d'Arras (1435) avec Philippe le Bon, duc de Bourgogne. Le dauphin n'était plus au château de Loches. On l'avait emmené à Amboise, où résidait désormais la reine Marie d'Anjou, avec ses enfants. Louis put enfin goûter aux joies de la vie familiale, connaître son frère Jacques, ses sœurs Radégonde et Catherine. L'atmosphère d'Amboise était plus riante. Le château était aussi plus confortable et mieux meublé. De ses terrasses, Louis pouvait

1. Voir *Charles VII le Victorieux*, du même auteur, chez le même éditeur.

contempler la vaste Loire sillonnée de bateaux, un paysage verdoyant, coupé de ruisseaux et de forêts, et, même, par temps clair, apercevoir au bord de l'horizon les flèches et les clochers de la ville de Tours. Ses études approchaient de la fin. Guillaume d'Avaugour, bailli de Touraine, lui enseignait alors le tir à l'arc, le maniement de l'épée et de la lance, l'équitation, tout ce qu'un chevalier devait savoir.

Louis devenait un personnage. On songeait à le marier. À vrai dire, Charles VII lui cherchait une femme depuis 1425. En fiançant son fils aîné avec quelque princesse, il escomptait renforcer ses alliances. Mais, à cette époque, son avenir paraissait tellement compromis que ses demandes étaient accueillies sans enthousiasme. Le duc de Savoie, auquel il s'était d'abord adressé, lui avait opposé un refus à peine déguisé. Il en fut de même du roi de Castille : il prit prétexte de ses difficultés intérieures pour refuser à la fois son appui militaire et l'union proposée par les émissaires du roi de Bourges. En 1428, année précédant la venue de Jeanne d'Arc, une ambassade se rendit en Écosse auprès du roi Jacques Ier. Elle offrait un traité d'alliance scellé par les fiançailles du dauphin avec la princesse Marguerite. Jacques Ier se fit tirer l'oreille. Il redoutait les Anglais et ne se souciait guère d'envoyer une fille qu'il chérissait dans ce pauvre royaume de France. Il ne rejeta pas ouvertement les propositions de Charles VII, parut même tenté par la cession de la Saintonge, émit une vague promesse, mais s'arrangea pour en différer l'exécution. Le dauphin Louis n'était pas considéré comme un parti avantageux.

En 1433, la conjoncture était différente ; on reprit les pourparlers avec le roi d'Écosse. Ils n'aboutirent qu'en 1436. Le 27 mars, Marguerite d'Écosse s'embarqua à Édimbourg. Son père éprouvait un tel chagrin qu'il ne put assister à l'appareillage. Il adorait sa fille et tremblait pour elle. Le voyage s'annonçait périlleux. Les capitaines de la flottille franco-écossaise devaient éviter les croisières anglaises. Ils savaient qu'une escadre ennemie se trouvait dans les eaux bretonnes, ayant pour consigne d'intercepter le convoi. Ils passèrent donc très au large, en plein Océan, et n'arrivèrent en vue de La Rochelle que le 17 avril. La princesse Marguerite se reposa de ses fatigues au prieuré de Nieul-en-Aunis. Elle ne fit son entrée à La Rochelle que le 5 mai. On dit que les Rochelais s'ébahirent fort de la tenue des gentilshommes écossais et de la grâce de la « dauphine ». Après quoi, la plupart des Écossais furent aimablement congédiés, car Charles VII n'avait pas les moyens de festoyer tout ce monde : la guerre continuait, tout l'argent passait aux soldats ! Il décida que le mariage de son fils serait célébré à Tours, au château de Montilz, le 25 juin. Comme il l'avait fait lors de la naissance de Louis, il emprunta les tapisseries du duc d'Orléans pour décorer la salle du festin. Sans doute souhaitait-il célébrer ce mariage avec la magnificence convenant au fils aîné de sa Maison. Faute de ressources, on limita les invitations ; les joutes et divertissements d'usage furent supprimés. La petite fiancée approchait de Tours, après avoir fait étape à Niort et à Poitiers. Partout, on la fêtait, on admirait sa beauté. En ce temps-là, les cœurs étaient si simples qu'ils se réjouissaient tout bonnement de l'union du dauphin. Partout, on se cotisait — malgré la pénurie d'argent — pour offrir de riches présents à la jeune princesse : c'était en général de la vaisselle d'argent. Marguerite était elle-même fort tendre, toute prête à aimer ce bon peuple, si généreux, et qui l'accueillait avec des cris de joie. Elle arriva à Tours le 24 juin et fut présentée à la reine Marie d'Anjou et à la mère de celle-ci, Yolande d'Aragon, reine in partibus de Naples et de Sicile, duchesse d'Anjou. Le jour du mariage, Louis arborait une tunique de velours bleu et portait la superbe épée que le roi d'Écosse lui avait offerte. Marguerite était en manteau royal et couronnée d'or en dépit de ses onze ans ! On ignore ce que Louis pensa de sa « femme » et ce que celle-ci pensa de lui : il était son aîné de deux ans. Les reines, leurs suivantes, les seigneurs et les dames d'Écosse rivalisaient d'élégance. On n'attendait plus que le roi. Il arriva seulement vers midi et assista à la bénédiction nuptiale dans son costume de voyage, botté, éperonné. Ce sans-gêne déconcerta l'assistance et, très probablement, fut une humiliation pour Louis.

Après le festin qui clôtura la journée, les nouveaux mariés furent séparés : ils étaient trop jeunes pour la vie commune. Dès lors, la dauphine vécut avec Marie d'Anjou qui fut pour elle une seconde mère et se chargea de parfaire son éducation. Quant au dauphin, il eut son propre hôtel, avec Bernard d'Armagnac, comte de La Marche, pour gouverneur, Jean Majoris pour confesseur et Léothier comme médecin. Charles VII se déclarait fort content de Marguerite. La reine s'était entichée de cette gracieuse fillette. Louis ne pensait qu'à son destin et brûlait déjà de jouer un grand rôle : il était en avance sur son âge !

II

CHÂTEAU-LANDON

En juillet 1436 furent célébrées les fiançailles de Yolande, sœur du dauphin, âgée de deux ans, avec l'héritier de Savoie. Pendant quinze années, l'orgueilleux duc de Savoie avait tenu le rôle d'arbitre entre la France et la Bourgogne. On se souvient du refus qu'il avait opposé aux ambassadeurs de Charles VII venus négocier le mariage du dauphin ! Désormais, faute d'avoir Louis pour gendre, il était trop heureux d'accueillir l'une de ses sœurs. Les temps avaient changé. Les cours étrangères sentaient que Charles VII avait le vent en poupe. Son prestige grandissait d'année en année, quand bien même ses compatriotes le taxaient d'indolence.

Au commencement d'octobre, il entreprit avec son fils aîné, un voyage politique dans les provinces du sud-est. Ce fut une révélation pour Louis. Jusque-là, il ne connaissait du royaume que le Berry et la Touraine. Il découvrait des contrées différentes, des reliefs tourmentés, des chaînes de montagnes, d'autres habitats, d'autres populations. On traversa l'Auvergne. À Clermont, Louis assista à la réunion des États provinciaux. De là, on se dirigea vers Lyon, où l'on prit gîte et où l'on passa les fêtes de Noël. Le 1er janvier 1437, malgré les rigueurs de la saison et l'inconfort des routes, on se rendit en Dauphiné. Louis redoublait d'attention, de curiosité. Il se faisait une première opinion des ressources de son futur apanage, de son peuple fier, de sa noblesse férue d'indépendance, de son administration si particulière. On descendit ensuite vers le Languedoc, terre plantureuse et fidèle, qui ne ménageait ni ses hommes ni son argent pour aider Charles VII à reconquérir son royaume. Dira-t-on jamais assez le rôle éminent, capital, joué par cette province dans la lutte contre les Anglais ! Sans elle, il est certain que Charles VII n'aurait pu triompher. Elle fut à la fois le vivier humain et le grenier du royaume. Louis, curieux de toute chose, découvrait de nouvelles cultures (l'olivier, le pastel, l'amande, la prune), un nouveau style de vie encore empreint de romanité, un nouvel accent, des horizons brûlés par un soleil ardent. De tout, il faisait son miel. Chaque détail utile se gravait dans sa mémoire. On fit étape à Béziers, le pays des vignobles, puis à Montpellier, qui était alors un grand port de commerce par où les soieries précieuses et les épices entraient en France. Après la session des États de Languedoc, Charles VII fut contraint de remonter en hâte vers le nord. Les Écorcheurs de Rodrigue de Villandrando menaçaient la ville de Tours, la sécurité de la reine et de la famille royale. À l'approche du roi, ils décampèrent, mais le dauphin put constater de visu les ruines qui jalonnaient l'itinéraire de ces bandits : villages et fermes brûlés, récoltes dévastées, populations aux abois, furieuses, désolées. Ce fut sur ce spectacle que s'acheva le voyage si bien commencé. Il convient ici de souligner un point important. Charles VII et son fils voyageaient ensemble, cependant séparés. Ils ne partageaient pas le même gîte. Chacun vivait avec son entourage propre. Ils ne se réunissaient qu'au moment d'entrer solennellement dans les villes. Ils partageaient alors les vivats et les cadeaux. On peut s'interroger sur l'attitude de Charles VII. Pourquoi ne profitait-il pas de l'occasion pour initier son enfant, lui donner les explications souhaitables, l'éclairer, le conseiller ? Louis n'était-il point appelé à régner ? Je ne crois pas que Charles VII jalousât son fils, ni qu'il se méfiât déjà de lui, comme on l'a dit parfois. Il semble avoir pris délibérément le parti de ne pas accorder trop d'attention à Louis, croyant par là l'empêcher de se croire plus important qu'il ne l'était, juguler ses penchants à la présomption. Il se peut que le dauphin ait exprimé sa réprobation à plusieurs reprises et sans précautions, ou qu'il ait pris certaines initiatives jugées regrettables. On sait que, sous ses apparences courtoises, Charles VII avait un caractère fort autoritaire. Peut-être enfin y avait-il une incompréhension profonde entre le père et le fils, dès ce moment, et se sentaient-ils étrangers l'un à l'autre. Cependant ils se ressemblaient par bien des côtés. Mais l'adolescent fougueux, et plein d'assurance, ne pouvait admettre la prudence de Charles ; il la confondait avec la mollesse.

Le 13 avril 1436, les Parisiens s'étaient révoltés contre les Anglais. Ils avaient ouvert les portes de la capitale au connétable de Richemont. Paris redevenue française réclamait le retour du roi au Palais de la Cité. Louis ne comprenait pas pourquoi son père ne répondait pas à cet appel. Il bouillait d'impatience et, bavard comme il l'était, se permit, à n'en pas douter, des réflexions désobligeantes.

En juin 1437, l'armée se concentra à Gien, où Charles VII établit ses quartiers. Le comte de La Marche s'en fut assiéger Château-Landon, après avoir enlevé Charney. Château-Landon était une ville forte, qui dominait la vallée du Loing et commandait la route de Montereau : elle a de nos jours gardé son aspect militaire et reste l'une des plus attrayantes villes du Gâtinais ; dressée sur une colline à pic, elle ressemble à un nid d'aigle. Le siège n'avançant guère, on ne put empêcher le dauphin de rejoindre La Marche. Trois jours après, il ordonnait l'assaut. Enthousiasmés par son ardeur, les soldats emportèrent la place. Louis commença par régaler ses hommes et partagea un capiteux repas avec les principaux chefs. Après quoi, dûment sustenté et plus gaillard que jamais, il avisa les prisonniers. Il y avait là quelque cinq cents Anglais, plus des Français Reniés. Ils avaient probablement eu le tort de railler sa jeunesse, voire de l'insulter, comme il était de règle entre assaillants et assiégés. Malgré les objurgations du comte de La Marche, au mépris de l'honneur chevaleresque, Louis ordonna que les Anglais fussent pendus et les Français décapités. Il assista paisiblement au massacre, puis il sauta à cheval et fonça vers Gien, avec une petite escorte. Sa trop facile victoire l'enivrait d'orgueil. Il se sentait enfin un homme et ne doutait point du succès qu'il allait obtenir dans sa famille et à la Cour. N'était-il pas extraordinaire qu'un pareil exploit couronnât ses premières armes ? Le roi prétendrait-il qu'il n'avait pas l'étoffe d'un conquéran ? Arrivé à

Gien, avec sa gloire toute neuve, échauffé par la galopade et, peut-être, par le souvenir de son crime, Louis prétendit user de ses droits d'époux, partager la couche de Marguerite d'Écosse. La pauvrette avait treize ans. Ce fol l'assaillit avec la même fougue que Château-Landon. Mais une tendre fillette n'est pas une forteresse. Marguerite tomba gravement malade, en proie à des crises nerveuses. Le dauphin se désintéressa de cette créature décidément trop fragile pour lui.

En août, il participa au siège de Montereau. Aux côtés de Charles VII, il monta à l'assaut du château. On eut la surprise de l'entendre implorer la clémence de son père en faveur des Anglais, car ils n'étaient pas venus en France « de leur autorité ». Par contre, il réclama la pendaison pour les Français Reniés. Cette fois, il ne confondait pas les traîtres et les soldats. La leçon de Château-Landon avait porté. Par la suite, il observera la même conduite; sa cruauté ne s'exercera qu'à l'encontre des félons. C'est dire qu'en cet adolescent l'impétuosité cédait promptement le pas à la réflexion. Agissant de la sorte à Montereau, il voulait effacer le souvenir de Château-Landon. Est-ce pour cette raison que les chroniqueurs officiels ne parlent que de Montereau « première ost où fut Monseigneur le Dauphin » ? Était-ce bien un oubli volontaire ?

À l'automne, le roi emmena son fils à Paris. Il s'était enfin décidé à faire son entrée dans la capitale. Il est vrai que l'attitude exemplaire des Parisiens l'y incitait ; ils n'avaient ménagé ni les subsides, ni les vivres pendant le siège de Montereau. Le cortège royal arriva à Saint-Denis le 12 novembre. Louis put méditer sur le tombeau de son grand-père Charles VI, le pauvre roi dément, fossoyeur inconscient de la dynastie des Valois, et de son épouse, l'indigne Isabeau de Bavière. Plus tard, Louis XI ne se laissera gagner la main par aucune femme, fût-ce la sienne ! L'Entrée à Paris fut triomphale, c'est-à-dire conforme à la tradition. Mais Charles VII et Louis pouvaient-ils oublier que, naguère, les Parisiens avaient pareillement festoyé l'usurpateur du royaume des lys, le jeune Henri VI, « roi de France et d'Angleterre » ? Dans le superbe cortège, le dauphin portant l'armure caracolait derrière son père. Il observait la foule, les échevins, les docteurs de l'Université, les membres du clergé et ceux du Parlement, les tableaux animés, les fontaines de vin et d'hypocras. Il écouta les harangues. Combien parmi ces dignitaires baisaient la main qu'ils ne pouvaient couper et, dans le secret de leur cœur, regrettaient leurs amis anglais ! Louis acquérait une juste notion des incertitudes humaines, de la versatilité des peuples, de l'hypocrisie des Grands. Ce fut pour lui une salutaire leçon, salutaire parce que décisive ! Jamais il n'aimera les grosses manifestations populaires, les Entrées spectaculaires ; ses triomphes seront secrets. Le 3 décembre, Charles VII quitta la capitale, à la grande déception des Parisiens persuadés qu'il se réinstallerait définitivement au palais de la Cité. Il faut lire le *Journal d'un Bourgeois de Paris* (converti de fraîche date à la cause française) pour mesurer leur déconvenue. Ils rendaient le roi responsable de la hausse des prix, de la rareté des vivres et des dégâts que les routiers commettaient dans les environs. Ces brigands se moquaient d'eux : « Où est votre roi ? disaient-ils. Hé ! est-il mucé[1] ? »

A Tours, le père et le fils retrouvèrent Marie d'Anjou, Marguerite d'Ecosse et la Cour. On les félicita de leurs récentes victoires et de leur Entrée à Paris. Puis Charles VII retourna à ses soucis, dont le principal était de trouver de l'argent afin de préparer une nouvelle campagne contre les Anglais. Dans les premiers jours de 1439, il reprit ses voyages en compagnie du dauphin. Le 3 mars, ils étaient à Limoges. Le roi s'installa au château de La Bayardière, cependant que Louis logeait à l'abbaye Saint-Martial. Entre sa chambre, qui était la plus belle, et celle de l'abbé, il y avait une pièce vide. Louis y installa une petite lionne dont Tanguy du Châtel lui avait fait présent. Le dauphin adorait cette lionne. Elle tenta de s'évader et fut trouvée pendue à son licol. Il en conçut un vif chagrin et fit préparer sa peau pour conserver le souvenir de son animal favori. Déjà, l'on remarquait qu'il préférait aux hommes les chiens et les oiseaux. On remarquait aussi sa dévotion, son goût pour les reliques et les lieux de pèlerinage. Au Puy, il présida les États de Languedoc, de concert avec son père. Comme de graves dissensions étaient signalées dans cette province, Louis reçut sa première mission de confiance. Charles VII le nomma lieutenant général, en lui donnant toutefois plusieurs conseillers réputés pour leur sagesse. Mais, il est de fait que, malgré son jeune âge (seize ans !), il imprima à son gouvernement un style personnel et une particulière activité, car il prit son rôle très au sérieux. Il visita Albi, puis Toulouse. Les Écorcheurs sillonnaient une fois de plus cette belle région. Louis fut assez adroit pour convaincre les États provinciaux et les notables de verser des subsides. N'ayant pas d'armée pour

1. Caché.

chasser les routiers, il projetait d'acheter leur départ, ce qu'il fit. Il sut de même se concilier les bonnes grâces et l'appui nécessaire du redoutable comte de Foix, et imposer son arbitrage aux turbulents comtes d'Armagnac et de Comminges en lutte depuis quelque dix ans ! On pouvait déjà déceler sa volonté de protéger le peuple contre les abus de la noblesse. Les Anglais s'agitant sur les frontières de Guyenne, Louis prit des mesures immédiates, réunissant les fonds nécessaires, mettant une petite armée sur pied, lui donnant les sires d'Albret et de Lomagne pour capitaines. Bref, il avait montré ses capacités, lorsque son père le rappela brusquement en Touraine. Mais Louis avait pris goût au pouvoir. Il ne se hâta pas d'obéir. Il fallut lui envoyer des lettres comminatoires pour le décider enfin à partir. Quel était le motif de ce rappel ? On a dit que la réussite du dauphin inquiétait Charles VII. Il n'avait pourtant aucune raison de se défier de lui. Il est probable qu'il suspectait les grands seigneurs de préparer un complot et qu'il préférait avoir son fils près de lui.

A son retour, très conscient de sa réussite et de sa valeur, le dauphin réclama le Dauphiné, qui devait être son apanage. Charles VII jugea le moment inopportun. Alors Louis réclama de l'argent pour tenir convenablement son rang. Il invoqua le témoignage de Marguerite d'Écosse, dont il savait bien que le roi et la reine s'étaient entichés, mais qui pour sa part n'avait besoin de rien ! Il n'obtint pas satisfaction. Réduit à l'inaction, il ne trouva rien de mieux à faire que d'entrer en contact avec le duc de Bourbon et ses amis, dont Jean d'Alençon, son parrain. Que voulaient ces grands seigneurs ? La guerre à outrance, et immédiate, contre les Anglais. Ils désapprouvaient le roi de temporiser. Ne comprenant pas, ou plutôt ne voulant pas comprendre qu'avant de passer à l'action, il tenait à se doter d'une armée permanente, ils l'accusaient de nonchalance, d'incapacité. Leur langage allait droit au cœur du dauphin qui, dans sa méconnaissance des réalités et dans sa présomption, n'apercevait pas que la création d'une armée réguliére, soumise à la seule autorité du roi, leur portait ombrage et que c'était cela le vrai motif de leur mécontentement. Bientôt les conspirateurs prétendirent subordonner le père à la tutelle du fils, c'est-à-dire exercer eux-mêmes la réalité du pouvoir, se partager les commandements et le produit des subsides, comme au temps des premiers Capétiens ou de la minorité de Charles VI ! Le dauphin consentit à patronner la conjuration mais, en son for intérieur, il n'était pas disposé à se laisser faire; il entendait bien, s'il parvenait à s'emparer du pouvoir, l'assumer personnellement! Cependant le roi gardait sa confiance à Louis. Pour l'occuper, il le nomma lieutenant général en Poitou, Aunis et Saintonge et gouverneur de La Rochelle. Le but de cette mission était de rétablir l'ordre dans cette région et surtout de contraindre les nobles à obtempérer aux ordonnances royales sur la réforme de l'armée. C'était, si l'on peut dire, tenter le diable que de laisser le champ libre à Louis. Ce dernier avait reçu pleins pouvoirs. Il s'efforça d'apaiser l'esprit de rébellion et parvint assez vite à restaurer l'autorité et la justice. Mais, en février 1440, résidant à Niort, il reçut la visite de Jean d'Alençon. Le programme de la révolte était arrêté, approuvé par l'ensemble des conjurés. Il était fort simple. Les forces royales seraient prises en tenaille entre les rebelles du Poitou et ceux de Touraine et du Berry commandés par le duc de Bourbon. On se battrait au nom du dauphin. Ce dernier n'eut garde de refuser un si beau rôle et, pour se rendre populaire, il proclama son intention d'abolir les aides: ce qui lui eût enlevé les moyens d'achever la reconquête de la Normandie et de la Guyenne! Intelligent comme il l'était, crut-il sincèrement à la réussite du projet? A force de palabrer sur l'indolence de son père, il avait fini par s'en persuader. Mais comment put-il se fier aux brouillons qui prétendaient lui donner le pouvoir? En vérité, l'impatience de régner l'aveuglait. Sa collusion momentanée avec les féodaux montre assez bien le chemin qu'il lui faudra parcourir pour devenir la patiente «aragne»! Charles VII, aidé par le connétable de Richemont, réagit avec vigueur. Ce lui fut un jeu de bousculer les rebelles poitevins et de poursuivre les fugitifs dans le Bourbonnais. Par bonheur, les villes se tinrent à l'écart de la rébellion, en dépit des promesses du dauphin. Charles VII montra dans cette affaire une grandeur d'âme qui aurait dû toucher son fils. Il feignit de croire que celui-ci était irresponsable; qu'on l'avait perfidement dressé contre son père et entraîné à prendre les armes contre lui. Cette longanimité, plus exactement cette version officielle des faits, blessa l'amour-propre de Louis. Il revendiqua hautement la responsabilité de la révolte. Alors que les conjurés s'apprêtaient à se soumettre sans conditions, il osa réclamer le gouvernement effectif du Dauphiné, du Languedoc et de l'Ile-de-France, et l'octroi d'une pension pour la dauphine et lui-même. Bien plus, il demandait l'arbitrage des États généraux ou du duc de Bourgogne. Or la révolte était écrasée; les conjurés n'avaient plus de troupes ! Finalement, il dut se rendre sans conditions, se soumettre au pardon du roi, mais aussi à ses exigences, s'humilier. Cela, Louis ne le pardonna jamais à son père. Et pourtant le châtiment fut peu rigoureux : Charles VII lui accorda le gouvernement partiel du Dauphiné et une pension mensuelle de huit cents livres. Toutefois Louis devait rester à la cour, à la disposition du roi, non rejoindre son apanage.

Il lui fallait donc rentrer dans le rang. Les apparences étaient sauves. Néanmoins Charles VII avait changé les officiers de son fils dont les faits et gestes seraient dorénavant surveillés. Louis regrettait-il sa témérité ? Il tirait plutôt leçon de son échec. Il savait désormais ce que l'on pouvait attendre du loyalisme des grands seigneurs, et de leur égoïsme ! Mais il ignorait que ce mouvement — que l'on nomma Praguerie — se reproduirait sous son propre règne et dans des circonstances presque semblables.

III

L'ÉCORCHERIE

Le roi fit une tournée en Auvergne. Louis dut paraître à ses côtés en fils soumis, en rebelle maté sinon repentant, dans les lieux mêmes de sa faute. Mais il avait une merveilleuse faculté d'adaptation et l'on gage que cette comédie ne lui coûta guère ! D'ailleurs le destin lui préparait une humiliation autrement grave, puisqu'il y laissera son honneur de roi ; elle sera, une fois de plus, le résultat de son imprudence. Le roi semblait décidé à employer ses talents. Louis joua le jeu, quoi qu'il en eût. Peut-être espérait-il sincèrement se rédimer. Cependant pouvait-il s'empêcher d'échafauder des projets extravagants ? C'était déjà un esprit inquiet, mobile, toujours en activité, toujours aux aguets. Ne pouvant s'affirmer sans risques, il estimait la duplicité préférable à la franchise, l'hypocrisie plus fructueuse que la loyauté. Pourtant il servit son père avec dévouement et efficacité. Il aimait les soldats et ne manquait pas de courage. Il se rangeait parmi les bellicistes et semblait avide de gloire. Charles VII exploita ces bonnes dispositions. Louis fut de toutes les expéditions. Les chevauchées, la vie de camp, les sièges et les combats lui plaisaient extrêmement. Quand il sera roi, il écrira pourtant : « Batailler est la plus périlleuse chose qui soit au monde ». Il est vrai qu'à cette époque il parlera d'expérience !

Les Anglais assiégeaient Honfleur. Charles VII réunissait une armée pour envahir la Normandie. En janvier 1441, il changea brusquement d'avis. Les Écorcheurs ravageaient la Champagne, opéraient des incursions en Bourgogne. Charles VII n'avait aucune envie de voir le duc de Bourgogne faire la police « en France ». La bande de pillards fut écrasée et son chef, le Bâtard de Bourbon, cousu dans un sac et jeté dans l'Aube. Or cet aimable personnage avait été l'un des promoteurs de la Praguerie : sévère avertissement à ses ci-devant complices ! Le dauphin se garda de prendre sa défense. Poursuivant sa chevauchée, le roi s'arrêta à Langres, puis entra en Haute-Lorraine. Il voulait arbitrer le différend entre René d'Anjou et Antoine de Vaudémont relativement à l'héritage du duché. Ce lui fut l'occasion de visiter Domrémy et Vaucouleurs. Louis put voir le village, la maison, les parents de Jeanne d'Arc, le château où elle s'était présentée à Robert de Baudricourt, interroger ceux qui l'avait connue et aimée. On revint par Châlons et Reims. A Laon, on rencontra la duchesse de Bourgogne, Isabelle du Portugal, ambassadrice de Philippe le Bon, son mari. On parla de perspectives de paix avec l'Angleterre, mais Charles VII se montra irréductible. Quant au dauphin, il faisait ses débuts de diplomate et simulait la plus vive affection envers sa « tante » de Bourgogne. Que lui dit-il au cours de leurs entretiens privés ? Que promit-il ? On ne le sait. Cependant Philippe le Bon ne tarda guère à lui envoyer l'un de ses émissaires pour traiter « d'aucunes matières secrètes ».

Ensuite Louis fut envoyé à Paris, pour y lever une taille. Charles VII avait décidé d'enlever Pontoise aux Anglais. Ce siège, très dur, dura trois mois. La ville tomba le 19 septembre 1441. Le dauphin avait dirigé le principal assaut ; il était entré des tout premiers par la brèche. L'année suivante, on se battit en Guyenne et Louis s'empara de Dax. Apparemment, il secondait son père avec tout le zèle dont il était capable. On le vit entrer dans Toulouse, ayant en croupe la reine, sa mère.

En 1443, Charles VII le chargea de rompre le blocus de Dieppe. Cette ville était redevenue française depuis 1434 : un capitaine corsaire, Charles Desmarets, en avait chassé les Anglais par surprise. Le glorieux Talbot l'assiégeait. Louis reçut carte blanche et il faut reconnaître qu'il conduisit supérieurement les opérations. Il passa d'abord par Paris, pour y lever, une fois de plus, une taille. Il en profita pour manifester sa jeune autorité aux membres du Parlement. Ces magistrats refusaient, sous couleur de préserver les biens de la Couronne, d'enregistrer une donation royale. Louis les invita sans ménagements à obtempérer. Ils se permirent d'ajouter une clause indiquant qu'on leur forçait la main. Furieux, le dauphin leur intima l'ordre de supprimer cette clause. L'armée se rassemblait dans la vallée de l'Oise, les volontaires accourant de toutes parts. Elle traversa Amiens et les villes de la Somme, bourguignonnes depuis le traité d'Arras, mais restées françaises de cœur. Louis n'oubliera pas l'accueil chaleureux qu'il y reçut... Chemin faisant, il se renseignait sur les forces en présence, sur le dispositif de Talbot. Les défenseurs de Dieppe résistaient depuis un an ; ils n'étaient plus qu'une poignée sous les ordres de l'héroïque Desmarets ; ils manquaient d'armes et de vivres, bien que la ville fût approvisionnée par mer. Les Anglais occupaient les hauteurs environnantes. Ils avaient construit une énorme bastille, truffée de canons qui provoquaient d'énormes dégâts. Ce fut cette bastille que Louis décida de réduire, après avoir pris l'avis de ses capitaines. L'assaut fut donné le 12 août. La défense fut si âpre qu'un moment les Français reculèrent. Le dauphin les ramena au combat sous une pluie de flèches et de carreaux d'arbalètes. Le soir, la bastille tomba. Talbot, le meilleur général d'Angle terre, était prisonnier. La garnison eut la vie sauve, mais les Français Reniés furent pendus. Le dauphin en racheta quelques-uns à ceux qui les avaient capturés et comptaient les mettre à rançon. Il ne voulait pas qu'ils échappassent au châtiment. Besogne faite, il se rendit pieds nus à l'église Saint-Jacques pour rendre grâces. La délivrance de Dieppe eut un retentissement considérable ; elle porta à son comble la réputation militaire de Louis. Pendant le bref séjour qu'il fit dans cette ville, il visita le port, parla aux marins et aux marchands, s'informa de la pêche et du commerce de poissonnerie. Usant de ses pouvoirs de lieutenant général, il abolit les aides et prit diverses mesures pour hâter la réparation de la digue et des quais. A peine revenu à Tours, il fut envoyé à nouveau en Languedoc, afin de mettre le comte d'Armagnac à la raison. Ce dernier se comportait en prince indépendant, se déclarant « comte par la grâce de Dieu », frappant monnaie, désolant les campagnes à la tête de ses routiers et offrant son alliance au roi d'Angleterre. Louis bloqua le comte dans la forteresse de l'Isle-Jourdain, réputée inexpugnable, le contraignit à capituler et le mit en prison avec sa famille. Il confisqua hardiment le comté de Rodez et prit à son service l'Écorcheur Jean de Salazar et Jean, Bâtard d'Armagnac, tous deux capitaines intrépides. Puis il regagna Tours, avec un riche butin : l'argent, les joyaux et les tapisseries du comte déchu.

La trêve avec l'Angleterre, scellée par les fiançailles du roi Henry VI avec Marguerite d'Anjou, fille du roi René, posa un épineux problème. Qu'allait-on faire des Écorcheurs enrôlés dans nos armées ? Charles VII n'avait consenti cette trêve que pour permettre au royaume de se refaire, en allégeant les dépenses, avant de donner le coup de grâce à l'adversaire. Il ne pouvait donc garder ces soudards à son service. Mais les licencier, c'était exposer le royaume aux pires sévices. Une occasion inespérée se présenta. L'empereur d'Allemagne et le duc d'Autriche, son parent, avaient maille à partir avec les Suisses. Ils demandaient l'aide de la France. Ils étaient nos alliés. Charles VII agit comme l'avait fait son grand-père Charles V, quand il envoya Du Guesclin en Castille avec les sauvages routiers. Il expédia les Écorcheurs en Allemagne, sous les ordres de son fils. On peut s'interroger sur les mobiles qui l'incitèrent à confier cette périlleuse mission au dauphin. Voulait-il duper les Écorcheurs, ou cherchait-il à se débarrasser de Louis pendant quelque temps ? Et, sinon, ce dernier se porta-t-il volontaire ? Bien entendu, il s'agissait moins de secourir l'empereur d'Allemagne que de saigner à blanc cette horde de misérables. Mais l'opération n'allait pas sans risques.

Voilà donc notre dauphin à la tête de vingt-cinq mille brigands militaires, suivis par l'habituel cortège de ribaudes et de maraudeurs ! Depuis la Praguerie, sa vie ressemblait fort à un roman de cape et d'épée ; elle laissait présager un roi batailleur, un conquérant. Le goût des aventures lui passera, laissant place à la réflexion ! « Il faut que jeunesse se passe », dit le proverbe. Mais, vraiment, Louis faisait bonne mesure ! Car cette expédition de l'Écorcherie était une entreprise folle, forcenée ! A vrai dire, il était peu digne du fils aîné du roi de France d'assumer un tel commandement. D'ailleurs, Louis ne devait pas tarder à comprendre qu'il était difficile de maîtriser pareille troupe dont le véritable objectif était de butiner et de ravager. Cette belle armée quitta Langres le 5 août. Une réputation terrible la précédait. Les Lombards, les Écossais, les Bretons et les Français, les voleurs de grands chemins et les pires assassins se mêlaient aux vrais soldats, mais ces derniers ne valaient guère mieux. Ce beau monde voulait s'enrichir dans les grasses contrées d'Allemagne, s'imaginait ne faire qu'une bouchée des montagnards suisses ! On progressait avec une lenteur désespérante, en vivant sur le pays, c'est-à-dire en dépouillant les populations, après les avoir terrorisées. Les ambassades autrichiennes se succédaient au camp de Louis. Le duc d'Autriche promettait monts et merveilles, tant il avait hâte de voir cette prétendue armée française attaquer les rebelles d'Helvétie. Louis entendait monnayer son intervention. Le duc d'Autriche s'engagea à lui fournir des vivres et des cantonnements en Alsace. Le temps passait, car, non contents d'assiéger Zurich, les Suisses faisaient mouvement vers Bâle, où siégeait alors le célèbre concile. Cependant le dauphin s'empara de Montbéliard, pour assurer ses arrières. Cette puissante forteresse lui servirait de base logistique, voire de refuge en cas de revers. Les Écorcheurs obéissaient de plus en plus mal. Ils réclamaient à grands cris quelque bonne bataille ! Ils furent servis. Sur la route de Bâle, ils se heurtèrent aux Suisses. Ceux-ci, inférieurs en nombre, se défendirent héroïquement et périrent jusqu'au dernier, mais ils avaient tué plus de quatre mille Écorcheurs. Cette défaite des Suisses accrut leur prestige, surtout aux yeux du dauphin qui prit aussitôt l'initiative d'entamer des négociations avec eux. Les Écorcheurs avaient le plus vif désir de piller Bâle. Louis fut assez adroit pour les détourner de ce projet. Il parvint à les amener en Alsace. Le duc d'Autriche n'ayant pas tenu ses promesses, le dauphin se mit en devoir de s'emparer des villes alsaciennes. Aux ambassadeurs autrichiens protestant contre cette attitude peu amicale, il sut rappeler qu'il avait pour sa part tenu ses engagements. De fait, les Suisses avaient levé le siège de Zurich ; ils ne songeaient plus qu'à se défendre. D'une certaine manière, Louis devenait une puissance européenne ; il jouait entre les Allemands et les Suisses le rôle d'arbitre ; ces perspectives inattendues le grisaient un peu. Au siège de Damsbach, il reçut une flèche dans le genou, blessure peu grave mais qui l'immobilisa opportunément. La situation se retournait. Les Alsaciens réagissaient durement, multipliaient les coups de main contre les Écorcheurs dont le nombre s'amenuisait. Pour se maintenir dans le pays, le dauphin avait besoin de renforts. Son père, inquiet de sa blessure, le rappela impérieusement. Ainsi finit l'aventure. Il ne resta plus aux Alsaciens qu'à poursuivre l'extermination des Écorcheurs. L'objectif était atteint. Toutefois l'importance que le dauphin avait prise, ses initiatives, le rôle qu'il s'était attribué, avaient alarmé la cour et l'opinion. Charles VII redoutait de perdre l'amitié des Habsbourg.

La cour se trouvait alors à Nancy. Charles VII négociait avec la duchesse de Bourgogne. L'exécution du traité d'Arras posait encore problème. Le dauphin se chargea d'enjôler la subtile duchesse, la couvrant de caresses pour finalement ne rien lui accorder. Après les jeux de la guerre, ces entretiens diplomatiques le passionnaient; il y prenait le plus vif plaisir, mais aussi il y éprouvait les armes qui feraient plus tard sa puissance: la séduction, l'humour, l'hypocrisie travestie en candeur, une inflexible volonté masquée de bonhomie. Il avait alors vingt et un ans. L'amour, les fêtes, les tournois l'agaçaient. Il détestait perdre son temps et se moquait de son père qui faisait le joli cœur pour Agnès Sorel, sa maîtresse. Au sein de la famille royale et de la cour, il se sentait désormais un étranger. La prospérité revenue, on ne songeait plus qu'à briller, qu'à danser et tournoyer. Tout irritait le dauphin, la Dame de Beauté dont il redoutait l'influence, Pierre de Brézé, le nouveau favori de Charles VII, et jusqu'à la gracieuse et sensible Marguerite d'Écosse. La dauphine dansait à ravir; elle cultivait la poésie, s'entourait d'artistes et de musiciens. Elle veillait fort tard et mangeait des fruits verts pour garder la ligne. Son soldat d'époux lui reprochait de n'avoir pas d'enfant. Mais Marguerite se savait protégée par le roi et la reine. Elle continuait ses habitudes. Un certain Jamet du Tillay la surprit un soir, bavardant dans l'obscurité avec l'élégant sire de Blainville et quelques dames. Il déclara que c'était « grande paillardise », et, dès lors, ne cessa d'espionner la princesse. Il informa le dauphin qui vit rouge et accabla sa femme de reproches. Marguerite n'essaya pas de reconquérir son mari. Elle se replia sur elle-même et se mit à haïr le délateur.

Au printemps 1445, la cour s'installa à Châlons. Marguerite accompagna le roi au sanctuaire de Notre-Dame de l'Épine. La chaleur était excessive. Au retour de ce pèlerinage, la dauphine se retira dans une chambre trop fraîche. Elle ne garda que sa chemise et prit froid. Le lendemain, elle toussait beaucoup. Les médecins diagnostiquèrent un gros rhume. Le mal progressa rapidement, dégénéra en bronchite, puis en pneumonie. La pauvrette était phtisique et ce refroidissement l'achevait. Bientôt, elle se mit à délirer.

— « Jamet, Jamet, s'écria-t-elle, vous êtes venu à votre intention[1] : si je meurs, c'est par vous et vos bonnes paroles que vous avez dites à cause de moi, sans cause ni raison ! Je prends sur Dieu, sur mon âme et sur le baptême, où que je puisse mourir, que je n'ai jamais desservi ni fait tort à Monseigneur ».

Sa maladie dura huit jours. Avant qu'elle n'entrât en agonie, il fallut la supplier de pardonner à Jamet. Elle finit par y consentir. Quelques heures avant sa mort, on l'entendit murmurer :

— « Fi donc de la vie, qu'on ne m'en parle plus ».

Le roi, la reine, les seigneurs et les dames de la cour pleurèrent la trop belle princesse d'un cœur sincère. Le dauphin versa quelques larmes de circonstance, mais il ne regretta pas cette femme qui passait son temps à écrire des rondeaux au lieu de faire des enfants. Certains espéraient que le trépas de Marguerite réconcilierait le père et le fils. Il n'en fut rien. A nouveau sans emploi, le dauphin rongeait son frein ; il faisait sa cour à Pierre de Brézé et à la Dame de Beauté pour les compromettre. Il essaya de fomenter un complot avec Chabannes qui le dénonça. Il voulait enlever le roi, pour s'emparer du pouvoir[2]. Charles VII lui pardonna encore. Il l'exila néanmoins en Dauphiné, pour quatre mois. Louis partit en proférant des menaces. Ils ne devaient jamais se revoir.

Un érudit du siècle dernier retrouva dans le livre d'heures d'Isabelle Stuart, duchesse de Bretagne, une chanson qu'elle avait composée en mémoire de la dauphine, sa sœur. J'en extrais ces quelques vers :

Adieu, Dauphin, mon très cher sire !
A pleurer la dame se prit ;
Pour vous j'avais la mer passée...

....

Adieu, duchesse de Bourgogne,
La mienne sœur au cœur joli ;
Si vous pouvez par nulle voie,
Mettez la paix en fleur de lis...

---

1. Vous avez atteint votre but.
2. Voir *Charles VII* du même auteur, dans la même collection, chez le même éditeur.

Mais la mort de Marguerite ne mit point la paix dans la Maison des Lys. Elle rompit au contraire le dernier fil qui retenait Louis auprès des siens. Désormais, il serait envers eux pis qu'un étranger.

IV

ROI EN DAUPHINÉ

Comme on l'a dit, l'éloignement de Louis ne devait durer que quatre mois. Le dauphin transforma cette punition somme toute légère, en un exil volontaire de dix années [1], tant il était déçu dans ses ambitions et tant il avait la comédie de la cour en horreur. Mais aussi il prit goût à son nouveau métier et goûta au plaisir de l'indépendance. Être enfin son propre maître comblait ses vœux. Depuis que le Dauphiné avait été cédé à Philippe VI de Valois et à Jean le Bon, il n'avait pas évolué. C'était un petit État archaïque, patriarcal formé jadis des débris de la Bourgogne et de l'Empire, plus exactement une communauté très hétérogène dont le particularisme confinait à l'anarchie. Un farouche esprit d'indépendance lui conférait un semblant d'unité. Voisin du puissant duché de Savoie, son existence eût été aléatoire, s'il n'avait bénéficié du protectorat français. C'est à dessein que j'emploie ce terme de « protectorat », car, en réalité, le pouvoir exercé

1. Quatorze ans si l'on ajoute le séjour de Louis à Genappe.

par les rois de France restait purement nominal. Il faut ajouter que les Valois, aux prises avec les Anglais depuis leur avènement, avaient eu d'autres préoccupations que la gestion du Dauphiné. Au surplus, la cession de cet État avait été assortie de telles réserves qu'il convenait d'agir avec prudence. Louis changea tout cela et l'on peut dire que, sous son « règne », le Dauphiné s'intégra définitivement à la France.

Dès qu'il avait été investi du delphinat (en 1440), il avait prescrit une réforme générale de la justice et des finances. Magistrats et administrateurs furent astreints à résidence. Un recensement des feux améliora l'assiette de l'impôt. Ce n'était là qu'une ébauche dans l'esprit de Louis. Il ne pouvait alors que déléguer ses pouvoirs, mais il n'était pas à même de contrôler personnellement l'exécution de ses édits.

Il arriva en Dauphiné en janvier 1447, après être passé par Lyon. Tout de suite, il se comporta en souverain, en sorte que sa venue ressemblait à un véritable avènement. Il forma rapidement une première équipe composée de petits gentilshommes et de bourgeois du pays, mais aussi d'aventuriers venus de diverses contrées de France. Ils seront les premiers fidèles. Certains même le serviront pendant tout son règne. On y retrouve les noms de Jean de Lescun, bâtard d'Armagnac, les sires de Bournazel et de Bouligny, Louis de Crussol, Guillaume de Courcillon, Jean de Daillon, Jean de Montauban, Charles de Melun, Jean de Montespedon, Yves de Scépeaux et, déjà, le fidèle secrétaire Jean Bourré qui deviendra seigneur de Plessis[1] et maître de la Chambre des comptes de Paris en récompense de ses loyaux services.

Il est passionnant d'étudier le comportement de Louis dans son pseudo-royaume, car on y discerne déjà ses méthodes, son style de gouvernement. Il commença par visiter son petit État, s'entretenant avec les bourgeois des villes et leurs magistrats, s'arrêtant dans les châteaux, mettant volontiers pied à terre pour écouter les plaintes des paysans, mais aussi observant les modes de culture, visitant les ateliers, s'efforçant de se faire une opinion exacte, de visu, des ressources du pays, mais encore interrogeant doucement les évêques et les membres du clergé. Il se montrait déjà tel qu'il sera plus tard, tour à tour bonhomme, impérieux, caustique. Son activité incessante, son ubiquité surprenaient le peuple. Chemin faisant, il analysait la situation. Aucun détail n'échappait à sa sagacité. Il avait l'art

1. Le Plessis-Bourré, en Anjou.

de susciter les confidences, d'écouter. Son apparente simplicité déconcertait, en même temps qu'elle séduisait. Nul prince n'était moins distant que lui.

Le Dauphiné était alors un puzzle assez incohérent de fiefs et d'alleux. Les seigneurs se dispensaient de l'hommage au gouverneur du roi et, nonobstant les ordonnances de Charles VII, se donnaient le droit de guerroyer entre eux. Les évêques s'étaient arrogé la seigneurie des villes et leur tyrannie, fondée sur des prétextes religieux, s'avérait insupportable. Le Conseil delphinal, s'il était d'une parfaite loyauté envers le roi, manquait de moyens. Il en était de même du gouverneur royal. En revanche, les Dauphinois se considéraient comme bons Français. Ils servaient volontiers dans nos armées. Ils avaient pris part notamment à la délivrance d'Orléans. Chez eux, Jeanne d'Arc était aussi révérée que dans le reste du royaume.

On vit le dauphin à Romans, à Valence, à Montélimar, à Grenoble. On comprit qu'il avantagerait les villes au détriment des privilégiés et qu'il s'emploierait à stimuler leur essor en offrant aux habitants des garanties sérieuses. Dès le mois de février, il présida les États dauphinois. On constata, parfois avec amertume, qu'il était malsain de contester son autorité, encore plus de tenter de faire obstacle à sa volonté. Il avait remercié purement et simplement le gouverneur, le sire de Gaucourt, en dépit des services rendus, mais il avait été nommé par Charles VII ! A la vérité, il voulait assumer directement le pouvoir, sans écran entre son peuple et lui. Ensuite, il se mit au travail, avec une ardeur sans pareille. Il s'en prit d'abord à l'indépendance des nobles, autrement dit au régime féodal persistant. Il leur interdit les guerres privées. Il les obligea à prêter hommage, à obéir à toute réquisition de sa part et à servir avec leurs hommes d'armes à leurs frais. Il leur fit même admettre qu'ils n'étaient point maîtres après Dieu dans leurs fiefs, mais justiciables comme tout un chacun en cas d'insoumission ou de fautes graves. La prélature lui donna plus de fil à retordre, car elle invoquait le droit canon et l'autorité pontificale à la moindre difficulté. Néanmoins le vieil archevêque de Vienne dut bientôt céder au dauphin la moitié de la juridiction temporelle sur cette cité, moitié qu'il s'était d'ailleurs appropriée indûment. L'évêque de Grenoble prétendait relever de l'empereur d'Allemagne, arguant d'un usage immémorial. Le dauphin ravala sa superbe et le contraignit à reconnaître la souveraineté de la France. Les évêques de Gap et de Valence s'opiniâtrant dans la résistance, il confisqua leur temporel : ils s'empressèrent de prêter hommage. Il en fut ainsi de l'abbé et des chanoines du Saint-Bernard. Connaissant son monde, Louis défendit aux ecclésiastiques de se rendre à Rome pour y plaider leurs causes : c'était un moyen immanquable d'éviter les frictions avec le Saint-Siège ! Il imposa les biens d'Église, ainsi que les alleux. Au contraire, les villes furent comblées de faveurs, à condition que leurs échevins fussent dociles et répartissent l'impôt avec exactitude. Louis consentait volontiers à confirmer leurs privilèges, voire à les accroître, mais à condition qu'ils ne portassent pas atteinte à son autorité.

Simultanément, il simplifiait l'administration territoriale qu'il réduisit à une sénéchaussée et à deux baillages. Il transforma le Conseil delphinal en une sorte de Parlement, dont il réglementa avec soin les attributions et le fonctionnement. Toujours agissant en véritable roi, il se dota d'une petite armée permanente, formée de cinq compagnies d'ordonnance et de quelques compagnies d'arbalétriers. Pour faciliter le recrutement, il anoblit de nombreux jeunes bourgeois. Il encourageait aussi les sociétés de tir à l'arc et à l'arbalète. Il réforma également la chancellerie, la hiérarchie des offices, le notariat. Aucun détail ne lui échappait. On dénombre plus de mille édits de sa main pendant ses dix années dauphinoises !

Cependant, à quoi eût abouti la rénovation de l'appareil gouvernemental, si des mesures visant à améliorer l'économie ne l'avaient accompagnée ? L'enquête menée par le dauphin au cours de ses déplacements n'était guère réjouissante. Par suite de l'insécurité, de la négligence, des disparités, cette économie s'avérait précaire, presque misérable. Par exemple, on trouvait plus simple d'acheter le blé en France. Louis établit une barrière douanière, pour forcer les paysans à le cultiver, ce qu'ils firent promptement. Les routes étaient dans un état pitoyable. Il les fit réparer. Il en fit construire de nouvelles, pour faciliter le commerce. Il créa des foires à Gap, à Briançon, à Montélimar et à Valence, sur la voie traditionnelle du commerce entre la France et l'Italie. Il encouragea l'exploitation des mines, les industries du fer, la fabrication des toiles. Il attirait la main-d'œuvre étrangère en lui accordant des exemptions d'impôts. Il avait pris la communauté juive sous sa protection en raison de ses activités bancaires et de son génie des affaires. Enfin, pour éviter l'exode des intellectuels, il créa une université à Valence.

Cependant il criait misère, accusant Charles VII de le réduire à la portion congrue. Certes, ses ressources étaient limitées, mais suffisantes. D'ailleurs, s'il avait disposé de ressources plus étendues, à quoi les aurait-il employées ? A essayer de s'agrandir aux dépens de la Savoie ou de se tailler quelque principauté en Italie, au risque de provoquer un conflit, comme il l'avait fait l'année de Montbéliard et des Écorcheurs ? Son imagination trop vive, son esprit fertile en combinaisons, égaraient parfois sa prudence encore incertaine et contrebattaient son pragmatisme. En réalité, il était aussi heureux qu'il pouvait l'être, eu égard à sa nature inquiète. Il était entouré de gens simples. Il vivait à l'écart de tout protocole. Il chassait comme un forcené, puisque c'était déjà sa passion. Les forêts étaient nombreuses et giboyeuses. Au milieu de ses veneurs et de ses valets de chiens, flanqué de quelques compagnons partageant ses goûts, il s'enivrait de grand air. On buvait et on mangeait bien. Louis ne s'embarrassait pas de bluettes. Les filles de rencontre lui suffisaient, pourvu qu'elles fussent gaillardes, saines et rieuses. Il avait pourtant deux maîtresses attitrées : Guyette Durand, fille d'un notaire grenoblois, et Félise Raynard, veuve d'un écuyer. Les femmes ne lui posaient pas de problèmes. Pour rien au monde, il ne se fût « assotté » de quelque Agnès Sorel. L'amour n'était pas son affaire.

En apparence, les relations du père et du fils étaient empreintes de cordialité. Le dauphin feignait l'humilité et la soumission avec une parfaite hypocrisie. La vie n'était-elle pas pour lui une comédie aux cent actes divers ? Aucun rôle ne le rebutait ; peut-être était-ce là une façon d'humour.

« Mon très redouté seigneur, écrivait-il, je me recommande à votre bonne grâce tant et aussi très humblement que je puis... vous suppliant, mon très honoré seigneur, m'avoir et tenir toujours en votre bonne grâce, en me commandant vos bons plaisirs pour les accomplir à mon pouvoir, au plaisir de Notre Seigneur, qui vous donne très bonne vie et longue ».

Le « bon plaisir » de Charles VII eût été d'avoir son fils aîné près de lui, mais le dauphin refusait de revenir à la cour ; il n'était pas en son « pouvoir » de reprendre la place qui lui revenait et d'aider son père à achever la reconquête de son royaume. Il se dispensa de participer à la libération de la Normandie et de la Guyenne, mais il eut le front de réclamer le gouvernement de ces deux provinces ! Parallèlement, il ne pouvait s'empêcher de s'informer, d'intriguer et, dans ce but, il entretenait des espions dans l'entourage même du roi, s'efforçant de compromettre les serviteurs les plus zélés. Parfois, ses espions vendaient la mèche ou mangeaient à deux râteliers: ils renseignaient l'un et l'autre des partenaires. Inquiet de ces manigances, Charles VII avait lui aussi des agents à la cour du dauphin. Les activités diplomatiques, les initiatives intempestives de ce dernier le gênaient, l'inquiétaient. Elles étaient dommageables à la couronne. L'antagonisme latent du père et du fils était connu dans les cours étrangères, connu et, le cas échéant, exploité. Le roi n'ignorait pas que son fils correspondait avec Francesco Sforza, duc de Milan, pour lequel il professait une admiration déplacée ; avec Don Carlos, le primogénit (fils aîné) d'Aragon en révolte contre Jean II, son père, et surtout avec le duc de Bourgogne, Philippe le Bon, qui encourageait son insoumission en dépit du traité d'Arras. Il n'ignorait pas non plus les critiques acerbes que ce bavard de fils répandait sur son compte.

Louis avait résolu de se marier à sa convenance. Il avait jeté son dévolu sur Charlotte de Savoie, en dépit de la jeunesse de celle-ci. Mais elle avait 400000 écus de dot et le mariage offrait des perspectives d'agrandissement. Cette alliance flattait la vanité du duc de Savoie; il n'eut garde de repousser la demande de Louis. On négocia l'affaire. Louis ignorait, ou feignait d'ignorer, que son père songeait à d'autres partis plus glorieux, ou plus fructueux, pour lui. Il n'avait pas le droit de convoler sans son autorisation. Force lui fut donc de l'informer de son projet. Charles VII eut le tort de faire attendre sa réponse, malgré plusieurs rappels de Louis. Lassé par son insistance, il finit par opposer un refus. Par surcroît, il reprocha à son fils son éloignement de la cour, ses intrigues injustifiables et, surtout, sa collusion avec Jacques Cœur. Car Louis était parvenu à compromettre gravement le célèbre Argentier, l'homme de confiance de son père. Il s'était fait prêter de grosses sommes par Cœur ; il avait obtenu son appui en Italie ; il utilisait ses agents pour mener une politique personnelle, opposée à celle du roi. Négligeant les menaces de celui-ci, il précipita la signature du contrat de mariage avec Charlotte. Informé de cette désobéissance, Charles VII expédia son héraut à la cour de Savoie, avec mission de s'opposer à la célébration. Le héraut arriva trop tard ; plus exactement, il ne fut reçu qu'au moment précis où les mariés entraient dans la chapelle. Grâce à ce stratagème, le dauphin put épouser Charlotte, car le duc de Savoie redoutait le roi de France !

Charles VII supprima sa pension. Il confisqua les biens qu'il possédait en France. La rumeur courait qu'il songeait à le déshériter au profit de Charles, son cadet. Louis s'ébroua. Il s'empressa de solliciter son pardon, s'engageant à servir son père, à lui obéir ponctuellement, mais refusant toujours de revenir à la cour ! Le roi menaça le duc de Savoie : il voulait rompre l'alliance entre le gendre et le beau-père, jugée dangereuse en raison de l'état d'esprit de Louis. Le duc de Savoie fit en hâte sa paix avec Charles VII ; il s'engageait à ne point soutenir le dauphin en cas de conflit. Le roi lâcha prise. Il est probable que la révolte des Bordelais et le débarquement du vieux Talbot sauvèrent momentanément Louis, mais ne le rassurèrent qu'à demi. Il s'efforçait pourtant de négocier afin de gagner du temps. Pour faire diversion ou se rédimer aux yeux de son père, il accepta de rejoindre en Italie le roi René. Ce dernier avait été appelé par Florence et Milan en lutte contre Venise et Alphonse V d'Aragon, roi de Naples. Il se flattait de reconquérir le royaume dont il portait le titre et que revendiquait la Maison d'Anjou. Mais le dauphin avait jeté son dévolu sur Gênes. Finalement le roi René congédia son indésirable neveu et sa petite armée de montagnards dauphinois.

Louis se retrouvait en face de son père. Il ne renonçait pas à apaiser le courroux de ce dernier. On échangeait des ambassades. Les réponses du roi se faisaient de plus en plus froides. Louis ne comprenait pas que, désormais, son père avait les mains libres ! Charles VII avait achevé la reconquête du royaume. Son prestige était immense. Il ne pouvait tolérer davantage la rébellion du fils aîné de France. Il ne voulait point l'exhéréder, mais, comme il était juste, le faire rentrer dans l'obéissance. Puisque Louis refusait de quitter le Dauphiné de son plein gré, il le quitterait de force ! Mais Louis s'était ménagé une échappatoire. Lorsque l'armée française envahit le Dauphiné, sous les ordres de Chabannes, il fit mettre les places en état de défense, et, le 30 août 1456, s'éclipsa.

V

GENAPPE

Prétextant une partie de chasse, suivi d'une faible escorte et de quelques familiers, il galopa vers la Franche-Comté. Qu'il ait fait en sorte d'éviter une capture presque certaine, cela est évident. Mais céda-t-il à la peur, et même à une véritable panique, comme on l'a prétendu ? Il est permis d'en douter, car c'était le contraire d'un couard. Néanmoins il faut convenir qu'il avait poussé le défi un peu loin ! En jouant au fugitif traqué par les sbires de Chabannes, il desservait Charles VII dans l'opinion internationale et se vengeait cruellement de lui. Mais il ne pouvait se retenir de brouiller les cartes. Parvenu en Franche-Comté, il fit le bon apôtre, informant humblement son père de son désir de prendre la croix. En 1454, à l'occasion du fameux Vœu du Faisan, le duc de Bourgogne et ses vassaux avaient fait serment de partir en Croisade, afin de délivrer Constantinople des Turcs. Et c'était sous un tel chef que Louis entendait servir ! Bien entendu, il savait, comme tout le monde, qu'il n'y aurait pas de croisade ; que le Vœu du Faisan n'était, si l'on peut dire, qu'un vœu pieux. Louis galopa jusqu'à Louvain, où il ne risquait plus d'être enlevé. Qui fut surpris d'un événement pareil, et même passablement troublé, ce fut le duc de Bourgogne! Certes, il avait échangé des cadeaux, il était en correspondance avec le rebelle du Dauphiné. Mais Louis ne lui avait pas demandé l'hospitalité. Il arrivait sans s'être fait annoncer. Quand le vieux duc revint de sa stupeur, il aperçut soudain l'immense parti qu'il pouvait tirer de la situation. Le dauphin valait plus que son pesant d'or; ce serait, en cas de besoin, un otage précieux, une monnaie d'échange inespérée. De toute manière, il serait un allié. Avoir le futur roi de France dans son jeu laisserait le champ libre à certaines entreprises du côté de l'empire. Mais, parce que c'était un fin renard, rompu aux usages, expert en perfidies, il dégagea tout de suite sa responsabilité envers Charles VII. De fait, il n'était pour rien dans la fuite du dauphin, sauf qu'il lui avait naguère promis son soutien et son aide pécuniaire. Louis attendait à Louvain le bon plaisir de son « oncle[1] ». Il passait son temps à la chasse. La noblesse du pays se pressait autour de lui. Sa fuite prenait les dimensions d'un scandale, mais les rieurs étaient pour lui. Tout en parlant avec l'un, avec l'autre, fidèle à ses habitudes, il s'informait. On le conduisit à Bruxelles, où l'attendait la duchesse de Bourgogne. On fit assaut de politesses. Le dauphin logea dans la propre chambre de Philippe le Bon, d'ordre de celui-ci. Le duc guerroyait en Flandre, ce qui lui donnait le temps de méditer sur la conduite à tenir. Il arriva au palais de Bruxelles le 15 octobre 1456. Ce fut une merveilleuse comédie. Contrairement à l'étiquette, le dauphin ne l'attendit pas dans ses appartements. Il descendit dans la cour du palais et s'avança à la rencontre de son hôte. Le sang de Philippe ne fit qu'un tour. Le noble duc tomba à genoux. Louis se précipita pour le relever. Le tenant étroitement embrassé, il l'empêcha de s'agenouiller à nouveau. Le duc ne doutait plus de la gratitude de ce bon jeune homme: il serait donc l'arbitre de la querelle entre le roi et son fils et, assurément, du train où les choses allaient, le tuteur du futur roi de France! Le bon temps revenait à grands pas! La larme à l'œil, avec ce sens de la mise en scène qui le caractérisait, il déclara:

— « Monseigneur, votre venue par-deçà réjouit profondément mon cœur. Je loue Dieu, et vous, de l'honneur et de la

1. Philippe le Bon avait épousé en premières noces Michèle de France, tante du dauphin.

bonne aventure que j'ai aujourd'hui à cause de vous. Soyez le bienvenu, comme l'Ange Gabriel fut à Marie! Jamais je n'ai reçu de si grande joie, ni tant d'honneur dans ma vie, de pouvoir vous recevoir en mes pays. Ils sont vôtres, et à votre service ».

Louis ne s'attendait pas à être comparé à l'Ange Gabriel! Était-ce bien la Bonne Nouvelle qu'il venait annoncer à la Maison de Bourgogne? Il répondit plus simplement:

— « Je vous conterai mes aventures, et vous me direz les vôtres ».

On le festoya superbement. Aucune des autres cours d'Europe n'était aussi fastueuse, aussi brillante que celle de Bourgogne. Aucune n'était aussi galante, car le vieux duc montrait l'exemple, dont les maîtresses et les bâtards ne se comptaient plus. Le fameux recueil des *Cent nouvelles nouvelles* rend assez bien compte des mœurs et des propos de la cour de Philippe le Bon. On se piquait de courtoisie ; on observait un protocole rigoureux, mais on était friand d'historiettes salaces et, le vin aidant, l'ambiance ne devait pas engendrer la mélancolie.

Le duc se montra généreux. Il octroya au dauphin 36000 livres de pension et la jouissance du château de Genappe. Cette demeure gothique, protégée par des douves, pourvue d'un donjon et de plusieurs tours, ne manquait pas d'agréments. Elle se dressait au sein d'une contrée plantureuse, à proximité de grandes forêts. Louis y fut en sécurité. Il put s'adonner à sa passion de vénerie. Quand il était las des plaisirs de la cour ducale, il s'y retirait avec délices. Parfois, le comte de Charolais, futur Charles le Téméraire[1], l'y venait visiter. Qui les eût observés, chevauchant de compagnie derrière la meute, ou partageant les épices qui servaient alors de dessert dans les grandes maisons, ou devisant joyeusement en quelque chambre luxueusement parée, se fût mépris du tout sur leur avenir. Charles avait dix ans de moins que le dauphin. Ce dernier l'avait apprivoisé facilement. Il recevait ses confidences, l'écoutait se plaindre des De Croy, favoris de Philippe le Bon. Il étudiait son caractère ombrageux, pessimiste, enclin à de brusques accès de fureur, mais aussi chevaleresque, mar-

1. Le comte de Charolais, futur duc de Bourgogne, ne fut jamais surnommé « le Téméraire » de son vivant, mais « le Travaillant » et « le Terrible ». Ce sont les historiens qui, tardivement, lui attribuèrent le surnom de « Téméraire ». Je l'utiliserai par commodité.

qué par les exploits du roi Artus et de ses compagnons. Un caractère où l'ambition dévorante, impatiente, s'accompagnait de rêveries creuses, d'irréalisme et, somme toute, peu français, encore que Charles parlât notre langue. Le Téméraire était un féodal. Le dauphin excitait-il discrètement le fils contre le père ? Charles VII, apprenant la fuite de Louis, aurait dit :

— « Le duc de Bourgogne loge un renard qui lui mangera ses poulets ».

La conduite du renard était irréprochable. Il abreuvait son bon oncle de paroles flatteuses, presque déplacées venant d'un si grand prince, d'un futur roi de France. Mais il y avait longtemps que les paroles sucrées ne coûtaient rien à Louis, non plus que les promesses. Il était toute grâce envers la duchesse de Bourgogne et Madame de Charolais, l'épouse du Téméraire. Il courtisait aimablement leurs suivantes. Il nouait amitié avec les de Croy, mais en secret, afin de ne pas offenser Charles, son grand ami. Il affectait la plus parfaite considération envers les gentilshommes bourguignons. Quand naquit Marie de Bourgogne, Charles s'empressa de lui donner le dauphin pour parrain. C'était en ce temps une grande responsabilité que de tenir un enfant sur les fonts baptismaux : en tout cas l'engagement de lui servir de père, s'il perdait ses parents. Plus tard, le roi Louis XI oubliera cet engagement envers Marie ; il n'hésitera pas à la dépouiller de son héritage, au nom de la raison d'État ! Bientôt une terrible dispute éclata entre Philippe le Bon et son fils. Le duc exigeait de ce dernier une obéissance aveugle. Charles refusait de prendre un des De Croy dans sa Maison. Philippe voulait l'y contraindre. Le ton monta. Le duc était un colérique. Il s'emporta au point de menacer Charles de son poignard. Il fallut les séparer, sinon l'irréparable eût été commis. Le dauphin s'entremit. Il s'y prit de telle façon que Charles, malgré son courroux, consentit à demander sa grâce et le duc à pardonner. On se réconcilia théâtralement, mais du bout des lèvres. Le temps approchait où le Téméraire attendrait lui aussi sans patience, et même dans l'exil, la mort de son père ! Ce rôle de conciliateur paracheva la bonne réputation de Louis. Désormais, il faisait vraiment partie de la famille. La même année (1457), le duc ne put moins faire que d'emmener Louis dans ses villes de Flandre : Courtrai, Oudenarde et Bruges. Il était fier de leur opulence. Louis s'extasiait sur tout avec complaisance. Et, certes, la richesse de ces cités, depuis longtemps épargnées par la guerre, était impressionnante. Cependant Louis collectait des renseignements utiles, approfondissait ses notions sur le commerce et l'industrie, sur l'utilité d'une flotte, sur les mécanismes de la banque. Bruges, cette Venise du Nord, alors dans tout son éclat, retint spécialement son attention. En même temps, faisant assaut de politesse avec son oncle, devisant et plaisantant, il le perçait à jour. Il comprit que, chez lui, la vanité l'emportait sur l'ambition et que, l'âge venant, sa pugnacité diminuait. Et, de fait, Philippe le Bon, quoique sujet à de redoutables emportements, aspirait à la paix. Il craignait Charles VII et, sans qu'il le montrât, la situation l'inquiétait. On commençait à dire que la guerre était inévitable entre la France et la Bourgogne. Charles VII avait retiré le gouvernement du Dauphiné à Louis. Il tenait un langage menaçant. Il voulait son fils près de lui. Philippe eût volontiers reconduit le dauphin en France, mais celui-ci refusait de partir. Il avait décidé de rester à Genappe jusqu'à son avènement.

Peu à peu, les années passant, les bonnes relations entre le duc et Louis se dégradèrent. Pourtant l'on sauvegardait les apparences. Lorsque Charlotte de Savoie mit au monde son premier fils, la naissance fut célébrée par de grandes fêtes. Ouvrons une parenthèse. Louis osa écrire à ses bonnes villes de Paris et de Lyon pour annoncer l'événement, certainement dans l'espérance de recevoir les cadeaux d'usage : « Très chers et bien aimés, quand aucunes bonnes et joyeuses nouvelles nous parviennent, dont raisonnablement nous devons être réjouis et consolés, nous désirons bien qu'en soyez avertis, afin que semblablement en puissiez prendre et avoir réjouissement ; et pour ce, très chers et très aimés, nous vous signifions qu'il a plu à notre benoît Créateur et à sa glorieuse Mère délivrer ce jourd'hui notre très chère et très aimée compagne d'un beau fils, dont, comme raison est, avons été tout joyeux que plus ne pourrions, et en rendons grâces à notre benoît Créateur et à sa glorieuse Mère, et remercions notredit benoît Créateur de ce que si bénignement il lui a plu nous visiter et de plus en plus nous donner vraie connaissance de ses infinies grâces et bontés. Et vous prions, très chers et bien aimés, bien chèrement, que de votre part vous veuilliez semblablement disposer à en rendre et faire rendre grâces à Dieu, à sa benoîte Mère, et à tous les glorieux saints et saintes du paradis, ainsi et par la manière qu'il est accoutumé en pareil cas.

Très chers et bien aimés, le benoît Saint-Esprit vous ait en sa sainte garde ».

L'enfant, prénommé Joachim, ne vécut pas. Il en fût de même de sa sœur Louise, née en 1460. Charlotte de Savoie n'avait que la beauté du diable, mais elle s'annonçait féconde et c'était là tout ce que le dauphin lui demandait. Il l'appelait bonnement « ma femme », au mépris des usages princiers. Il était aussi simple dans ses vêtements. On le voyait le plus souvent dans une méchante tunique de chasse taillée dans une étoffe grossière. Il n'y avait point d'étiquette à Genappe, sauf en cas de visite. Louis préférait à la compagnie des grands seigneurs celle de ses familiers : le Bâtard d'Armagnac, le sire de Montauban, Gaston de Lyon, Jean Bourré et l'intendant-barbier Olivier le Daim, un nouveau venu. Louis ne manquait pas d'argent, mais il économisait, car ses envoyés et ses espions lui coûtaient cher ; de plus, il ne lésinait pas à récompenser ses meilleurs serviteurs et à faire des cadeaux utiles. Il montrait désormais à l'égard de Philippe le Bon une prudence de loup, déployant des trésors d'ingéniosité pour ménager sa susceptibilité, pour le rassurer. Mais son activité diplomatique ne passait pas inaperçue et le duc s'en alarmait. Sans doute avaient-ils signé en commun un traité avec Warwick pour aider les Yorkistes contre les Lancastriens et faire pièce à Charles VII allié des seconds. Mais il savait que Louis en avait profité pour nouer des liens personnels avec Warwick, dangereux aventurier. Il savait aussi qu'il négociait un véritable traité d'alliance avec Francesco Sforza, duc de Milan, autre aventurier de haute volée. Il soupçonnait Louis de stipendier des courtisans bourguignons afin d'être informé des initiatives et des intentions de son bon oncle. De son côté, Louis suspectait certains de ses serviteurs de renseigner le duc et les surveillait étroitement. Par ailleurs, il n'ignorait point que Charles VII le faisait espionner. Mais il agissait de même à son égard. Tout ce qui pouvait nuire à son père, tout ce qui portait atteinte à son prestige le réjouissait. Il ne cessait de guetter une occasion favorable et s'efforçait de discréditer ceux en qui Charles VII avait placé sa confiance, espérant ainsi l'isoler, le rendre vulnérable.

Quelle ne fut pas sa joie quand, en 1458, il apprit que son père souffrait d'un grave ulcère à la jambe et que le mal était donné comme incurable. Dans la même période, Philippe le Bon tomba gravement malade. Le dauphin fut à même de constater que, le maître étant au lit, l'État bourguignon allait à vau-l'eau. Les de Croy faisaient leur possible, mais ils se heurtaient à l'inimitié du Téméraire. Le cher oncle reprit les rênes, mais, d'ores et déjà, Louis savait que l'État bourguignon était un colosse aux pieds d'argile ; que son écrasante puissance, sa richesse, ses moyens étaient aléatoires. Il avait décelé les défauts de l'éblouissante cuirasse. Il était de cette nature d'homme à laquelle tout événement profite ! Cependant l'antagonisme entre Philippe le Bon et le Téméraire s'aggravait. Il divisait la cour, la noblesse bourguignonne. On murmurait que le dauphin n'y était pas étranger. Malgré sa vigilance à tenir la partie égale entre le père et le fils, sa situation devenait délicate. Philippe le Bon admettait mal qu'il n'eût point rompu les ponts avec Charles. Ce dernier reprochait à Louis de flagorner le duc. La méfiance réciproque se substitua aux courtoisies de naguère. Il était temps que cette situation équivoque prît fin, bien que le dauphin ne se lassât point de nager entre deux eaux.

Soudain la tragédie se dénoua. Le 10 juillet 1461, un messager vint informer Louis que Charles VII se mourait. D'autres envoyés accoururent à Genappe. Une lettre du Conseil royal confirma l'état désespéré du roi. Le dauphin estima décent de prescrire des prières pour le rétablissement de son père. Mais il distribuait déjà les premières charges du royaume à ses familiers, prévenait officiellement le duc de Bourgogne et commençait ses préparatifs de départ. Le 25 juillet, il apprit enfin que Charles VII était mort. La reine Marie d'Anjou l'invitait à revenir « en bonne et douce manière ». Il faut croire que Marie ne connaissait que trop le caractère de son fils ! Quant à Louis, s'il exultait d'être enfin devenu Louis XI, il avait aussi des comptes à régler. Dans son cœur obscur, l'appétit de vengeance le disputait à la jubilation. Il fit célébrer un requiem pour le repos de l'âme du défunt, mais, après l'office, il endossa une tunique mi-partie de rouge et de blanc et s'en fut à la chasse.

Le jour suivant, il partit pour Avesnes, où il avait donné rendez-vous au duc de Bourgogne. Ce dernier se faisait un devoir d'accompagner son royal neveu à Reims et à Paris. La perspective d'éblouir le badaud par son luxe et de tenir le premier rang, celle aussi d'apparaître en protecteur du nouveau roi de France, le comblaient d'aise. Il en oubliait ses inquiétudes récentes, ses soupçons, ses mécomptes. Le ciel était au beau fixe. Simplement Louis l'avait gentiment prié de réduire son escorte, car Philippe projetait de conduire en France une véritable armée, sous couleur de l'honorer et de le protéger en cas de troubles, voire d'établir son autorité si on la contestait. Mais la foule de quémandeurs venus de France dissipait les doutes. Nul ne songeait à empêcher le couronnement de Louis. Charles VII, quoi qu'il en eût, n'avait point fait de testament en faveur du jeune Charles de France, son fils préféré. Louis s'arrangea pour que le duc de Bourgogne assumât tous les frais. Il lui emprunta sa vaisselle d'or et ses tapisseries. N'était-il pas encore le plus désargenté des princes, presque réduit à la mendicité ? Charlotte de Savoie agit de même envers la duchesse de Bourgogne. Bref, ce fut pour ainsi dire dans « les fourgons » du duc de Bourgogne que Louis entra dans son royaume. Certains se prenaient à penser que Philippe le Bon dirigerait bientôt notre politique. Ils se trompaient.

DEUXIÈME PARTIE

LE ROI

1461-1468

Loué soit-il, et Notre-Dame,
Et Loys, le bon roi de France !
François Villon

I

L'AVÈNEMENT

Ce n'était jamais en vain que l'on flattait l'orgueil de Philippe le Bon. En cet art, le dauphin était passé maître. Non seulement le duc de Bourgogne fit bien les choses, mais il se surpassa, à la vérité dans le dessein d'étaler sa puissance ! Il arriva à Avesnes avec quatre mille cavaliers, tous somptueusement vêtus et montés sur des chevaux de parade. Une file de chariots suivait, chargés de coffres et de tapisseries, regorgeant d'or et d'orfèvreries, mais aussi de barriques de vins fins. Venaient ensuite les troupeaux de bœufs et de moutons, car Philippe régalait et les Bourguignons avaient accoutumé de ne manquer de rien. Les seigneurs arboraient les velours, les soieries les plus rares, les bijoux les plus lourds. Certains ruisselaient de perles ; ils en avaient même décoré les caparaçons de leurs palefrois. Jamais de mémoire d'homme on n'avait vu plus noble cortège ! Quant à Philippe, il semblait mieux être roi que simple duc. Près de lui, le vrai roi et sa suite paraissaient minables. Néanmoins, il faisait contre mauvaise fortune bon cœur, je veux dire bon visage. A son habitude, il se confondait en remerciements, en compliments, encore qu'il eût envie de rire devant cette cavalcade des Mille et une Nuits; et devant ce prince de pacotille travesti en souverain oriental, dont le chapeau même, garni de rubis et de diamants, jetait des feux extraordinaires. Il devait penser que le duc portait sur lui ses trésors! Il continua pourtant sa comédie d'humilité, de gratitude. Tout autre que Philippe ne se fût pas laissé prendre à cette glu, mais le bel oncle rêvait, ce qui, l'âge venant, lui arrivait plus souvent qu'à son tour. La mort de Charles VII avait dissipé l'orage qui menaçait. On ne risquait point de guerre avec Louis. Un nouvel âge d'or s'annonçait. Peut-être l'amitié du nouveau roi permettrait-elle de reprendre certain projet du côté de l'Allemagne. Il se pourrait même que Louis ne refusât pas une aide militaire pour le réaliser. Il était trop empressé, trop reconnaissant pour refuser quoi que ce fût à celui qui l'avait naguère accueilli, hébergé, pensionné et protégé! Philippe le Bon, en dépit de sa nature chevaleresque, n'aimait pas donner sans recevoir. Il avait misé sur Louis et comptait sur de gros bénéfices. Ah! certes, on était loin du temps de saint Louis, dont tous ces princes calculateurs se réclamaient pourtant; loin des croisés héroïques dont le seul désir était de reconquérir le Saint-Sépulcre!

Quand le cortège royal (ou plutôt ducal) entra en France, les pauvres gens furent éblouis. Ils se croyaient au paradis; ce n'étaient pourtant pas des anges qui défilaient au son des trompettes d'argent! La guerre avait fait rage dans cette région pendant des décennies. Les Écorcheurs avaient rompu les granges, incendié les maisons. On relevait courageusement les ruines. On reconstituait les cheptels. On remettait les champs en culture. Mais certains villages étaient déserts, et d'autres, peuplés de loqueteux. La récolte avait été mauvaise. Beaucoup criaient famine. Quel contraste avec la grasse Flandre! Mais Louis XI se promettait de remédier à tout cela. Était-il sincèrement ému par cette misère? On voudrait le croire. Elle le gênait plutôt: parce que le duc et ses Bourguignons ne perdaient rien du spectacle. Il en imputait à coup sûr la responsabilité à son père défunt.

On approchait de Reims. Louis prit gîte hors les murs, au couvent de Saint-Thierry, car les préparatifs n'étaient pas achevés, bien que l'archevêque eût fait diligence. Le 14 août 1461, veille de l'Assomption, il fit son Entrée dans la ville. L'affluence était exceptionnelle. On avait dû verrouiller les portes de la cathédrale pour éviter qu'elle fût envahie par la foule dans la perspective du lendemain. On admira surtout la superbe ordonnance des Bourguignons, la magnificence de Philippe le Bon et de sa suite. Louis XI avait fait un effort ; pourtant il déçut un peu, mais enfin il était le roi et on l'applaudissait tout de même de grand cœur. Il lui indifférait assez d'être le point de mire, mais il appréciait modérément de partager les vivats avec Philippe le Bon. On sait aussi qu'il détestait les cérémonies, à son gré trop longues et trop dispendieuses. Mais il s'agissait de son Sacre et l'oncle assumait glorieusement les frais, croyant bien rentrer dans ses débours, de façon ou d'autre. Louis s'appliquait à sourire, à saluer, mais son regard perçant appréhendait chaque détail et sa mémoire enregistrait. Il était ainsi, incapable de se détendre, de savourer le moment présent, hormis à la chasse, et encore ! Philippe le Bon, grand connaisseur en ce domaine, s'était improvisé maître des cérémonies. Il avait un réel talent de metteur en scène, sans pour autant perdre son dessein de vue, car chacun a ses dualités. Il avait veillé à l'ordonnance de la cérémonie, à la décoration de la cathédrale. Il s'était bien entendu assigné une place de choix, le tout premier rôle après son neveu. Le lendemain, malgré les précautions que l'on avait prises, les aides de l'archevêque des Ursins purent à peine se mouvoir. Le Sacre se déroula suivant le rite. Il fut assurément digne de mémoire, notamment en raison de l'assistance bourguignonne. Se trouva-t-il quelqu'un pour évoquer, au moins dans le secret de son cœur, le Sacre précédent ? Celui de 1429, à la fin duquel Jeanne d'Arc s'agenouilla devant son « gentil roi ». Qu'eût dit la jeune fille lorraine, si elle avait vu le duc de Bourgogne, ci-devant complice des Anglais, poser la couronne sur la tête de Louis XI ? Dans sa candeur naïve, elle eût lancé quelque mordante boutade. Car ce fut bel et bien Philippe le Bon qui couronna le nouveau roi, en sa qualité de doyen des pairs du royaume. Geste symbolique certes, mais on peut être sûr que le noble duc lui prêtait une signification précise. Le peuple criait à tue-tête : « Vive le Roi ! Montjoie ! Saint-Denis ! » C'était l'usage. Les cloches sonnaient à toute volée. Des colombes blanches virevoltaient sous les hautes voûtes. Au cours du festin qui suivit, le roi enleva sa couronne et la posa tout bonnement sur la nappe. Ce qui lui importait, ce n'était pas le signe du pouvoir, c'était le pouvoir même et il lui tardait de l'exercer. Une tradition veut qu'il ait ajouté une clause au formulaire du serment prêté par les rois le jour de leur couronnement : celle d'accroître le royaume. C'était en tout cas son intention secrète. Il s'était laissé armer chevalier par son oncle, d'autant plus volontiers que ce dernier, dans un moment d'euphorie, avait prêté l'hommage lige dont le traité d'Arras l'avait jadis dispensé : c'était s'engager bien imprudemment ! Mais le caractère grandiose de la cérémonie, le succès populaire qu'il remportait, grisaient le vieil homme. Il s'enthousiasmait aisément de lui-même. Pour lui, cet hommage était sans conséquences. Ne semblait-il pas que le royaume des lys se plaçait tout entier sous la protection de la Bourgogne ? Philippe avait oublié le meurtre de son père sur le pont de Montereau ! Bref, la cérémonie de Reims consacrait la réconciliation définitive entre Armagnacs et Bourguignons.

Philippe partit pour Paris, en avant-garde, afin de préparer l'Entrée triomphale, la sienne et celle du roi. Louis XI toléra cette initiative. Il s'installa au couvent de Saint-Thierry et reçut benoîtement ceux et celles qui voulaient s'entretenir avec lui. Les habitants de Reims lui demandèrent de supprimer et, sinon, de modérer les tailles et les gabelles. Thomas Basin se présenta au roi. On lit en effet dans son *Histoire de Louis XI* (Livre I, chapitre III) : « Là-dessus, le lendemain, *un évêque* le supplia humblement de daigner soulager, dans sa clémence, les populations accablées et ruinées par de si lourdes charges... » Cet évêque, c'était lui. Il soumit à Louis XI un programme de son cru. A l'en croire, Louis « montra alors, par son long discours, que telle était son intention formelle ». Le roi détestait aussi les longs discours. En réalité, il rejeta le programme de Basin, d'où la rancœur de celui-ci qui se prenait pour un penseur politique et se voyait déjà principal conseiller. Néanmoins, il paraît certain que Louis fit des promesses imprudentes. Il entrait alors dans ses vues de prendre en tout le contre-pied de Charles VII, y compris dans le domaine fiscal. Il ne tarderait pas à changer de point de vue. On se demande même si ses promesses de diminution d'impôts étaient sincères.

L'Entrée dans la capitale était fixée au 31 août. Les Parisiens préparaient fébrilement la fête. Ils étaient fiers de recevoir à la fois le nouveau roi et le duc de Bourgogne. Philippe était un vieil ami pour eux : la ville avait été si longtemps « bourguignonne » ! Le prévôt et ses aides s'efforçaient de loger les visiteurs qui étaient légion. Or, depuis que la cour avait quitté la capitale, les hôtelleries étaient moins nombreuses et plus modestes. Les Parisiens espéraient que

Louis XI se réinstallerait au palais de la Cité. Ils avaient si peu vu Charles VII qu'ils brûlaient de connaître son successeur et souhaitaient vivement lui plaire. Certains se souvenaient de l'adolescent qui, en 1436, avait défilé à côté de son père. Il avait alors fière allure sous le harnais blanc[1]. Quel serait l'homme ? On le plaignait d'avoir si longtemps vécu en exil. Des bruits contradictoires circulaient. Mais Philippe le Bon contait merveilles de son neveu... Louis XI arriva discrètement à Paris et logea place des Percherons, chez Jean Bureau, un riche officier. Le duc de Bourgogne était à l'hôtel d'Artois, qui lui appartenait : il n'en reste que la tour dite de Jean sans Peur. Il y exposait ses richesses et tenait table ouverte. C'était avec un plaisir évident qu'il retrouvait la capitale. Il constatait qu'on ne l'avait pas oublié et que l'on conservait la mémoire de son père. Louis XI passait comme inaperçu.

Le 31 août, Philippe vint le chercher chez Jean Bureau. On forma le cortège, selon ses indications. Il ne déplaisait pas au roi d'avoir le Grand Duc d'Occident pour maître des cérémonies. Pour lui, la journée qui commençait était un véritable supplice, mais, comme toujours, il faisait bonne contenance. Toutefois, les intentions de Philippe ne lui échappaient nullement. A Paris comme à Reims, il s'était arrogé la première place, en sorte que les badauds pouvaient se demander si c'était le duc de Bourgogne ou le roi dont on célébrait l'Entrée. Mais il tolérait ces manigances de l'oncle, non sans malice. Et il le laissait prodiguer son argent...

Jean de Troye, l'auteur de la Chronique bizarrement intitulée *Chronique scandaleuse*, fut témoin du spectacle. Il donne tous les détails de la journée : on perçoit son enthousiasme. Une fois de plus, Philippe le Bon s'était surpassé. Il va sans dire qu'il ouvrait la marche, avec son fils Charles, comte de Charolais. Il arborait une tunique de velours noir constellée de pierreries, un chapeau étincelant de rubis et montait un palefroi blanc dont le harnais valait à lui seul une fortune. Certains crurent d'abord qu'il était Louis XI ! Charles portait un habit de velours cramoisi. Les pages, les gentilshommes de leur suite étaient à l'avenant. Les clochettes d'or et d'argent suspendues aux harnais tintaient joyeusement. Louis XI parut enfin. Il était en damas mi-parti de rouge et de blanc, les couleurs royales. De même ses pages, ses officiers et les nobles de son escorte. Mais les Parisiens n'étaient pas en reste. Ils

1. L'armure complète du chevalier.

avaient — ils ont toujours — le sens de la fête ; si Louis XI les avait privés de cette chatoyante et bruyante cavalcade, il les aurait déçus ! D'abord un Héraut nommé Loyal-Cœur lui présenta cinq belles cavalières vêtues aux armes de la ville et portant de grandes lettres brodées formant le mot : PARIS. A la porte Saint-Denis, on avait bâti une grande nef (celle du blason parisien) montée par les représentants du Tiers-État, et cimée d'un roi que conduisaient deux anges (les tenants de l'écu royal). A la fontaine du Ponceau, des sauvages simulaient un combat et, ce qui ravit le badaud, des sirènes chantaient des bergerettes et des motets : « Des sirènes toutes nues, précise Jean de Troye, et on leur voyait le beau tétin, droit, séparé, rond et dur, ce qui était chose bien plaisante. » Mais d'autres préféraient les gobelets gratuits de vin et d'hypocras. Plus loin, un tableau vivant figurait la Passion. A la fontaine des Innocents, on vit des chasseurs et leurs chiens poursuivant une biche, à grands sons de trompe. On connaissait les goûts du nouveau roi ! Aux Halles, à l'arrivée du cortège, les acteurs assaillirent la bastille anglaise de Dieppe, afin de rappeler le fait d'armes de Louis. Sur le Pont-aux-Changes, on lâcha deux cents douzaines d'oiseaux : les oiseleurs payaient ainsi le droit d'installer leurs éventaires sur le pont ! Toutes les rues étaient décorées d'arcs de triomphe, de fleurs, de tapisseries, d'étoffes multicolores. Il y avait des spectateurs à toutes les fenêtres et sur les toits. La foule était si dense que le cortège se frayait difficilement passage. Les coupeurs de bourses et de chaînes d'or s'activaient, assurés de n'être pas pris. Il était six heures du soir lorsque le clergé parisien accueillit le roi sur le parvis de Notre-Dame. Son air morose fut noté. Cette mascarade monstrueuse l'agaçait prodigieusement. Mais il lui fallut encore présider le banquet au palais de la Cité. Ce banquet fut suivi d'un bal. Louis n'en pouvait plus. Vers minuit, il planta là ses invités et se retira dans sa chambre avec ses familiers. Le Grand Duc d'Occident pouvait jouer au maître de maison, poursuivre ses rêveries de grandeur, recueillir comme une manne les flatteries qu'on lui décernait, bref, pour quelques heures encore, se croire chez lui dans le palais des rois de France. Il ne tarderait pas à déchanter, lui et quelques autres. Le lendemain, Louis quitta le palais et s'en fut habiter, non pas l'hôtel royal de Saint-Pol (hanté par le souvenir de Charles V et du roi dément), mais l'hôtel des Tournelles, proche de la porte Saint-Antoine. Philippe le Bon avait regagné son hôtel d'Artois. Pour accroître sa popularité, il imagina une opération « portes ouvertes ». Les Parisiens purent de la sorte admirer les trésors de Bourgogne : les orfèvreries les plus rares, les tableaux, les fameuses tapisseries de la Toison d'or et de Gédéon, chefs-d'œuvre des liciers flamands. Le duc visitait Paris, toujours en magnifique équipage, parfois avec de nobles dames en croupe. Il avait passé l'âge des exploits galants, mais il n'aimait pas moins la compagnie des femmes et gardait un pouvoir de séduction, ne fût-ce que par son élégance. Le bon peuple l'applaudissait volontiers. Quand il parut aux Halles, un boucher s'écria :

— « O franc et noble duc de Bourgogne, soyez le bienvenu en la ville de Paris ! »

Les Halles, ç'avait été naguère le quartier général de la Caboche. Jean sans Peur y avait recruté ses plus chauds partisans et ses hommes de main pour abattre le parti des Armagnacs. A l'hôtel d'Artois, fêtes et banquets se succédaient. Louis XI y participait rarement. Il consentit difficilement à paraître quelques instants au tournoi offert en son honneur par son oncle. Il travaillait, s'entretenait avec ses officiers et divers personnages susceptibles de servir directement ou non sa politique : par exemple, le comte de Charolais, le Bâtard de Bourgogne, le sire de Croy et le comte de Saint-Pol ! Son seul divertissement était, disait-on, de visiter les maisons closes en compagnie d'un certain Guillaume Biche. On apprit bientôt que le chancelier Juvénal des Ursins était remplacé par Pierre de Morvilliers ; Jean d'Estouteville, prévôt de Paris, par le sire de l'Isle-Adam ; Jean de Bueil, amiral de France, par le sire de Montauban. Tous les compagnons de l'ex-dauphin reçurent des charges lucratives, plus quelques Bourguignons qu'il avait gagnés à sa cause, comme le sire de Croy nommé maître de l'Hôtel royal, ou Carestain qui devint capitaine du château de Vincennes. Le choix de Morvilliers fit scandale, car il était poursuivi pour vénalité. Ce n'était pas la bonne réputation des impétrants qui intéressait Louis XI ! Son fidèle Lescun, bâtard d'Armagnac, devint gouverneur de Guyenne. S'il avait osé, Louis aurait épuré tous les fonctionnaires qui avaient servi Charles VII. Il se contenta de frapper les têtes : grands officiers, parlementaires, gouverneurs et baillis, non tous cependant. C'était une purge systématique et inopportune, car, agissant de la sorte, il se privait de serviteurs éprouvés et loyaux, pour les remplacer par des incompétents et des aventuriers. Peut-être le comprenait-il en son for intérieur, mais il ne pouvait s'empêcher d'assouvir sa vengeance. Il n'était pas de ces monarques qui savent oublier les injures faites au dauphin. Il manquait par trop de grandeur d'âme ! A l'égard de Philippe le Bon, il usait d'un ton nouveau, sec et tranchant. Il n'avait désormais que faire des conseils paternels du vieux duc. Pour lui, la fête était finie et l'on devait parler sérieusement. Il avait décidé de soutenir les Lancastriens, c'est-à-dire de reprendre à son compte la politique de Charles VII vis-à-vis de l'Angleterre. Il invita donc Philippe le Bon à rompre avec les Yorkistes. Stupéfaction et colère du duc ! Louis XI n'insista pas et l'on se raccommoda, mais c'était une première faille dans la merveilleuse amitié. Il y en eut d'autres : le roi ne consultait plus son « protecteur » ; il agissait à sa guise ; il avait promis de nommer des parlementaires bourguignons, mais il s'en dispensa sans pour autant opposer de refus bien net. Inversement, il octroyait une part du gouvernement de Normandie au comte de Charolais. Dans quel but ? De le dresser contre son père ? D'en faire un subordonné ? Pourtant Philippe ne pouvait que remercier. Il commençait néanmoins à apercevoir son erreur. Pendant qu'il résidait à Genappe, le dauphin avait médité sur le métier de roi, arrêté son programme, prévu jusqu'au moindre détail. Croyant étendre son influence, gratifier ses protégés de hauts postes, le duc avait encouragé l'épuration des cadres. Mais Louis avait déjà choisi les remplaçants. Il ne voulait point complaire à son oncle en congédiant les serviteurs de Charles VII, mais satisfaire ses vindictes personnelles. Par surcroît, il laissait clairement entendre que le roi n'était pas tenu d'exécuter les promesses du dauphin. Il devenait clair que Louis XI ne serait pas un roi « bourguignon ». Philippe avait dépensé son argent pour rien !

Quand il fut las de la vie parisienne, Louis n'eut même pas la courtoisie d'attendre le départ de son oncle. Peut-être voulait-il l'inciter à partir. Dérogeant à l'étiquette, il vint à l'hôtel d'Artois prendre congé de Philippe, l'assurant de sa gratitude et de son indéfectible amitié. Le duc savait à quoi s'en tenir, mais il rendit politesse pour politesse, car nul n'était plus que lui respectueux des usages. Pourtant, à quelques jours de son retour en Bourgogne, comme un courtisan lui demandait s'il se plaisait à Paris, il grogna :

— « Je m'y plais si bien que j'en voudrais être dehors. »

Louis XI et sa suite chevauchaient gaillardement vers les pays de Loire. Sur son passage, pour fêter son avènement, on libérait les prisonniers. Ce fut ainsi qu'un nommé François Villon, poète et truand, quitta l'insalubre prison épiscopale de

Mehung-sur-Loire. D'où ces vers extraits de son *Grand testament*:

... Loué soit-il, et Notre-Dame,
Et Loys, le bon roi de France!
Auquel doint (donne) Dieu l'heur[1]*de Jacob*
Et de Sal (o) mon l'honneur et gloire
(Quant à prouesse, il en a trop,
De force aussi, par m'âme! Voire),
En ce monde si transitoire.
Tant qu'il a de long et de lé (large),
Afin que de lui soit mémoire,
Vivre autant que Mathusalé (Mathusalem)!
Et douze enfants, tous mâles,
Voir de son cher sang royal,
Aussi preux que fut le grand Charles,
Conçus en ventre nuptial,
Bons comme fut saint Martial!
Ainsi en prenne au feu dauphin!
Je ne lui souhaite autre mal,
Et puis paradis en la fin.

1. Bonheur.

II

LES DEUX CORNES ROIDES

En 1461, la situation du royaume était la suivante : Charles VII avait libéré les territoires occupés par les Anglais, hormis Calais. Cependant le domaine royal restait environné de puissantes seigneuries, sur lesquelles, en dépit des ordonnances centralisatrices, la souveraineté ne s'exerçait que partiellement. Bien plus, ici et là, subsistaient de gênantes enclaves. Ce domaine comprenait l'Ile-de-France et Paris, la Normandie, le Berry où le roi de Bourges s'était replié aux heures les plus dramatiques de son règne, l'Orléanais, la Champagne, la Touraine, le Poitou fidèle, la Saintonge avec l'excellent port de La Rochelle, la Guyenne, le Languedoc avec le Rouergue et le Quercy, l'Auvergne, le Lyonnais et le Dauphiné. Mais l'Anjou appartenait au Roi René, qui avait aussi la Provence, et le Maine était à son frère Charles. La puissante Maison d'Orléans tenait les duchés d'Orléans et de Valois, les comtés de Blois et de Beaumont-sur-Oise, Soissons et Romorantin ; sa branche cadette, le comté d'Angoulême, et sa branche bâtarde, les comtés de Dunois et de Longueville. La Maison de

Bourbon comptait elle aussi trois branches : la branche ducale possédait les duchés de Bourbon et d'Auvergne, les comtés de Clermont-en-Beauvaisis, de Forez, de Beaujolais et la seigneurie de Château-Chinon ; la branche de Montpensier, le comté de Sancerre et, outre Montpensier même, ce qu'on appelait le Dauphiné d'Auvergne ; la branche de Vendôme, le comté du même nom et la principauté de La Roche-sur-Yon. Les Alençon possédaient le duché de ce nom, outre le comté du Perche et la vicomté de Beaumont-sur-Sarthe. Les fiers comtes de Foix détenaient le comté de ce nom, le comté de Bigorre, les vicomtés de Marsan, Castelbon, Gabardon, Lautrec, Narbonne et Béarn. La branche aînée des Armagnacs avait les comtés d'Armagnac, de Fezensac, de l'Isle-Jourdain et de Rodez, les vicomtés de Lomagne, des Quatre-Vallées, de Villemur, de Gimoës et de Magnac ; la branche cadette, le duché de Nemours, les comtés de Castres, de Condé-sur-Escaut, de La Marche, de Murat et de Pardiac. Les Albret étaient sires d'Albret, comtes de Dreux et de Tartas, vicomtes de Gouvre. La Maison de Luxembourg tenait les comtés de Saint-Pol, de Soissons, de Ligny, la sirerie de Coucy et le duché de Luxembourg. Certes, ces féodaux constituaient un danger pour la monarchie, encore que Charles VII se fût doté d'une armée permanente. Il n'existait pourtant que deux Maisons vraiment redoutables et jouissant d'une autonomie pleine de menaces : la Bretagne et la Bourgogne. Le domaine royal était comme pris entre les mâchoires d'une tenaille, puisque l'un et l'autre de ces duchés le bordaient à l'est et à l'ouest. C'étaient, selon le mot de Louis XI, « deux cornes roides » braquées sur le roi.

La Maison de Bretagne était représentée par les Montfort et par les Penthièvre. Les Montfort possédaient le duché de Bretagne, les comtés de Vertus et de Montfort-l'Amaury. Les Penthièvre, le comté de ce nom, celui de Périgord et la vicomté de Limoges. Le duc régnant était alors François II. C'était un farouche défenseur de l'indépendance bretonne, quelque peu anglophile. De même que ses prédécesseurs, il n'avait prêté au roi qu'un hommage restreint. S'intitulant duc par la grâce de Dieu, il traitait d'égal à égal avec son suzerain. Il disposait d'une chancellerie, d'un conseil, d'un Parlement, d'une armée assez réduite mais encadrée par une noblesse belliqueuse, d'excellents marins, de ports nombreux et bien abrités. La Bretagne constituait donc un véritable petit État, dont la force tenait essentiellement au particularisme, et à la certitude ancrée dans tous les esprits de former une ethnie distincte, avec son histoire, sa langue, ses traditions et ses coutumes propres. Les Français n'y étaient aimés que dans la mesure où ils respectaient scrupuleusement et ostensiblement l'indépendance bretonne. Les évêques, le clergé étaient eux-mêmes natifs de Bretagne. François II y veillait.

Cependant la question bourguignonne — qui fut la grande affaire du règne de Louis XI — était autrement grave. Car, si la Bretagne avait, malgré ses pêcheries et ses salines, des ressources limitées, la Bourgogne, beaucoup plus peuplée (cinq ou six millions d'habitants), détenait en outre la puissance de l'argent. Il paraît ici nécessaire de rappeler brièvement la constitution de cet État. Jean le Bon avait octroyé le duché-comté de Bourgogne à son plus jeune fils Philippe, surnommé le Hardi en souvenir de la bataille de Poitiers : « Père, gardez-vous à droite ! Père, gardez-vous à gauche ! » La politique des apanages avait toujours été néfaste aux rois de France, génératrice de conflits plus ou moins sanglants. On pouvait cependant admettre que Jean le Bon ait voulu récompenser l'héroïsme de Philippe le Hardi qui avait au surplus partagé sa captivité à Londres. Mais, pour faire pièce aux Anglais, Charles V était parvenu à marier son frère avec l'héritière de Flandre, fille unique du comte Louis de Maele. C'était, au plan de la diplomatie, un succès remarquable, mais dont les conséquences furent infinies. Le duché-comté de Bourgogne, augmenté de la Flandre, devenait une puissance européenne. Tant que les ducs de Bourgogne se souviendraient qu'ils étaient princes des lys, sortis de la tige des Valois, donc liés aux rois de France par une étroite parenté, cette puissance renforcerait celle du royaume. Encore eût-il fallu que le royaume restât fort et qu'insensiblement les intérêts flamands ne vinssent pas occulter les intérêts bourguignons. Ce glissement de la Bourgogne vers la Flandre était certes prévisible. De graves événements militaires et politiques le précipitèrent. Après la mort de Charles V, la situation entre la France et l'Angleterre se déstabilisa. Il était inévitable que les ducs de Bourgogne devinssent les arbitres du conflit. Ils gagnèrent sur les deux tableaux et confortèrent leur position. En même temps, une habile politique matrimoniale les agrandit du Brabant, du Limbourg, du Hainaut et de la Hollande. Ce fut l'apport de Jean sans Peur, avant sa fin tragique sur le pont de Montereau. Sous Philippe le Bon, troisième de sa lignée, la Maison de Bourgogne atteignit son apogée. Il mit la main sur le Luxembourg et la Zélande et établit son protectorat sur

Cambrai, Liège et Utrecht. Son premier mariage avec Michèle de France lui avait donné les places picardes. Le traité d'Arras signé avec Charles VII lui ouvrit Auxerre, Bar-sur-Seine, Luxeuil, les villes situées sur la Somme, le Ponthieu et Boulogne-sur-Mer. De plus, Philippe le Bon avait été dispensé, sa vie durant, de l'hommage au roi. Charles VII avait accepté cette amputation du royaume, et cet affront à la couronne. Philippe le Bon montrait qu'il n'était pas un Valois, mais un prince indépendant. Toutefois sa neutralité était indispensable pour achever la reconquête du royaume. Il restait néanmoins que, cette reconquête achevée, on pouvait considérer la Bourgogne comme détachée du royaume. La Bourgogne et ses annexes, à savoir la Franche-Comté, le Mâconnais, le Nivernais et le comté de Charolais dont le futur Téméraire portait orgueilleusement le titre! Comme François II de Bretagne, Philippe le Bon avait son armée — et la Flandre était un incomparable vivier de soldats —, sa chancellerie, son parlement, son administration, sa diplomatie. Il avait même créé l'ordre prestigieux de la Toison d'Or à l'occasion de son troisième mariage, avec Isabelle de Portugal. Cet ordre de chevalerie liait par un impérieux serment ses titulaires à la personne même du Grand Maître, le duc. Bref, Philippe se comportait en souverain. C'était un roi sans couronne, plus fastueux et redoutable que l'empereur d'Allemagne, Frédéric III. Depuis 1447, il rêvait d'un royaume séparant l'Allemagne du royaume des lys. D'où les extensions vers le nord et vers l'est. Toutefois l'État bourguignon présentait un point faible. Il était formé de deux groupes de fiefs qui ne communiquaient pas entre eux. D'un côté la Flandre, de l'autre la Bourgogne, en simplifiant à l'extrême. Il tombait sous le sens que le duc chercherait à les réunir en s'emparant soit de la Champagne, soit de l'Alsace et de la Lorraine. Tout portait à croire que l'opération s'effectuerait, tôt ou tard, au détriment de la France. Pour arriver à ses fins, Philippe le Bon pouvait renouer son alliance avec l'Angleterre, ce qui eût facilité une nouvelle invasion du royaume, soit s'attaquer aux Habsbourg autrichiens dont les possessions s'étendaient au-delà du Rhin. Mais, pour affaiblir la puissance royale, il pouvait aussi donner la main au duc de Bretagne et entraîner les féodaux dans une révolte générale. Ce danger, très réel, Louis XI le dédaigna. Malgré sa subtilité, il misa sur l'âge et la fatigue de Philippe le Bon, et sur ses difficultés avec Charles de Charolais.

Tel était l'échiquier intérieur du royaume de France en 1461. L'échiquier extérieur n'était pas moins confus...

L'Angleterre ne se console pas d'avoir perdu le ci-devant empire des Plantagenêts, surtout la Normandie et la Guyenne. Elle ne renonce pas encore à le reconquérir de façon ou d'autre. Son roi s'intitule toujours « roi de France et d'Angleterre ». De plus, si la guerre de Cent Ans est terminée, aucun acte diplomatique, aucun traité de paix, ne sanctionne cet état de fait. Officiellement, il n'y a entre les belligérants qu'une trêve tacitement acceptée et reconduite. L'une des préoccupations majeures de Louis XI sera d'éviter à tout prix la reprise du conflit. L'occasion s'offrant, il achètera la paix, alors qu'il était presque assuré de la victoire. Mais il a admirablement compris qu'une guerre servirait les intérêts bourguignons, quelle qu'en fût l'issue.

Il est l'allié de l'empereur Frédéric III, assez triste personnage si l'on en croit Commynes, toutefois soutenu par une ambition sans bornes et par le désir d'arrondir les possessions des Habsbourg. L'archiduché autrichien, après un modeste départ, est en train de devenir une grande puissance, si le pouvoir de l'empereur est assez restreint. L'Allemagne, morcelée en principautés, est peu redoutable. Elle peut cependant servir de contrepoids aux visées bourguignonnes. Quant aux Habsbourg eux-mêmes, leurs difficultés persistent avec les cantons helvètes, en dépit de la fameuse bataille livrée par les Écorcheurs sous les ordres de Louis. Les Suisses sont, depuis lors, les alliés de la France et le roi saura tirer le meilleur parti de cette alliance avec les montagnards soldats.

En Savoie, l'influence française est prépondérante. La reine Charlotte est savoyarde. La sœur de Louis XI, Yolande de France, a épousé le prince Amédée de Savoie. Seul, le frère de celui-ci, Philippe, comte de Bresse, est peu sûr. Louis XI connaît bien ce pays ouvert sur les riches plaines de Lombardie, déjà marqué par l'influence italienne.

L'Italie retient son attention et, d'une certaine manière, le fascine. Pourtant il ne soutiendra pas ses cousins d'Anjou dans leur rituelle tentative de reconquête du royaume de Naples. Il méprise le bon roi René, artiste et tournoyeur, mais piètre chef de guerre. Il n'a pas beaucoup plus d'estime pour le fils de ce dernier, le chevaleresque Jean de Calabre. Il lui coupera les vivres et le laissera vaincre par Ferdinand d'Aragon. Mais, là aussi, sa politique fluctuera ; l'aide qu'il a refusée à la Maison d'Anjou, il l'accordera selon ses besoins. Ce qui ne fluctuera jamais, c'est son amitié et son admiration pour le duc de Milan. Il lui importe peu que Sforza soit un aventurier cynique, car ses qualités de stratège égalent ses talents de politicien. Sforza est un prince de Machiavel et pour Louis XI, un modèle. On peut rêver là-dessus.

L'Espagne est divisée en quatre royaumes : l'Aragon, la Castille, le Portugal et la Navarre, et semble alors fort éloignée de l'unification. Depuis l'intervention de Du Guesclin en faveur d'Henri de Trastamare et la défaite de Pierre le Cruel, la Castille a toujours été l'alliée de la France. Sa flotte nous rendit même les plus grands services dans la lutte contre les Anglais. Par la force des choses, le Portugal s'allia avec ces derniers. La politique résolument atlantique de ses rois en fait une nation à part. L'Aragon joue la carte méditerranéenne contre Venise. Son roi, Jean II, peut rivaliser avec Louis XI et Sforza quant au manque de scrupules. Il éprouve alors de sérieuses difficultés du côté de la Catalogne et de la Navarre. Il a naguère épousé Blanche de Navarre, héritière de Charles le Noble, lequel descendait de la Maison de Dreux et du fameux Charles le Mauvais, implacable adversaire de Jean le Bon et de Charles V. Blanche lui a donné trois enfants : l'infant Don Carlos, les princesses Éléonore et Blanche. Éléonore a épousé le comte Gaston IV de Foix et Blanche, le roi de Castille Henri IV, mais celui-ci l'a répudiée. En théorie, le royaume de Navarre doit revenir à Don Carlos. Mais, en sa qualité de primogénit, ce dernier exerce une sorte de delphinat en Catalogne. A vrai dire, cette province, fédérée avec l'Aragon, est une sorte de république, avec ses Cortès, sa généralité élue pour trois ans et détenant le pouvoir exécutif. Le primogénit en est le président héréditaire, mais il est en même temps le délégué de son père. Don Carlos manque de clairvoyance et de fermeté. Il a pris fait et cause pour les Catalans en lutte quasi perpétuelle avec les rois d'Aragon. Jean l'a jeté en prison et s'est approprié la Navarre. Mais les Catalans l'ont contraint à le libérer. Don Carlos n'a jamais cessé de correspondre avec le dauphin Louis, l'un et l'autre se déclarant victimes de leurs pères respectifs. Quel sera l'avenir du primogénit ? Qui héritera du royaume de Navarre ? Lui ou l'une de ses sœurs ? Louis XI sait que Jean II d'Aragon s'est remarié avec une femme ambitieuse : Jeanne Henriquez. Elle lui a donné un fils : Ferdinand. Pouvait-on prévoir que cet Infant deviendrait roi de toutes les Espagnes ?

Depuis 1453, Constantinople est turque ; la basilique Sainte-

Sophie, convertie en mosquée ! Les papes ont en vain prêché la croisade contre les Infidèles. L'âpreté des princes, les convulsions internes des États, la naissance des nationalismes, ont détruit le concept même de Chrétienté universelle. La politique l'emporte désormais sur la foi. Le Vœu du Faisan n'a été qu'une fête splendide à la gloire du duc de Bourgogne, un leurre auquel personne n'a cru ! Désormais, ce sont la Hongrie et la Pologne qui protègent l'Europe de l'Empire ottoman. Vienne même est menacée. Mais Louis XI et ses pareils ne semblent pas avoir conscience du péril. Pour ce dernier, l'objectif essentiel est l'abaissement, sinon la destruction de la puissance bourguignonne.

III

CERDAGNE ET ROUSSILLON

Dès le début de son règne, Louis XI se trouva confronté au problème espagnol. Il venait de renouveler son pacte d'amitié avec le primogénit Don Carlos, quand ce dernier mourut assez brusquement. Ses conseillers rédigèrent à l'intention du roi de France une missive éplorée: « Sérénissime prince, très excellent et très chrétien roi et seigneur, non sans très grande douleur et déchirement de cœur, nous venons annoncer à votre très excellente seigneurie cette triste et douloureuse journée sans pareille, celle de la mort de l'illustrissime seigneur, votre cousin, l'infant Carlos, primogénit d'Aragon et de Sicile, notre seigneur si cher, lequel, accablé de grave et mortelle maladie, après avoir reçu avec grande dévotion tous les sacrements de la Sainte Église, mercredi 23 du présent mois (septembre), à trois heures après minuit, rendit glorieusement et piteusement son âme à Dieu, laissant les siens désemparés, dans une telle tribulation que les mots sont insuffisants pour en traduire l'angoisse: ses serviteurs, avant de trépasser, il les a, en présence de témoins oculaires, recommandés à Votre Altesse. C'est pourquoi, seigneur très vertueux, n'ignorant pas ce qu'étaient la foi et l'espérance que ledit seigneur avait mises en Votre Majesté, il a paru à nous, membres de son conseil, que le cruel malheur de cette journée devait être notifié à Votre Altesse, en la suppliant, dans notre désarroi et notre infortune, qu'en raison de son infinie vertu et de l'amour qui existait entre ledit seigneur et votre personne royale, elle daignât nous avoir en spéciale recommandation et protection ».

On ne sait si cette lettre émut Louis XI : les sentiments ne l'étouffaient pas. Il vit dans l'humble et navrante demande des Catalans, une occasion inespérée d'intervenir, ou plutôt d'agrandir le royaume. A ce moment-là, il haïssait le roi Jean II d'avoir persécuté son fils, comme il avait haï Charles VII de l'avoir « contraint » à l'exil.

— « Je le mettrai hors de tous ses royaumes, déclarait-il, tant et si bien qu'il ne lui restera pas la moindre parcelle de terre pour s'y faire enterrer ».

Simple fanfaronnade ! Louis se ravisa vite. Le roi d'Aragon lui dépêcha, dans les mêmes jours, un ambassadeur muni d'instructions précises. C'était Bernard d'Oms, un Roussillonnais hostile aux Catalans et partisan résolu de Jean II. Cet envoyé était en outre le frère de Charles d'Oms, l'un des serviteurs de Louis. Jean II connaissait bien entendu l'amitié de Louis XI pour le défunt Don Carlos. Il connaissait aussi la requête des conseillers catalans. D'Oms avait pour mission d'informer doucement le roi de France d'un projet de mariage entre l'Infant Ferdinand, désormais héritier de l'Aragon, avec Marie de Bourgogne, fille du Téméraire. En d'autres termes, il offrait clairement le choix à Louis XI : ou celui-ci soutenait la révolte catalane et le mariage se ferait ; ou bien il abandonnait les rebelles et, dans ce cas, Jean II lâcherait la Bourgogne. Dilemme ! Mais la difficulté aiguisait l'ingéniosité de Louis.

Devant le chantage de Jean II, il ne se hâta point de décider. Je crois même que cet imbroglio le ravissait, et c'est en cela qu'il se montrait disciple de Francesco Sforza : plus Italien que Français. Il traita Bernard d'Oms avec honneur, lui donna de riches présents et le berça de flatteuses paroles, afin de le retenir près de lui, sans prendre position. En même temps, il écrivait une belle lettre de condoléances aux conseillers catalans. Par la suite, il leur fit savoir qu'il tiendrait ses engagements envers Don Carlos. Il faisait aussi étudier par ses juristes les chartes susceptibles d'établir les hypothétiques droits de la couronne de France sur l'Aragon. On pouvait donc le croire disposé non seulement à aider les Catalans contre Jean II, mais à évincer celui-ci de son royaume. Et, de fait, ses envoyés offraient sa protection aux rebelles. Mais Louis XI ne connaissait pas encore les Catalans ! La Généralité comme les Cortès prenaient peur. La protection qu'ils avaient sollicitée si humblement, leur paraissait désormais dangereuse. Ils redoutaient l'ambition du roi de France. Bien qu'il fussent en état de révolte contre Jean II, ils se considéraient comme de loyaux sujets de la couronne d'Aragon et ne songeaient nullement à proclamer leur indépendance. Bref, leur séparatisme véhément ne s'exerçait qu'à l'encontre de la personne de Jean II. Ils répondirent en conséquence aux ambassadeurs français et, pour dissiper tout malentendu, ils écrivirent à Louis XI : « Ce que nous fîmes pour la liberté de l'Infant Carlos, de glorieuse mémoire, primogénit de la maison royale d'Aragon, a eu pour seul et unique mobile la fidélité due à la couronne royale d'Aragon et à ce prince en tant que primogénit de ladite couronne, et sans autre motif ou considérant. Toutefois, si Votre Excellence trouve notre conduite louable, nous en sommes satisfaits. De notre côté, nous rendons grâces à Votre Altesse de ses bons sentiments envers nous et envers le Principat, et ce dernier ferait volontiers tout autant pour le bien et le service de Votre Altesse, en cas de nécessité, SAUF TOUJOURS LE RESPECT ET LA FIDÉLITÉ DUE À NOTRE SEIGNEUR LE ROI ». Autrement dit, les Catalans ne s'étaient dressés contre l'autorité de Jean II que pour le punir de persécuter Don Carlos. Pour autant, ils ne le trahiraient point, même pour aider leur « protecteur ». Leur loyalisme restait donc entier. Louis XI ne vit pas au-delà, et se tourna vers Jean II. Le roi d'Aragon avait l'âme d'un despote. Il tolérait mal les privilèges dont jouissaient les Catalans et voulait en finir avec leurs velléités d'autonomie. Mais il n'avait pas les moyens d'abattre leur puissance. La Catalogne était riche et prospère. Elle tirait de grandes ressources de son agriculture et surtout de son commerce : Barcelone était l'un des grands ports de la Méditerranée. Louis XI ne refusa pas son concours, sous certaines conditions, qui restaient à débattre. Il sut le monnayer fort cher, trop peut-être. Deux comtés jadis français, La Cerdagne et le Roussillon, faisaient partie de la Catalogne. Louis XI lorgnait cette double enclave, naguère cédée aux Aragonais par saint Louis. Il procéda sans hâte, en exploitant au maximum l'impatience de Jean II. En 1462, il signa avec lui le traité d'Olite, par lequel le roi d'Aragon léguait la Navarre à sa fille Éléonore et à Gaston IV de Foix, l'époux de celle-ci. Ainsi la Navarre glissa-t-elle sans heurts sous influence française, au détriment de la Castille. Au cours des négociations, on était convenu d'une rencontre entre les deux rois.

Voici donc Louis sur la route de Bordeaux, avec ses familiers et son escorte en assez pauvre équipage, au printemps de 1462 ! L'entrevue préparée par Gaston IV de Foix eut lieu le 3 mai, à Sauveterre-de-Béarn. Louis XI s'engagea à fournir 700 lances, soit environ 7000 hommes, à la première réquisition de Jean II, contre paiement de 300000 écus d'or. Il savait le roi d'Aragon incapable d'acquitter sa dette. Il obtint donc en garantie les châteaux de Perpignan et de Collioure et les revenus réguliers de la Cerdagne et du Roussillon. Par prudence, Jean II exigea que le contingent français resterait à son service jusqu'à la reddition de Barcelone. Louis XI acquiesça.

Il n'était que temps pour le roi d'Aragon. Jeanne Henriquez, tutrice de l'infant Ferdinand, s'était installée dans le principat pour y exercer les droits de son fils. Son despotisme, ses maladresses, enragèrent les Catalans de fureur. Ils détestaient cette femme qu'ils soupçonnaient d'avoir provoqué la mort de Don Carlos. Débordée par l'insurrection, elle dut se réfugier à Gérone où les rebelles l'assiégèrent. Jean II se porta à son secours. Ce faisant, il avait violé les frontières de Catalogne. Les Cortès prononcèrent sa déchéance et se donnèrent Henri IV de Castille pour seigneur. Jean II appela les Français au secours. Gaston IV de Foix fit diligence. Il débloqua aisément Gérone, libérant ainsi « les personnes royales » tenues à merci par les insurgés, puis joignit ses forces à celles de Jean II. La situation des Catalans tournait à la catastrophe. Cependant ils tinrent bon. Gaston IV ne parvint pas à prendre Barcelone. Le climat, la maladie, la féroce résistance des Catalans démoralisaient les Français. De plus, Henri IV de Castille, répondant à l'appel des Cortès, envoyait une petite armée. Gaston IV déclara qu'il ne pouvait combattre les Castillans, puisqu'ils étaient nos alliés. Déception de Jean II ! Mais Louis XI lui préparait un plat de sa façon. Tout autre que celui-ci eût été décontenancé par l'intervention castillane. Elle ruinait ses plans. Il ne s'émut pas pour autant ! Et il faut reconnaître qu'il agit avec une promptitude et une intelligence peu communes ! La révolte catalane faisait tache d'huile. Elle embrasa bientôt la Cerdagne et le Roussillon. Les deux comtés se soulevèrent et chassèrent les Français. Louis XI réunit une armée dont il confia le commandement à Jacques d'Armagnac, duc de Nemours. Perpignan et Puycerda furent reprises. Les Français récupérèrent les deux comtés. Ce fut en vain que leurs habitants protestèrent. Louis XI leur fit répondre qu'ils avaient « délaissé le roi d'Aragon, leur souverain seigneur ». Qu'ils se trouvaient donc sans seigneur. Qu'il était en conséquence inutile de demander qui était dorénavant leur souverain. Ce ne pouvait qu'être lui, par simple droit de conquête ! A peine faisait-il allusion au traité de Sauveterre avec Jean II. Profitant des embarras du roi d'Aragon, il s'appropriait tout simplement la Cerdagne et le Roussillon. Ce tour de passe-passe stupéfia les cours étrangères. Pourtant Louis XI n'avait pas encore donné sa mesure. Toutefois ce succès le grisait un peu. S'il avait eu quelques années de plus, mieux connu Jean II et les Catalans, il ne se fût certes pas engagé aussi légèrement dans cette aventure. Il eût à tout le moins négocié la cession définitive des deux comtés. Il ne songea point à prendre cette précaution.

Sur sa lancée, il osa davantage. Misant sur sa double alliance avec l'Aragon et la Castille, il amena les deux rois à signer une trêve, au début de 1463, et à accepter son arbitrage. Jean II était à bout de ressources et Louis XI le jugeait perdu, se réservant d'annexer plus tard toute la Catalogne. Mais, pour atteindre ce but, il lui fallait endormir la méfiance d'Henri IV de Castille. Pour convaincre ce dernier, il trouva plus expéditif d'acheter l'appui de ses deux principaux conseillers : le marquis de Villena et l'archevêque de Tolède. Henri IV accepta de rencontrer Louis à Bayonne. Il vint accompagné de son favori, Bertrand de La Cueva, duc de Médina, et des grands de son royaume. Tout ce monde étalait un faste indécent. Les brodequins de La Cueva ruisselaient de pierreries. La nacelle sur laquelle il traversa la Bidassoa avait une voile de drap d'or. Louis XI faisait pauvre figure, avec son vieux chapeau médaillé de plomb, son habit de grossière étoffe brune, et son escorte à l'avenant. Il affectait de regarder cette rencontre comme fortuite et banale : une simple visite de bon voisinage ! Les Espagnols croyaient l'éblouir. Ils furent profondément déçus. Cependant Henri IV accepta la médiation de Louis, car, si ce dernier manquait de majesté, il avait une langue dorée, savait merveilleusement apaiser la défiance, détourner le courroux, faire prendre à son interlocuteur des vessies pour des lanternes. C'était, à sa façon, un séducteur. Il jouait ainsi avec les mots, les princes, les peuples ! Nul n'apercevait nettement ses buts, ne démêlait vraiment le fil de ses pensées. Il ne confiait à ses familiers qu'une partie de ses secrets. Henri IV, qui revendiquait la Navarre, se contenta du pays d'Estella. Gaston IV de Foix reçut en compensation la seigneurie de Carcassonne. Jean II n'avait pas à se plaindre : on lui laissait les mains libres pour réduire les Catalans à l'obéissance ! Louis XI conservait la Cerdagne et le Roussillon en récompense de ses bons offices. Éphémère triomphe, car cette médiation ne pouvait avoir de suites durables ; elle nous avait aliéné à la fois la Castille et l'Aragon, alors qu'une épreuve décisive attendait la royauté. Mais Louis XI croyait alors qu'il suffisait de défier l'adversaire pour l'amener à résipiscence.

Il avait rencontré plus de résistance du côté de Francesco Sforza. Le duc de Milan s'était allié à Ferdinand d'Aragon, contre Jean de Calabre. Louis voulait l'amener à rompre cette alliance. Il feignait alors de soutenir la Maison d'Anjou acharnée à reconquérir le royaume de Naples. Mais, ayant jugé les capacités de Jean de Calabre, il voulait surtout resserrer son alliance avec le duc de Milan. Pour achever de le convaincre, il n'hésita pas à lui rétrocéder la seigneurie de Gênes. Bien lui en prit, car l'amitié de Sforza ne tardera pas à lui être utile. Au surplus, Jean de Calabre allait perdre la bataille de Tajera et rentrer en France. Une fois de plus, la Maison d'Anjou avait échoué dans son entreprise napolitaine. Elle s'était exténuée dans cette lutte sans espoir, d'une génération à l'autre. Il n'empêche que le roi René, chef de cette famille, continuera à se parer des titres fictifs de roi de Naples, de Sicile, de Chypre et de Jérusalem ! Louis XI préférait les réalités. Ayant fait une analyse correcte de la situation en Italie, jamais il ne prendra le risque d'intervenir directement dans la péninsule. Il finira pourtant par devenir le véritable arbitre entre le pape, les potentats et les républiques. S'il joua la carte de Milan dès le début de son règne, et s'y tint, ce n'était pas seulement par admiration pour Francesco Sforza, mais parce que ce duché était au-delà des Alpes le seul État cohérent et la première puissance militaire.

IV

LES VILLES DE LA SOMME

Il est capital, pour rendre un compte exact des activités de Louis, de souligner la simultanéité de ses interventions, qu'il s'agisse de politique extérieure ou de l'administration du royaume. Néanmoins le souci de clarté oblige à diviser son action en rubriques, division encore une fois nécessaire à la compréhension des faits, mais qui traduit approximativement l'intense labeur de ce roi, animal politique s'il en fut !

L'imbroglio catalan n'avait point suffi à accaparer son esprit agile et vaste. Bien qu'il apportât toute son astuce à tisser la toile où se devaient prendre la Cerdagne et le Roussillon, Jean II et son rival, il ne perdait de vue ni l'Angleterre ni la Bourgogne, les deux problèmes étant momentanément liés. On l'a dit plus haut, les Anglais ne se consolaient pas d'avoir perdu l'empire des Plantagenêts et, pour des raisons évidentes, leurs monarques ne pouvaient, à moins de se discréditer, renoncer à la double couronne. Ils s'obstinaient donc, contre tout bon sens, à s'intituler rois de France et d'Angleterre, encore que pour eux le royaume des lys se réduisît à

Calais ! En outre, il subsistait à Londres un clan belliciste non négligeable. Cependant l'Angleterre avait besoin de la France pour vendre ses draps et ses salaisons. Elle achetait nos vins, notre blé et notre huile. Les marchés flamands étaient en concurrence avec nous. Cet aspect économique de la question n'échappait nullement à Louis XI. Il était trop minutieux, trop pratique, d'une nature trop « paysanne » pour le négliger. D'un autre côté, il était aussi un homme de son temps, ce qui veut dire que pour lui la guerre de Cent Ans n'avait pas encore réellement pris fin. Aucun traité de paix n'avait sanctionné la défaite anglaise. L'état de belligérance restait simplement en sommeil, par accord tacite. Tant que la guerre des Deux-Roses continuerait, une invasion anglaise n'était pas à craindre. Nul ne pouvait prévoir avec certitude qui l'emporterait dans cette querelle dynastique des York et des Lancastre. Ces derniers étaient plutôt francophiles, en tout cas pacifistes, la fille du roi René, Marguerite d'Anjou, ayant épousé le roi Henri VI et dictant les choix politiques de celui-ci. Cependant, lors de l'avènement de Louis XI, leur cause semblait désespérée. Henri VI et Marguerite venaient de perdre la bataille apparemment décisive de Towton et s'étaient réfugiés en Écosse avec leur fils, le prince de Galles. Henri VI, malade et illuminé, eût accepté sa défaite. Il n'en était pas de même de Marguerite, qui avait l'énergie et le courage d'un homme et défendait du bec et de l'ongle l'héritage de son fils. Étrange destin que celui de cette Maison d'Anjou, des enfants du « bon roi René » ! Le frère, Jean de Calabre, bataillait pour reconquérir le royaume de Naples contre Ferrante d'Aragon. Sa sœur Marguerite tentait de sauver la couronne des Lancastre. Elle embarrassait Louis XI. Alors qu'il était dauphin, il avait pris parti pour la Rose blanche des Yorkistes, de même que le duc de Bourgogne ; il avait même aidé Édouard IV, par l'envoi d'un petit contingent, à conquérir le trône. Devenu roi de France, poursuivrait-il dans cette voie ? Ou bien, comme l'avait fait Charles VII, accorderait-il son soutien à la reine Marguerite ? En choisissant ce parti, il courait le risque d'irriter Édouard IV. Or, dans le « programme » du parti yorkiste figurait la reconquête de la Guyenne et de la Normandie. Louis XI tergiversa, pour gagner du temps et tâter l'adversaire. On a vu qu'après son Entrée à Paris il avait entretenu Philippe le Bon de cette affaire. Par la suite, il ne se hâta pas de recevoir les ambassadeurs yorkistes et lancastriens. En dépit de ses rodomontades, Édouard IV manquait de pugnacité; c'était un homme de plaisirs. Il souhaitait que Louis continuât l'amitié du dauphin. Au contraire, Marguerite demandait l'intervention de la France. Louis XI évitait de répondre avec netteté, sans pour autant décourager les compétiteurs. Cependant Édouard IV ayant triomphé des Lancastriens, il jugea à propos de l'inquiéter et de l'affaiblir. Il fit répandre le bruit d'une descente en Angleterre. Édouard IV répliqua en affirmant qu'il préparait lui-même un débarquement sur les côtes françaises. Il tombait sous le sens que son accession au trône d'Angleterre était trop récente pour qu'il songeât sérieusement à envahir la France. Des liens privilégiés semblaient alors unir Louis XI et Philippe le Bon. Privé de l'alliance bourguignonne, Édouard ne pouvait rien. Quant à Louis XI, il détestait les aventures, mais ce chantage au débarquement l'avantageait.

Cependant il fit un pas de plus dans la guerre froide. Marguerite d'Anjou, chassée d'Écosse, se réfugia en France. Louis XI l'accueillit comme une parente malheureuse. Il la rencontra à Chinon et obtint d'elle tout ce qu'il voulut. Un pacte fut signé les 24 et 28 juin 1462, par lequel Marguerite d'Anjou consentait une trêve de cent ans à la France, ce qui équivalait à un traité de paix. Elle donnait la place forte de Calais en garantie de l'aide effective de Louis XI et d'une avance de 20000 livres. De son côté, il rompait toute relation avec l'Angleterre yorkiste. On notera qu'il avait usé d'un procédé semblable envers Jean II d'Aragon. Il affectait toutefois de considérer Marguerite d'Anjou comme la vraie reine d'Angleterre, négociant pour le compte de son époux « empêché » : Henri VI était prisonnier à la Tour de Londres ! On aura compris que son véritable objectif n'était point une restauration des Lancastre, mais la restitution de Calais. Aussitôt, il mobilisa une armée, sous couleur de prévenir une descente anglaise. Mais pour prendre Calais, il lui fallait traverser l'État bourguignon. L'accord de Philippe le Bon était donc nécessaire. Le vieux duc refusa ; il ne voulait pas se brouiller avec Édouard IV, ruiner le commerce flamand. Il envoya le sire de Croy signifier son refus à Louis XI :

— « Le duc ne le souffrira pas pour mourir ! »

— « Pourquoi ? demande le roi. N'aurais-je pouvoir de faire passer vivres et gens parmi mon royaume ? »

— « Sire, vous avez du pouvoir assez, mais il n'est pas à faire toutes choses par raison. Monseigneur ni ses pays ne sont pas de la condition des autres. Son peuple n'a pas appris à être foulé et lui ne le pourrait porter (souffrir) aussi ».

Autrement dit, le roi pouvait bien transporter vivres et soldats à travers son royaume, la Bourgogne exceptée. Le duc et son peuple n'étaient pas soumis à son autorité. L'hommage prêté par Philippe le Bon dans l'euphorie du sacre n'était de sa part qu'un geste de courtoisie et non un engagement formel. Louis XI eut garde de se fâcher. La réponse du duc de Bourgogne ne le surprenait guère. Pour autant il ne renonçait pas à son projet ; simplement il en remettait l'exécution à plus tard.

Cependant Édouard IV ripostait par l'envoi d'une petite escadre sur les côtes françaises. Elle commit quelques dégâts dans les îles d'Ouessant, d'Yeu et de Ré, et rentra avec un maigre butin. Louis XI envoya Brézé (rentré en grâce) avec une petite troupe à Northumberland. Brézé se fit étriller par les Anglais. Échec réciproque, montrant, s'il en était besoin, que la guerre n'était pas mûre ! Louis XI renversa sa politique, au mépris de ses engagements envers Marguerite d'Anjou. Il se déclara prêt à négocier avec Édouard IV, reconnaissant par là la victoire des Yorkistes. Philippe le Bon accepta de s'entremettre. Il avait toujours adoré les rôles de médiateur. Ils flattaient son incommensurable vanité. Ils corroboraient aussi l'idée qu'il se faisait de sa grandeur. Les pourparlers devaient se dérouler à Saint-Omer, sous sa présidence. Le vieux duc exultait. Il se voyait au zénith de sa gloire ; il y était sans doute. Louis XI l'accablait de caresses et de compliments, l'appelait « son père ». Que le premier roi d'Europe se reconnût l'obligé du Grand Duc d'Occident, redevînt le modeste pupille de Genappe, promettait un bel avenir ! Philippe savourait ce miel empoisonné. Il crut que Louis ne lui gardait pas grief du refus de Calais. Son jugement s'égarait, en dépit de son instinctive défiance. Il avait la sveltesse et l'alacrité d'un jeune homme, mais il n'était pas encore entièrement remis de sa maladie de 1462 : une première attaque d'apoplexie. Il était surtout usé par les plaisirs.

Selon ses habitudes, Louis XI avait acheté la complaisance des de Croy et des principaux conseillers de Philippe. Ses ambassadeurs avaient reçu une double mission : débattre de la trêve avec les Anglais et proposer le rachat des villes de la Somme au duc de Bourgogne. Ces villes avaient été cédées par Charles VII en application du traité d'Arras. L'une des clauses du traité prévoyait l'éventualité de leur rachat contre l'énorme somme de 400000 écus d'or. Philippe le Bon était alors persuadé que Charles VII ne pourrait jamais réunir cette somme. Il tenait l'annexion des villes en cause comme définitive. Or, c'était précisément cette clause que Louis XI invoquait. Il arguait du fait que la cession avait un caractère conditionnel et qu'au surplus la Bourgogne n'avait désormais nul besoin de renforcer sa frontière du côté de la France. Le vieux duc hésitait. Il ne pouvait réfuter l'argumentation de son neveu. Il était exact que, depuis l'éviction des Anglais, la Bourgogne n'avait que faire des forteresses picardes. Toutefois, s'il y avait conflit avec Louis XI? Quoique prodigue, le richissime duc aimait thésauriser. Ses conseillers le poussaient à accepter, et pour cause! Il finit par donner son consentement. Il croyait que Louis XI mettrait quelques années à réunir les 400000 écus. Seulement Louis XI avait pris ses précautions. « Depuis notre nouvel avènement à la couronne, écrivait-il, nous avons toujours eu désir et vouloir de ravoir et raquestier (racheter) nos terres et seigneuries de Picardie ». Il avait économisé dans ce but. Il disposait immédiatement de 200000 écus. Pour le reste, il mit à contribution Paris, les principales villes du royaume, les établissements religieux. Puis il se mit en route avec son trésor et gagna le château de Hesdin, proche de Saint-Omer. Philippe le Bon l'y attendait. La tenue de Louis XI contrastait avec la resplendissante tunique du Grand Duc d'Occident. Le peuple ne put croire qu'il s'agissait là « du plus grand roi du monde »: l'habit et le cheval ne valaient pas vingt francs! On le prit même pour un valet et on l'insulta. Mais ce valet n'avait cure des quolibets; il venait régler sa dette, comme les paysans de naguère se rendaient chez le notaire avec leurs sacs d'écus, leurs chapeaux ronds et leurs blouses lustrées. Il était pour lui sans importance que le duc eût des allures d'empereur. Sa politesse envers lui était exquise; elle confinait même à l'obséquiosité. « Bel oncle, répétait-il, avec cette chaleur de voix qui était la sienne quand il venait de duper son partenaire, bel oncle, vous êtes tout mon royaume! » Le duc commençait à comprendre, mais il ne pouvait se dédire. Il accepta donc les 400000 écus. A cette nouvelle, la fureur du Téméraire éclata. Nouvelle rupture entre le père et le fils! Charles fut nommé gouverneur de Hollande et s'installa à Gorcum. Il envoya sa fille, Marie de Bourgogne, à Gand, au palais de Ten Walle. Elle était alors âgée de six ans. L'empereur Frédéric III venait de demander sa main pour son fils, l'archiduc Maximilien.

Louis consacra le reste de l'année à visiter ses bonnes villes redevenues françaises: Saint-Quentin, Amiens, Doullens, Montreuil, Saint-Valéry, Le Crotoy, Mortagne, Crèvecœur-en-Cambraisis, etc... Bien qu'il ne payât pas de mine, on l'acclamait. On lui savait gré surtout d'être délivré de la tutelle bourguignonne. La noblesse avait mal supporté la suzeraineté de Philippe; elle retrouvait son chef naturel avec une joie non feinte. L'Entrée de Louis XI à Amiens fut réellement triomphale. Le roi s'y montra sous son meilleur jour. Il supporta avec bonne humeur la harangue des échevins et daigna admirer les tableaux vivants que lui offrait la ville, en particulier le spectacle de Jonas sortant du ventre de la baleine. Il dit à l'ambassadeur de Milan:

— « Ne vous semble-t-il pas que cette ville vaille à elle seule plus que les 400000 écus que j'ai payés au duc de Bourgogne? »

A vrai dire, il gagnait sur tous les tableaux. L'année 1463 avait été extraordinairement faste pour lui. Il avait mis la main sur la Cerdagne et le Roussillon, obtenu que la Navarre restât dans l'obédience française, normalisé les rapports franco-anglais par la trêve signée à Saint-Omer et racheté la Picardie. Indirectement, il avait affaibli l'État bourguignon en divisant le père et le fils, ce qui laissait le pouvoir à un prince fatigué ou, plutôt, à des conseillers vendus à la France. Chastellain pouvait écrire: « Ce Roi était fort à craindre à cause de son engin (de son génie, de son ingéniosité), le plus aigu du monde ».

De fait, pour revenir à l'image sur laquelle s'ouvre ce livre, depuis 1461 la royale araignée tissait sa toile, ancrait ses fils conducteurs du nord au sud, de l'est à l'ouest, toujours en labeur, toujours attentive aux moindres vibrations, tellement occupée qu'elle en oubliait de veiller à sa propre sécurité.

V

LE REVERS DE LA MÉDAILLE

Depuis son avènement, il est quasi toujours par les chemins. On l'entrevoit ici et là, en tenue de voyage, en houseaux. Il a un bonnet de laine ou un chapeau de pluie, épais et large. Ne serait son escorte — une poignée d'hommes —, on le prendrait pour un marchand. Mais son regard, vif et pénétrant, n'est pas celui d'un homme quelconque. Il va d'une ville à l'autre, parfois sans prévenir. Il s'arrête pour parler aux gens de campagne. Il n'aime ni les fêtes ni les cérémonies. Il descend chez des fonctionnaires ou des bourgeois, dédaignant les logis d'apparat. Il a un appétit de chasseur et boit sec. Après le repas, il se laisse aller à des confidences (souvent de fausses confidences !) ; il se permet des railleries. Sa voix est rauque et grasseyante, peu agréable. Mais il se dégage de sa personne, de ses paroles une étrange séduction, un charme indéfinissable. Il a un merveilleux don de comédien, de mime, d'imitateur. Il aime à rire, mais ses railleries sont cruelles et son humour redoutable. C'est un incorrigible bavard : d'où son goût pour les gens simples et discrets. Il trompe son monde quasi malgré lui. Sa bonhomie cache une telle soif de grandeur ! Mais pour lui, la grandeur ne se confond pas avec le faste qui en est le signe extérieur. Il a la passion du pouvoir, mais il estime qu'étant le roi il n'a pas besoin de le paraître. Il manque pourtant de majesté, même dans les manifestations officielles. Il n'a pas le style propre aux rois de France. Tout ce qui touche au prestige lui indiffère, en quoi il a tort, car les Français attachent la plus grande importance à l'aspect extérieur, quoi qu'ils en disent ! On ne le comprend pas, parce qu'il surprend, bouscule les idées reçues. Le bruit de son intelligence exceptionnelle commence à se répandre, mais on ne peut l'aimer, même quand il se veut aimable et prend le masque de la simplicité. Il inquiète. Les têtes politiques du temps admirent ses incroyables succès, mais s'alarment. Sa réussite éblouit, mais éveille de sérieuses craintes pour l'avenir. Ses trois premières années de règne sont un perpétuel défi. Toutefois l'opinion qu'il a prise de lui-même fausse son jugement. Elle lui donne une sécurité qu'il n'a pas. Il n'a guère cessé d'irriter ses sujets ; toutefois il dédaigne les rumeurs de mécontentement. Il suffit, pense-t-il, de travailler pour le bien de tous. Cependant son autorité se colore trop souvent de despotisme. Il n'a pas tenu ses promesses. Il a déçu beaucoup d'espoirs et quelques ambitions. Lui-même ne perçoit pas combien son autorité est aléatoire, en dépit des apparences, ni que le royaume des lys anémié par la guerre de Cent Ans est en convalescence. Il a rebrassé trop d'idées pendant son exil à Genappe. Son expérience dauphinoise l'illusionne. Il veut aller trop vite, construire une puissance qui anéantit trop de situations acquises, trop d'habitudes ancrées dans les mémoires. Il agit sans précautions, d'avoir trop réfléchi ! Il conçoit son règne, non comme une suite, mais comme une résurrection ! Le contraste entre son pragmatisme et ses chimères est étonnant, mais aussi générateur de monumentales bévues, d'erreurs difficiles à réparer. Heureusement son esprit flexible ne s'obstine pas ; il fournit au contraire d'immédiates solutions de rechange. Le péril ne l'effraye pas. On dirait plutôt qu'il en est fasciné. Il y a en lui du joueur, mais savant, calculateur et prudent. C'est un stratège politique. Pourtant il est loin d'avoir atteint la perfection en ce domaine. Ce n'est encore qu'un écolier du pouvoir.

« Comme il se trouva grand et roi couronné, écrit Commynes, d'entrée ne pensa qu'aux vengeances ; mais tôt lui en vint le dommage, et quant et quant la repentance ». On a déjà dit qu'en 1461 il avait voulu épurer la totalité des serviteurs de son père, quelque soixante mille personnes rétribuées par l'État ! A l'occasion du Sacre, Philippe le Bon avait obtenu de lui la promesse d'une amnistie générale. Toutefois sept dignitaires en étaient exclus : Antoine de Chabannes, Pierre de Brézé, André et Louis de Laval, l'amiral Jean de Bueil, le maréchal de Lohéac et le chancelier Guillaume Juvénal des Ursins. Louis considérait Chabannes et Brézé comme ses ennemis personnels. Il promit une grosse récompense à qui les arrêterait. Brézé se cacha dans une forêt normande, mais finit par se constituer prisonnier. On l'enferma dans le château de Loches. Chabannes quitta son repaire, encore que le roi eût déclaré que, « s'il le pouvait tenir, il ferait manger le cœur de son ventre à ses chiens ! » On le jugea ; ses biens furent confisqués et distribués. Mais la vengeance du roi frappa plus de sept personnes. Le comte de Tancarville, le sire de Gaucourt, Jean Daurat, Yves de Scépeaux, Guillaume Gouffier, Guillaume Cousinot, Étienne Chevalier, furent également destitués, ainsi qu'un grand nombre de baillis et de sénéchaux. Louis XI ne cherchait pas seulement à assouvir sa vindicte ; il voulait des hommes nouveaux et qui lui devraient leur élévation ; il lui fallait aussi récompenser ses fidèles. Certains étaient des hommes de valeur ; d'autres se signalaient par leurs vices et par les scandales qu'ils avaient causés : tels le nouveau chancelier, Pierre de Morvilliers, le sire de Montauban, maître des eaux et forêts, ou Ambroise de Cambrai, ce falsificateur dont il fit un maître des requêtes. Par quelle aberration le nouveau monarque s'était-il privé des meilleurs serviteurs de la couronne pour les remplacer par des inconnus et des aventuriers ? Dans son impatience d'effacer les « iniquités » de Charles VII, il avait pareillement libéré les traîtres et leur avait rendu leurs biens sinon leurs charges : le duc d'Alençon, le comte Jean V d'Armagnac, le duc Jean II de Bourbon. Il semblait alors que ce ne fût pas le fils aîné de Charles VII qui lui succédât, mais un quelconque soldat de fortune, quelque émule de Francesco Sforza, amenant avec lui sa bande et réglant âprement ses comptes. Il y avait donc dans le milieu des « officiers », qu'il s'agît de conseillers royaux, de magistrats, d'administrateurs ou de capitaines, une irritation profonde et générale. Ceux mêmes qui avaient été épargnés, admettaient difficilement d'être les subordonnés de nouveaux venus dont le seul mérite était d'avoir partagé l'exil du dauphin. De plus, ils se sentaient à la merci d'une dénonciation, ou d'un caprice de cet étrange monarque.

Le peuple n'était pas moins inquiet et irrité. Louis XI, dans l'euphorie de son avènement, avait formulé la vague promesse de réformer l'impôt. On crut qu'il voulait l'abolir. Lorsque les agents collecteurs se présentèrent, les protestations ne servirent à rien ; des émeutes éclatèrent ici et là : la « Tricoterie » à Angers, le « Miquemaque » à Reims, respectivement en août et en septembre 1461. Louis XI résolut alors de bouleverser la fiscalité. En Languedoc et en Normandie, les impôts furent remplacés par un abonnement annuel. Les mesures, mal étudiées, trop hâtives, accrurent le désordre. Il fallut revenir à l'ancien système. On en profita pour alourdir la charge des contribuables. La popularité du roi ne sortit pas grandie de cette expérience.

Rompant avec la tradition, il dédaigna l'appui de l'Église. Son père ayant édicté la Pragmatique Sanction de Bourges, il l'abolit sans autre examen. Il croyait alors qu'une sorte de concordat assurerait à la royauté le choix des nouveaux évêques et des abbés. Il y voyait un équitable partage du pouvoir entre lui et le pape. Mais Pie II, s'il ne ménagea pas ses compliments, s'abstint de tenir ses promesses. En outre, l'abrogation de la Pragmatique excita la fureur des ecclésiastiques. Louis XI ne tint aucun compte de leurs récriminations, mais, pour se venger de Pie II, il rétablit partiellement la Pragmatique. Pour autant n'épargnait-il pas le clergé. Il obligea les prélats et les communautés à déclarer la totalité de leurs biens, sous peine de confiscation (ordonnance du 20 juillet 1463), afin d'éviter les fraudes. Lors du rachat des villes de Picardie, il rétablit la taxe sur les vins dont les gens d'Église étaient exemptés. Toutefois, quand Thomas Basin l'accuse d'avoir spolié et ruiné l'Église, il exagère un peu. Mais que Louis XI se montrait donc maladroit à l'égard de ces esprits feutrés, accoutumés à la politesse la plus exquise ! Lorsque les universitaires, craignant pour leurs bénéfices, vinrent se plaindre à lui et réclamer son intervention :

— « Par la pâque Dieu sainte ! s'écria-t-il, je n'en ferai rien. Vous êtes méchantes gens et de mauvaise vie, et avez vos grosses grasses ribaudes que vous nourrissez près de vous. Allez-vous-en car vous ne valez point que je me mêle (m'occupe) de vous ! »

Ces paroles n'étaient pas bonnes à dire...

Dans le monde seigneurial, où les féodaux donnaient le ton,

le phénomène de rejet était encore plus net. Louis XI était considéré comme un parvenu, comme un étranger, indigne de la couronne qu'il portait. Il n'appartenait pas au clan seigneurial, malgré son hérédité prestigieuse. Il n'avait pas l'âme chevaleresque. Il méprisait les chimères de noblesse, ne recherchait que l'efficacité, se révélait comme un maniaque de l'ordre. Il épargnait comme un bourgeois. Quand il séjournait près de la reine — on se scandalisait qu'il l'appelât « ma femme », tout bonnement ! — il menait la vie de famille. Il n'avait aucun sens du décorum. La cour avait cessé d'exister. Il détestait l'élégance, le luxe, les divertissements, hormis la chasse. Martial d'Auvergne exprimait en ces vers la déconvenue des courtisans :

Adieu, dames, bourgeoises, demoiselles,
Fêtes, danses, joutes et tournoiements,
Adieu, filles gracieuses et belles,
Plaisirs mondains, joies et ébattements !

Il y avait plus grave : le Conseil ne comptait aucun grand seigneur. Il n'était peuplé que de petites gens. Le roi se passait d'ailleurs de ses avis ; il décidait seul. C'étaient des parvenus qui occupaient les hautes charges, honorifiques et lucratives. On eût dit que cette noblesse dont il était le chef, il la haïssait. Il avait aboli le droit de chasse, privilège ancestral, quasi sacré. En réalité, il voulait en faire un droit royal et se réserver la délivrance des permis : contre espèces sonnantes ! Il s'était aliéné l'appui des Maisons d'Anjou et d'Orléans, sacrifiant Jean de Calabre à sa politique italienne et Marie d'Anjou à sa politique anglaise. Il était en conflit avec le duc François II de Bretagne qui récusait la nomination de deux prélats et négociait sournoisement avec les Anglais.

Sur ces entrefaites, éclata avec la Bourgogne un incident auquel il n'attacha d'abord que peu d'importance. Un certain bâtard de Rubempré se fit prendre près de Gorcum, résidence du comte de Charolais depuis sa brouille avec Philippe le Bon. Le Téméraire s'imaginait que l'on en voulait à sa vie. Il accusa Louis d'avoir envoyé Rubempré pour l'assassiner. Louis XI ne se hâta pas de réagir. Il finit pourtant par réclamer l'extradition de Rubempré, éventuellement pour le punir. Il envoya à cette fin une ambassade auprès de Philippe le Bon. Elle était conduite par le chancelier de Morvilliers. L'entrevue, à laquelle le Téméraire assistait, fut orageuse. Le prince ne put s'empêcher d'accuser Louis XI d'avoir voulu le faire disparaître.

— « Monseigneur de Charolais, rétorqua Morvilliers, je ne suis pas venu pour parler à vous, mais à Monseigneur votre père ».

Philippe le Bon imposa silence à son fils, disant :

— « J'ai répondu pour toi comme il me semble qu'un père doit répondre pour son fils ; toutefois, si tu en as si grande envie, penses-y aujourd'hui, et demain dis ce que tu voudras ».

Morvilliers ayant reproché au Téméraire de s'être allié au duc de Bretagne, Charles proclama l'innocence de ce pacte, ajoutant qu'il ne portait en rien préjudice au roi. Pour le reste, chacun resta sur ses positions. Le vieux duc en appela à la confiance du roi et fit apporter, selon l'usage, le vin et les épices. Mais, lorsque les ambassadeurs français prirent congé, le Téméraire leur souffla :

— « Recommandez-moi très humblement à la bonne grâce du roi, et dites-lui qu'il m'a fait bien laver ici par son chancelier, mais que, avant qu'il soit un an, il s'en repentira ! »

Paroles lourdes de sens !

VI

LA GUERRE DU BIEN PUBLIC

Louis XI avait essuyé un autre échec. Croyant faire épouser sa belle-sœur, Bonne de Savoie, à Édouard IV, il avait entamé des négociations en ce sens. Ce mariage lui tenait à cœur. Il y voyait l'occasion d'un rapprochement avec l'Angleterre, à la faveur duquel il espérait aboutir à la paix. Édouard IV ne repoussait pas le projet. Il laissait même ses envoyés débattre des conditions. On apprit soudain qu'il avait épousé une veuve, Élisabeth Woodville, dont il s'était amouraché. Warwick lui-même, « le faiseur de rois », ignorait cette amourette. Tout ce que put obtenir Louis XI fut la prolongation de la trêve franco-anglaise jusqu'en octobre 1465. Mais Warwick se faisait fort de reprendre son influence sur Édouard IV, maigre consolation et incertain espoir ! Or Louis XI aspirait à la sécurité du côté de l'Angleterre. Il eût sacrifié beaucoup pour qu'Édouard IV n'aidât pas la Bourgogne, le cas échéant. Précisément, le cas échéait ! Louis ne pouvait plus ignorer les rumeurs qui lui parvenaient de tous les points du royaume, ni rejeter les avertissements qu'on ne lui ménageait pas. Il n'ignorait plus rien des pourparlers entre la Bretagne, la Bourgogne et l'Angleterre. Ni des intrigues des grands seigneurs, ni de leurs colloques suspects. Il flairait un mauvais vent. Il crut déjouer le complot en convoquant les féodaux, prétexte pris de l'attitude de François II de Bretagne. La réunion eut lieu à Tours, en grand appareil. L'affaire des prélats bretons fut évoquée, ainsi que la collusion du duc avec les Anglais. Louis XI prononça un remarquable discours, qui était surtout un plaidoyer pro domo. Il vanta ses succès diplomatiques, tenta de justifier ses méthodes de gouvernement. Quant au duc de Bretagne, il voulait simplement qu'il alignât sa conduite sur celle de ses pairs. On l'écouta poliment, mais il ne convainquit personne. D'ailleurs les sièges étaient faits, les mesures prises : on ne pouvait plus revenir en arrière.

Cette fois, Louis XI s'émut. Il comprit qu'il avait mésestimé ses adversaires, montré trop de précipitation et trop peu de ménagements, négligé les « murmures » et les calomnies. Il s'était cru le maître, et ne l'était qu'à demi. Les mauvaises nouvelles se succédaient. Il apprit que les conjurés avaient tenu une assemblée secrète à Notre-Dame : plus de cinq cents personnes arborant des aiguillettes de soie pour se reconnaître ! Il put rapidement dénombrer ses ennemis : le comte de Charolais réconcilié avec son père qui l'avait nommé lieutenant général de Bourgogne, le duc de Bretagne, Jean de Calabre revenu d'Italie, le duc de Bourbon, l'illustre Dunois, le comte d'Armagnac et son cousin, le duc de Nemours, Jean de Bueil, Chabannes et autres serviteurs victimes de la purge de 1461. Ces grands seigneurs entraînaient leurs vassaux, une foule de comparses. En contrepartie, le roi René, son frère le comte de Maine et le comte de Nevers (quoique apparenté à la Maison de Bourgogne), paraissaient fidèles. Il n'en était pas de même de Charles de France, le frère du roi. Son comportement bizarre éveillait les soupçons de celui-ci. Charles avait dix-huit ans et une mentalité d'enfant gâté. Le sens politique lui faisait complètement défaut. Les rebelles l'avaient élu pour chef ; ils faisaient fond sur son inconsistance et pensaient le manœuvrer à leur guise. Louis XI se douta de quelque chose. Cherchant à se rassurer, il se disait que Charles n'avait pas à se plaindre. Ne l'avait-il pas apanagé du Berry ? A tout hasard, il augmenta sa pension. Il aurait dû se souvenir de la Praguerie, du rôle qu'il avait joué lui-même en prenant la tête de la rébellion contre Charles VII ! Il crut que son frère manquait par trop de caractère, qu'il n'oserait pas, et se trompa.

En février 1465, Charles de Berry partit pour la chasse et ne revint pas. A peine arrivé en Bretagne, il prit officiellement la tête de la révolte et lança un manifeste (le 10 mars). C'était la revanche des mécontents. Que reprochaient-ils au roi ? Sa variabilité dans les promesses, ses parjures et vilenies, son despotisme et son iniquité. Que voulaient-ils ? La réforme de l'État, la réduction massive des impôts, dont ils suspendaient immédiatement la levée. La ligue prenait le titre de « Bien public ». Ce choix était significatif. Les féodaux ne prétendaient plus dicter sa conduite au menu peuple, mais prendre sa défense. Ils n'imposaient plus leur façon de voir, mais exploitaient la déception générale, se référaient à l'opinion et prétendaient faire corps avec le Tiers État. Bien entendu, il ne s'agissait pour eux que de défendre leurs privilèges et de recouvrer leur indépendance.

Oubliant les succès et les talents de Louis XI, ils ne craignaient point de détruire son œuvre et celle de Charles VII. Ils étaient prêts à déchaîner une guerre civile, à leur seul profit. Il leur importait peu de priver la royauté de ses moyens. Ils osaient écrire : « Nous voulons ôter et faire cesser les aides, impositions, quatrièmes, huitièmes et toutes autres charges, oppressions et exactions sur le pauvre peuple, fors seulement la taille ordinaire des gens d'armes... » Charles de Berry avalisait le manifeste, sciant la branche qui le portait ; il était inconscient du rôle qu'on lui faisait jouer.

Le 16 mars, Louis XI lança un contre-manifeste. Il lui était facile de réfuter les arguments des rebelles et de montrer le péril auquel ils exposaient le royaume. « Si nous avions consenti, déclarait-il, à augmenter les pensions et leur avions permis de fouler leurs vassaux comme par le passé, ils n'eussent guère pensé au bien public. » Il en appelait au loyalisme, au bon sens des Français. On sut assez vite que les grandes villes, Paris, Rouen, Lyon, tenaient pour le roi, mais aussi des provinces entières, comme la Champagne, la Normandie et le Languedoc. Louis exhorta ses fonctionnaires à bien faire : ils mobilisèrent le ban et l'arrière-ban en un temps record. Il informa son ami, le duc de Milan. Francesco Sforza lui envoya une troupe d'élite. Les fidèles dauphinois expédièrent leurs meilleurs soldats. Mais le Téméraire, véritable chef de la coalition, se faisait octroyer des subsides par les États de Flandre pour lever une armée. Les ducs de Bretagne et de Bourbon mobilisaient aussi. Ce dernier acheva ses préparatifs avant les autres ; il ouvrit les hostilités. Avec les contingents du comte d'Armagnac, du sire d'Albret et du duc de Nemours, il disposait d'environ 9000 hommes. La riposte du roi fut foudroyante. Il était assez bon stratège pour tirer profit de l'erreur tactique de Jean de Bourbon. Laissant au comte du Maine le soin de contenir les Bretons, avec 10000 hommes, il prit la tête de l'armée principale et fonça vers le Bourbonnais. Il évita Bourges, où Jean s'était enfermé et dont le siège eût été trop long, s'empara de Montluçon et des principales forteresses du duché. Les garnisons se défendaient mollement. Le peuple des campagnes, la bourgeoisie des villes ne se manifestaient pas. Ils n'étaient point dupes des intentions des ligueurs et voyaient bien que le Bien public n'était qu'un prétexte fallacieux. Alors que le roi s'apprêtait à prendre Moulins, les ducs de Nemours et de Bourbon demandèrent à négocier. Mesurant la faute qu'ils avaient commise, ils tentaient, sans grand espoir, de la réparer (prétendaient-ils !). Louis XI donna dans le piège. Il crut, fort légèrement, qu'il parviendrait à détacher les deux ducs de leurs alliés. On perdit un temps précieux à parlementer. En réalité, Nemours et Bourbon attendaient l'invasion bourguignonne. Ils gagnèrent ainsi quelques jours et finirent pas consentir une trêve. Quand ils apprirent que le Téméraire avait franchi la Somme, ils jetèrent le masque. Force fut au roi de lâcher prise. A marches forcées, il remonta vers Orléans. Bourbon tenta de le prendre de flanc et fut durement battu. Cependant les Bourguignons passaient l'Oise et se dirigeaient vers Paris. Désormais il était clair que le comte de Charolais voulait s'assurer de la capitale. Cependant il ne pouvait rien tenter avant d'avoir opéré sa jonction avec les autres ligueurs, notamment avec les Bretons. Dès lors, Louis XI n'eut plus qu'un objectif : empêcher cette jonction, battre séparément les armées ligueuses, afin de sauver Paris. Il y avait envoyé le maréchal Joachim Rouault, avec cent lances. Le gouverneur Jean de Melun et le conseiller Balue[1] aidèrent Rouault à mettre la capitale en état de défense. On mura plusieurs portes. Le guet fut renforcé, l'artillerie mise en batterie. Les Bourguignons occupaient Saint-Denis. Leurs démonstrations n'impressionnèrent pas les Parisiens, non plus que les offres alléchantes du Téméraire. Cependant la situation tournait au tragique pour Louis XI. Le comte du Maine n'avait rien fait pour barrer la route aux Bretons. Le roi René n'avait point bougé François

1. Futur Cardinal.

II et le petit duc de Berry progressaient en toute quiétude ; ils étaient arrivés à Châteaudun, alors que le roi se trouvait à Beaugency. Bourbon et Nemours se rapprochaient. Le duc de Lorraine, nouvel adhérent de la ligue, arrivait avec un contingent de mercenaires suisses. Le Téméraire abandonna Paris et prit la route d'Orléans. Louis XI tenta de l'intercepter.

Dans ses *Mémoires*, Philippe de Commynes prétend que Louis voulait au contraire éviter le combat ; qu'il ne songeait qu'à s'enfermer dans Paris, en raison de la disproportion des forces. Mais Commynes appartenait alors à la suite du comte de Charolais. Ayant pour cette fois endossé la cuirasse, encore qu'il préférât la diplomatie à la guerre, il participa à toute la campagne. Il a parfaitement saisi l'importance de la bataille qui va suivre sous les murs de Montlhéry. Il en donne une relation détaillée, objective, quoique non dénuée d'ironie. Il montre les incertitudes du Téméraire, mais, simple chevalier, au surplus fort jeune, il n'a pas de vue d'ensemble. Dans sa relation, il utilise ses propres souvenirs, les récits qui furent faits au soir de la bataille par les combattants de l'autre aile et du principal escadron, et même les confidences de Louis XI. Ce qui explique que cette relation soit passablement confuse et tronquée. Donc, nonobstant les dires de Commynes, le roi ne voulait nullement éviter la bataille, mais il fut obligé de la livrer plus tôt qu'il ne l'avait prévu De toute façon, son objectif était de battre le Téméraire.

Celui-ci disposait de 1400 lances, soit environ 7000 cavaliers, de 8 à 9000 archers et d'une abondante artillerie : en totalité, 20000 hommes. Les archers avaient été sélectionnés ; ils formaient un corps homogène et redoutable. Mais les cavaliers étaient « mal armés et maladroits, car avaient été ces seigneurs en paix, et depuis le traité d'Arras, avaient peu vu de guerre qui eût duré ; et, à mon avis, ils avaient été en repos plus de trente ans, sauf quelques petites guerres contre ceux de Gand ». Le seul entraînement qu'ils avaient pratiqué, c'étaient les joutes, la quintaine et les tournois. Mais ils montaient des chevaux superbes ! Le Téméraire lui-même n'avait aucune expérience militaire. Toutefois il était secondé par des lieutenants éprouvés : le comte de Saint-Pol, le sire de Ravenstein (frère du duc de Clèves), les seigneurs de Contay et de Hautbourdin.

Après avoir pris conseil de son état-major, il avait résolu de « tenter la fortune » et de choisir le champ de bataille. Il s'était donc installé à Longjumeau. Ses chevaucheurs sillonnaient les environs pour épier la marche des royaux. A tout hasard, il avait envoyé Saint-Pol à Montlhéry, avec l'avant-garde bourguignonne. Saint-Pol avait l'ordre de se replier vers Longjumeau dès qu'il entrerait en contact avec l'adversaire, afin d'attirer celui-ci vers le gros de l'armée. Le Téméraire avait encore beaucoup à apprendre. Il ignorait qu'on ne peut toujours choisir l'emplacement d'une bataille ; que des événements imprévisibles viennent parfois contrarier les plans les mieux conçus. Il attendait Louis XI dans une grande sécurité. Il ne doutait point que les Français donneraient dans le piège sans pouvoir prendre leurs dispositions. Numériquement supérieurs, les Bourguignons bénéficiaient d'un autre avantage : ils avaient eu le temps de se « rafraîchir », c'est-à-dire de prendre du repos et de se nourrir convenablement.

Les Français poursuivaient leur exténuante marche. Leur colonne s'étirait dangereusement. Alors que leur avant-garde entrait à Étrechy, leur arrière-garde atteignait Étampes. En cas d'attaque brusquée, c'eût été la catastrophe ! Louis XI en était conscient, mais on ne pouvait demander l'impossible à des hommes animés par un tel loyalisme qu'ils ne se permettaient pas un murmure ! Par bonheur, les Bretons ne se hâtaient guère. La ligue du Bien public manquait de cohésion ! Les royaux passèrent la nuit du 15 juillet 1465 à Étrechy. La position du Téméraire à Longjumeau leur était connue, ainsi que celle de Saint-Pol à Montlhéry. On tint conseil. Le sénéchal de Brézé et le comte du Maine qui venaient d'arriver avec leurs troupes y participaient. L'atmosphère était pesante. Le roi demanda soudain à Brézé s'il pouvait compter sur son loyalisme. Brézé répondit en riant que, si son cœur était à la Ligue, son corps était au roi. Louis XI se contenta de cette réponse ambiguë et donna à Brézé le commandement de l'avant-garde. Il eût bien fait de poser la même question au comte du Maine !...

Nous sommes le 16 juillet, à la pique du jour. L'avant-garde de Brézé approche du bourg de Montlhéry. L'armée progresse dans la forêt de Torfou qui domine la plaine et couvre le cercle des collines. Louis XI est en tenue de combat, au milieu des siens. Il sait qu'il peut miser sur le courage et la fidélité des humbles, mais que feront les grands seigneurs ? Ils n'ont que mépris et haine pour lui. Ils veulent sa tête, et sinon le mettre en tutelle !

Le jour se lève, quand les archers de Brézé se heurtent à ceux de Saint-Pol. Ils sont commandés par Poncet de La

Rivière; les Bourguignons, par Philippe de Lalain. Saint-Pol envoie prévenir le comte de Charolais toujours à Longjumeau. Dans le bourg de Montlhéry, l'engagement est vif. Plusieurs maisons brûlent. Le vent rabat la fumée sur les royaux et retarde leur avance. Quand le Téméraire reçoit la nouvelle, il est pris au dépourvu. Va-t-il confirmer à Saint-Pol l'ordre de se replier sur Longjumeau, c'est-à-dire s'en tenir au plan arrêté par le conseil? Il craint que l'ennemi ne prenne ce repli pour une fuite. Il décide donc d'envoyer le bâtard de Bourgogne pour soutenir Saint-Pol. Le piège qu'il a tendu, il y renonce lui-même. En lui la stratégie vient de céder le pas à l'esprit de chevalerie: on ne refuse pas le combat offert, à peine d'encourir le blâme! C'est sa première faute de la journée. Plusieurs de ses lieutenants tentent de le convaincre d'exploiter la situation. Il serait facile de descendre en masse vers la route d'Orléans, de surprendre la colonne des royaux. Ces derniers seraient écrasés avant d'avoir pu se former en bataille. Mais le Téméraire est déjà tel qu'il sera plus tard: un entêté. Il veut sa bataille rangée. Il tient à disposer savamment ses escadrons, ses archers et ses pièces d'artillerie. Selon lui, l'art de la guerre n'a que faire des improvisations hâtives. Les Bourguignons quittent bientôt le camp de Longjumeau, se rapprochent de la plaine qui sépare Longpont de Montlhéry, traversée par le cours de l'Orge. Les chevaucheurs arrivent de toutes parts. Ils confirment la position des royaux. On supplie à nouveau le Téméraire d'attaquer par surprise. On lui promet une complète et prompte victoire. Charles refuse. Il perd encore du temps à choisir un champ de bataille. Descendus de Longjumeau, les Bourguignons font mouvement. Saint-Pol et le bâtard de Bourgogne abandonnent le bourg de Montlhéry aux Français; ils ont reçu d'autres ordres. Les heures passent. Le Téméraire a décidé de disposer son armée en demi-cercle, face aux royaux. Car Louis XI a décelé les intentions de son adversaire. Son armée, débouchant du bois de Torfou, a obliqué vers la droite. Sans hésiter, le roi a décidé d'appuyer ses arrières sur le formidable château de Montlhéry. Il ne refuse point le combat. Il s'y prépare avec célérité. La chaleur est déjà extrême. Les Bourguignons ont défoncé des pipes de vin et se désaltèrent en échangeant des quolibets. Leur moral est excellent. Il n'en va pas de même à l'état-major du Téméraire: les uns veulent combattre à cheval, les autres à pied. Les ordres, les contrordres se succèdent.

Midi. Les deux armées s'observent. Du côté des royaux, le

La bataille de Montlhéry
16 juillet 1465

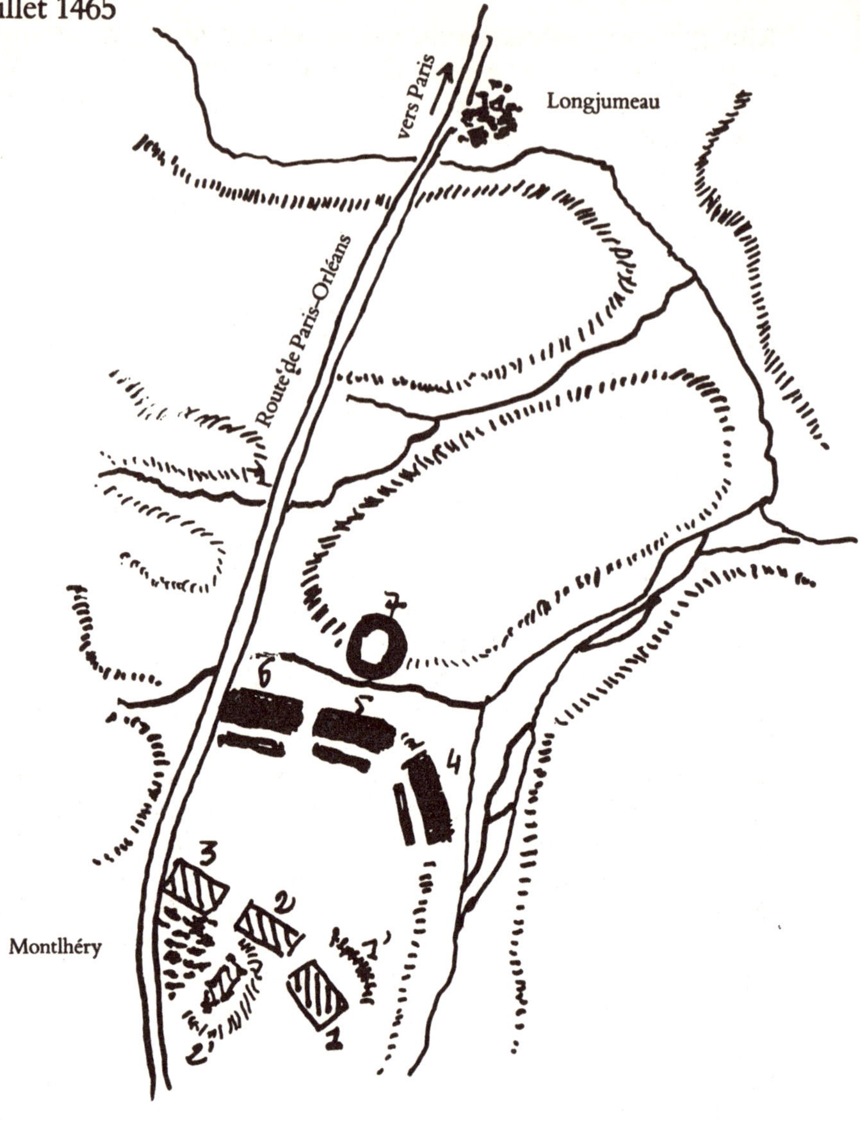

1. *Brézé*
1'. *La haie*
2. *Louis XI*
2'. *Château de Montlhéry*
3. *Comte du Maine*
5. *Bâtard de Bourgogne*
4. *Saint-Pol*
6. *Comte de Charolais (le Téméraire)*
7. *Camp bourguignon*

Français

Bourguignons

principal corps de bataille est au centre sous le commandement de Louis, avec à l'aile droite Brézé et le comte du Maine à l'aile gauche. Chez les Bourguignons, c'est le bâtard de Bourgogne qui commande le centre, avec le Téméraire à l'aile droite et Saint-Pol à l'aide gauche. Un peu en retrait, à l'orée du bois, un camp circulaire remparé de chariots. Devant chaque corps, les lignes d'archers et les artilleurs. Une haie d'épines masque à demi les escadrons de Brézé. Je prie le lecteur de se reporter à la carte insérée dans cet ouvrage, pour succinte qu'elle soit. La plaine de Montlhéry forme un cirque couronné de collines boisées. Les champs de blé et de fèves s'y juxtaposent. La lumière poudroie.

Le Téméraire donne l'ordre de se rapprocher des royaux. Il veut attaquer le premier. Les archers progressent difficilement au milieu des blés. Il a été convenu qu'ils s'arrêteraient deux fois, afin de reprendre souffle. Mais leurs lignes se désarticulent. Soudain les cavaliers de Saint-Pol s'impatientent. Dédaignant cette piétaille qui les retarde, ils la bousculent en riant, la foulent sous les sabots de leurs grands destriers. « Ainsi, dit Commynes, rompirent eux-mêmes la fleur de leur armée et espérance. »

Deux heures de l'après-midi. Les escadrons de Saint-Pol approchent de la haie d'épines. Ce que voyant, Louis XI renforce son aile droite (Brézé). Saint-Pol comprend son erreur; il envoie demander du soutien. Les royaux simulent un recul. Il se rassure et charge sans attendre les secours. Les royaux le débordent et l'enveloppent. Le combat est âpre et sanglant... Brézé est tué. Mais les Bourguignons tournent bride et s'enfuient vers le bois, poursuivis par les royaux.

Louis XI a donné l'ordre au maréchal Rouault de sortir de Paris et de prendre les Bourguignons à revers. Il attend sa venue d'un instant à l'autre; elle décidera de la victoire, il en est certain. Il aperçoit alors le Téméraire qui se rapproche de Montlhéry, laissant le Bâtard de Bourgogne isolé en face des royaux. Louis XI en profite pour attaquer le Bâtard. Il disloque ses escadrons qui refluent vers le camp, dont le pillage commence. En même temps, pour occuper le Téméraire, il donne l'ordre au comte du Maine d'attaquer. Bien que Rouault ne paraisse pas, la victoire paraît acquise. Le comte du Maine hésite, puis semble obéir, puis tourne bride et fuit vers le sud, sans même amorcer le combat. Le Téméraire se lance à sa poursuite. C'est en vain qu'on l'exhorte à la prudence. Nul ne l'empêchera de « chasser » les Français. C'est sa troisième faute.

Quatre heures de l'après-midi. La « chasse » du Téméraire laisse le Bâtard de Bourgogne en mauvaise posture. Cependant il ne perd pas son sang-froid. Il parvient à rameuter ses troupes et contre-attaque brutalement. Les royaux sont démoralisés par la trahison du comte du Maine. Ils plient sous le choc. La panique s'empare d'eux. L'instant est décisif. Louis XI abaisse la visière de son heaume. « Sa présence était grande chose ! » s'exclame Commynes. Comme un simple chevalier, le roi se jette au cœur de la mêlée, se bat farouchement. Il est renversé de son cheval. On le croit mort et tout paraît perdu. Mais il se relève prestement. Sa garde le dégage, l'emmène. Il lève son ventail :

— « Vous voyez bien, mes enfants, que je ne suis pas pris. Retournez et n'ayez crainte, car la victoire est à nous, ne fussions-nous que six pour combattre les Bourguignons ! »

On l'acclame. Son coup d'œil, son mépris du danger réchauffent le zèle des vieux soldats. Il est l'un d'entre eux, un vrai chef de guerre ! Et, de fait, il dépasse infiniment ce fou de Téméraire par les talents qu'il montre pendant cette journée. Il interviendra de même une seconde fois, car les Bourguignons et les royaux se battent comme « chiens enragés », en tourbillons convulsifs, voire en groupes isolés. On ne compte plus les faits d'armes.

Charles continue sa chasse à courre sur la route d'Orléans. La vue des fuyards lui tourne le sens, lui enlève la raison. Les siens ont peine à le suivre. Pourtant un chevalier luxembourgeois le rattrape, lui crie que les Français se sont ralliés, qu'il risque d'être pris. Il n'en a cure. Ce comportement sera le sien aux heures de revers, lorsque de chasseur il sera devenu gibier. Tout de même, il consent à écouter le sire de Contay qui l'a rejoint et l'exhorte à regagner Montlhéry. Il ne lui reste plus qu'une poignée d'hommes. Persuadé d'avoir écrasé les Français, il est stupéfait de voir le château de Montlhéry occupé par les royaux. Il faut l'éloigner de force, sinon sa capture est inévitable. Commynes : « Comme il passait rasibus du château, vîmes des archers de la garde du roi qui ne bougèrent. Il en fut fort ébahi, car il ne croyait point qu'il y eût âme de défense. » Il prend donc le large, mais devance son escorte. Soudain, une quinzaine de royaux sortent des fourrés et l'assaillent. Philippe d'Oignies, son écuyer tranchant et porteur d'étendard, est tué. Charles reçoit plusieurs coups d'épée, dont un à la gorge: il en gardera la cicatrice toute sa vie. On lui crie:

— « Monseigneur, rendez-vous, je vous connais bien; ne vous faites pas tuer! »

Le Téméraire se défend de son mieux. Un Parisien du parti Bourguignon, nommé Coidet, s'interpose, le dégage. Il s'en est fallu d'un cheveu que l'héritier de Bourgogne trouve ici son destin, et l'Histoire eût pris un autre cours...

Sept heures du soir. En bas, dans la plaine, la féroce mêlée s'exténue. De-ci, de-là, des groupes s'acharnent. Les blés sont jonchés de cadavres d'hommes et de chevaux. La poussière les recouvre, les confond. Elle recouvre aussi les vivants qui sont à bout de forces. Le Bâtard de Bourgogne n'a pu enfoncer les lignes royales. Mais Louis n'a pu disperser les Bourguignons. Le combat s'achève faute de combattants. Les Bourguignons se replient vers leur camp. Les Français ne les poursuivent pas. La plaine appartient désormais aux trépassés. Le Téméraire paraît enfin, avec son enseigne en loques. Il commande à tous de le rejoindre. Cavaliers et piétons convergent lentement vers lui: Saint-Pol auquel il reste à peine quarante lances, une troupe d'archers, d'autres fort mal en point... Commynes se tient près de son maître. « Je vis telle demi-heure, écrit-il, que nous qui étions demeurés là, n'avions l'œil qu'à fuir. » Mais les royaux ne bougent pas. Ils sont massés au pied des tours de Montlhéry. Ils établissent leur camp, dont, un à un, les feux s'allument. Le haut donjon, les remparts crénelés se découpent dans ce qui reste de clarté. Les Bourguignons se sont abrités derrière leurs chariots. On y transporte les blessés. Le moral est au plus bas. Le Téméraire passe d'un extrême à l'autre.Voilà que l'inquiétude le gagne. Il demande cinquante lances, pour effectuer une reconnaissance. Il trouve à peine une vingtaine de volontaires. On ne se soucie pas de patrouiller de nuit! Le Téméraire accepte de se restaurer. On repousse deux ou trois morts pour lui faire place. L'un des « morts » demande à boire. Le Téméraire reconnaît un de ses archers et le fait soigner. Lui-même reçoit les soins des médecins. Après quoi, il tient conseil. Le comte de Saint-Pol propose une retraite immédiate: on emmènera l'artillerie, mais on laissera les bagages trop encombrants. Un autre estime qu'il convient d'attendre le retour de la patrouille avant de prendre une décision. Le sire de Contay suggère que l'on attaque les royaux à l'aube. Le Téméraire se rallie à cette opinion. Il donne aussitôt ses ordres.

Mais, à l'aube, ses trompettes sonnent pour rien. Il n'y a

plus de royaux à Montlhéry, hormis la garnison du château. Louis XI avait fait allumer des feux par tromperie. La patrouille bourguignonne n'avait point osé s'approcher du camp français. Elle était revenue au camp pour déclarer que les royaux se trouvaient à Montlhéry. D'autres patrouilles avaient confirmé l'information. Or, pendant la nuit, Louis XI s'était retiré à Corbeil. Ne pouvant éviter que les Bretons ne fissent leur jonction avec les Bourguignons, il avait pris la décision de s'enfermer dans Paris. L'immobilisme du maréchal Rouault l'inquiétait.

Au camp bourguignon, l'ambiance était à l'optimisme. Le danger étant écarté, on se prenait à rire, à plaisanter. Commynes évoque ce souvenir : « J'avais un cheval extrêmement las et vieil ; il but un seau plein de vin ; par aventure il y mit le museau, je le laissai achever ; jamais ne l'avais trouvé si bon ni si frais ! » Bientôt on annonça l'arrivée des Bretons. Toute la journée du 17 juillet, « demeura encore Monseigneur de Charolais sur le champ, fort joyeux, estimant la gloire être sienne. Ce qui depuis lui a coûté bien cher : car jamais il n'usa de conseil d'homme, mais du sien propre ; et, au lieu qu'il était très inutile pour la guerre avant ce jour, et n'aimait nulle chose qui y appartînt, depuis furent muées et changées ses pensées, car il y a continué jusqu'à sa mort ; et par là, fut finie sa vie et sa maison détruite ».

En effet, à compter de ce jour, le Téméraire se crut le premier stratège d'Europe et n'écouta le conseil de personne. Persuadé d'avoir vaincu le roi de France, il se crut désormais invincible, alors qu'il avait accumulé les erreurs et pris des risques inutiles. En réalité, c'était la défection du comte du Maine qui avait sauvé les Bourguignons d'une débâcle certaine et, dans une moindre mesure, l'absence de Joachim Rouault. Mais enfin, par suite de la retraite nocturne des royaux, le Téméraire restait maître du terrain ! Pour Louis XI, il était sans importance que « Monseigneur de Charolais » s'attribuât le gain de la bataille. Il n'y avait en réalité ni vainqueur ni vaincu. Toutefois le roi avait sauvé sa couronne et infligé à l'adversaire une sévère leçon. Dans les fèves et les blés de Montlhéry, on releva plus de 4000 morts. Louis XI ne pouvait attendre les renforts qui eussent compensé ses pertes. Il n'avait donc d'autre solution que de retraiter vers Corbeil. Certes, si les Bretons n'avaient pas musardé en Beauce, s'ils avaient eu un jour d'avance, la petite armée royale était perdue ; peut-être l'inconsistant duc de Berry eût-il régné à la place de son frère !

VII

LE SIÈGE DE PARIS

Cependant le roi se devait de rassurer l'opinion. Le lendemain de Montlhéry, il écrivit à ses bons amis de Lyon : « Chers et bien aimés, hier, environ deux heures après dîner, étant les comtes de Charolais, de Saint-Pol, Adolphe de Clèves, le bâtard de Bourgogne et tous leurs gens en bataille auprès de Montlhéry... fûmes conseillés de les assaillir et combattre. Et, grâces à Dieu, eûmes du meilleur et fut la victoire pour nous et par deux ou trois fois s'enfuirent ledit comte de Charolais et la plupart de ses gens... et demeurâmes au champ jusques à soleil couchant, et environ soleil couchant, nous nous retirâmes et vînmes en cette ville de Corbeil. Lesquelles choses vous voulons bien signifier, afin que vous puissiez en rendre grâces à Notre-Seigneur ». Ce « bulletin de victoire » fut envoyé à d'autres bonnes villes. On ne peut dire qu'il était insincère ; il ne traduisait pourtant qu'une part de la vérité.

Les Bourguignons s'étaient transportés à Étampes, d'où le 20 juillet, le Téméraire dictait lui-même cette lettre[1] : « Mardi

1. L'original de cette missive est un latin.

dernier, 16 juillet, nous avons livré bataille avec notre armée, devant Montlhéry, au roi de France, qui disposait de grandes forces, environ deux mille cinq cents lances, en fort belle ordonnance, et les choses se sont passées de la façon suivante. Après divers mouvements d'avance et de recul, le combat a pris fin à la tombée du jour par la déroute complète du roi et de ses gens d'armes qui ont laissé leur artillerie entre nos mains. Grâce à Dieu, le champ de bataille et la victoire nous sont restés. Nous avons passé la nuit sur le terrain et le lendemain mercredi après-midi nous avons ramené au repos à Montlhéry nos hommes et nos chevaux également fourbus de fatigue. Nous vous rendons compte de l'événement, très chers et bien aimés cousins, afin que vous rendiez grâces à Dieu de la victoire qu'il nous a consentie. »

La ville d'Étampes avait été choisie sur le conseil du sire de Contay. Elle offrait de larges possibilités d'hébergement et les environs étaient fertiles. L'armée bourguignonne put s'y refaire ; elle en avait grand besoin et comptait de nombreux blessés. Le Téméraire y donna rendez-vous aux Bretons. Ils arrivèrent le 21 juillet, avec le duc François II, Charles de Berry, Dunois, Chabannes, Lohéac, le sire de Chaumont et son fils Charles d'Amboise, le sir de Bueil, ex-amiral de France, et autres officiers « désappointés » (révoqués) par Louis XI. On avait préparé leurs logements. Ils amenaient avec eux 12000 hommes, dont 800 lances, tous soldés par le duc de Bretagne. Le bruit courait que Louis XI était mort. Certains chefs bretons, hostiles aux Bourguignons, envisageaient déjà de se débarrasser d'eux. Charles de Berry devant être proclamé roi, mieux valait évincer tout de suite le comte de Charolais !

« Cette joie ne leur dura guère, ironise Commynes, mais par là pouvez voir quels sont les brouillis en ce royaume à toutes mutations. » Il rapporte ensuite une anecdote traduisant assez bien l'atmosphère de suspicion réciproque. Le comte de Charolais et le duc de Berry conversaient à une fenêtre, « de très grande affection », cependant que Bourguignons et Bretons fraternisaient dans les rues. Un « follâtre », répondant au sobriquet de Jean Boutefeu ou de Jean des Serpents, s'était caché dans une maison. Pour faire une farce, il lança deux ou trois fusées.Ces fusées faisaient plus de bruit que de mal. Mais l'une d'elles vint donner contre la croisée de la fenêtre où se tenaient les deux princes. Elle passa juste au-dessus de ces augustes têtes. Ils crurent qu'on en voulait à leur vie et suspectèrent les Bretons. Aussitôt, le sire de Contay massa trois cents hommes d'armes devant la maison, sans compter les archers. On se mit à chercher le criminel. Le pauvre Jean Boutefeu se vint jeter lui-même aux pieds du comte de Charolais. Il avoua sa faute et lança devant tous quelques-unes de ses inoffensives fusées. On se prit à rire et l'on oublia les soupçons.

Le lendemain, on réunit un grand conseil, où l'on se chamailla fort. Chacun parla pour soi. Il fut impossible de faire prévaloir l'idée d'un commandement unique. Seul le duc de Berry aurait pu l'imposer, s'il avait eu quelque talent. Or, que dit-il? Il déplora le nombre des blessés, exprima sa compassion, déclara:

— « J'eusse mieux aimé que ces choses n'eussent jamais commencé, que de voir déjà tant de maux dont je suis la cause. »

Ces paroles déplurent fort au comte de Charolais et à ses amis. Il fut néanmoins convenu que l'on marcherait sur Paris. On estimait, avec raison, que, si la capitale tombait aux mains des coalisés, les autres grandes villes ne résisteraient pas. Mais, après cette réunion, les Bourguignons se concertèrent. Le Téméraire doutait de la bonne foi de Charles de Berry. Il gronda:

— « Avez-vous ouï parler cet homme? Il se trouve ébahi par sept ou huit cents hommes qu'il voit blessés allant par la ville, qui ne lui sont rien, ni qu'il ne connaît! Il s'ébahirait bientôt si le cas lui touchait de quelque chose; et serait homme pour appointer bien légèrement et nous laisser en la fange; en raison des anciennes guerres qui ont été, le temps passé, entre le roi Charles, son père, et le duc de Bourgogne, mon père, ces deux parties se convertiraient aisément contre nous: pour quoi il est nécessaire de se pourvoir d'amis. »

Et, « sur cette seule imagination », il envoya un négociateur auprès d'Édouard IV. Alors qu'il était jusqu'ici partisan des Lancastre, il demandait Marguerite d'York en mariage, afin d'obtenir le soutien de l'Angleterre. Il convient ici d'ouvrir une parenthèse. Édouard IV était évidemment informé de la situation. La trêve signée avec Louis XI allait expirer. Les coalisés ne se seraient pas opposés à un débarquement anglais. Au contraire, les Bretons et les Bourguignons l'eussent facilité! La démarche du Téméraire était un motif supplémentaire de tenter l'aventure. Il était évident que Louis XI, pressé de toutes parts, ne pourrait faire face. Mais, tout à son amourette avec la jolie veuve, Édouard IV manqua l'occasion.

A Étampes, la confiance était telle que le Téméraire crut préférable d'établir un pacte écrit avec le duc de Bretagne. Les cosignataires s'engageaient, solennellement, à combattre en frères d'armes contre le roi de France, à se secourir l'un l'autre en cas de besoin et à rester inviolablement unis, quel que fût le destin de la coalition. L'acte est daté du 24 juillet. Bretons et Bourguignons passèrent encore une semaine dans cette ville, laissant au roi le temps d'organiser la défense de Paris. A vrai dire, la lenteur des coalisés paraît inexplicable. Qu'attendaient-ils ? Qu'espéraient-ils ? Il se peut que, malgré le pacte d'amitié, le désaccord subsistât quant au déroulement des opérations. Par suite de l'inconsistance du duc de Berry, de ses regrets intempestifs, les ligueurs s'étaient donné deux chefs : Charolais et Bretagne. Leur fraternité d'armes, proclamée et scellée, n'enlevait rien à leurs prétentions respectives, à leurs ambitions. Leur but commun restait de mettre Louis XI hors d'état de nuire par n'importe quel moyen. Mais, ensuite, on se partagerait dépouilles et pouvoir. Chacun s'attribuait par avance la part du lion.

Cette rivalité naissante, Louis XI la pressentait. Elle était sa planche de salut. Se trouvant à Corbeil, il avait appris que Paris demeurait fidèle, bien que le comportement du maréchal Rouault donnât à penser le contraire. Il se dirigea donc, sans perdre un seul jour, vers la capitale, où il entra le 18 juillet. Les Parisiens l'accueillirent chaleureusement. Ils avaient appris l'affaire de Montlhéry. Le clergé ne put moins faire que processionner pour célébrer la victoire du roi. Pourtant la situation restait critique. Bien que Louis XI affichât la plus grande sécurité, il savait que les défaitistes restaient nombreux. Moins cependant que les attentistes. Il fit taire sa rancœur contre Rouault, dont l'abstention avait été fatale. Il sut que Charles de Melun, gouverneur de Paris, s'était affolé et qu'il avait empêché le maréchal d'obéir au roi, malgré les instances du conseiller Balue.Sur qui pouvait-il compter ? Il ne voyait autour de lui que des hésitants et des traîtres en puissance, mais, ramassant toute son énergie, il était décidé à braver la fortune. Il prit donc immédiatement les mesures propres à assurer la défense de Paris. Il disposait alors des 30000 hommes de la milice et de l'armée de Montlhéry. Le comte du Maine osa revenir ; il lui restait 200 lances. Louis XI ne lui fit aucun reproche. Il projetait alors d'attaquer les coalisés, avant qu'ils n'eussent franchi la Seine. On le supplia de ne point dégarnir la capitale, de ne point l'abandonner ; il se ravisa. L'adversité doublait son courage, son génie, ses facultés d'adaptation. Il comprit que les Parisiens n'étaient guère disposés à se battre pour lui. Que son entourage fléchissait. Qu'il existait un parti bourguignon recrutant ses adeptes parmi les officiers et surtout dans le clergé. Plusieurs complots furent découverts. Il joua son va-tout. Puisque le siège de Paris était inévitable, il fallait être en état de le soutenir. Il partit donc pour la Normandie, avec une petite troupe. C'était une hardiesse incroyable et, apparemment, une imprudence très grave. Son absence laissait le champ libre aux félons. Il est vrai qu'il démit Charles de Melun de ses fonctions et le remplaça par le comte d'Eu, sur le loyalisme duquel il pouvait tabler. Une multitude de petits gentilhommes normands, de bourgeois et d'hommes du peuple se porta à sa rencontre, bien décidés à le servir. Louis put envoyer les premiers renforts dans la capitale, escortant les premiers convois d'armes et de vivres. La riche province ne refusait pas son concours; elle se prononçait massivement en faveur du roi. Pourtant, à Rouen comme à Évreux, les coalisés comptaient des partisans. Louis XI eut le tort de les épargner; il espérait encore que les grands seigneurs imiteraient les petites gens et rentreraient dans le devoir.

Pleins d'assurance, les coalisés approchaient de la capitale. Le maréchal Rouault avait reçu l'odre de retarder leur avance, en les harcelant. Il ne captura que les fourrageurs et les traînards, et ne put empêcher l'adversaire de franchir la Seine sur un pont de bateaux et de barils liés ensemble. Ce pont fut construit à l'instigation du Téméraire, par des tonneliers bourguignons. Quand on fut sur l'autre rive, on établit paisiblement le camp. Des feux trouèrent soudain la nuit. On eut peur que ce fût le roi. Ce n'étaient que Jean de Calabre avec ses Suisses, ses Lorrains, ses cranequiers allemands et ses mercenaires italiens, et le maréchal de Bourgogne, avec 900 lances! Il y eut amitié immédiate entre le comte de Charolais et Jean de Calabre, « lequel, dit Commynes, semblait aussi bien prince et grand chef de guerre comme nul autre que je visse en la compagnie ». Dès lors, on ne douta plus de la défaite du roi, et d'autant moins que l'on annonçait l'arrivée des Gascons du comte d'Armagnac! On reprit l'imposante marche. Odet d'Aydie et Lohéac conduisaient l'avant-garde bretonne et Saint-Pol, la bourguignonne. Jean de Calabre aidait le Téméraire à maintenir la cohésion. Quant aux ducs de Bretagne et de Berry, ils semblaient des amateurs. Selon

Commynes, ils « chevauchaient à leur aise sur des haquenées, armés de petites brigandines, fort légères. Encore, disaient certains, qu'il n'y avait que petits clous dorés par-dessus le satin, afin de leur moins peser » ! Le pont de Charenton était gardé par des francs-archers. On les bouscula facilement. On était alors à deux lieues de Paris, dont on apercevait les remparts, les clochers et les flèches. L'armée se divisa. Jean de Calabre et le Téméraire s'en furent ensemble à Conflans ; c'étaient désormais, d'inséparables amis ! Ils établirent au bord de la Seine un camp délimité par l'artillerie et les chariots et s'y enfermèrent. Bretagne et Berry s'installèrent à Saint-Maur-des-Fossés. Le reste de l'armée occupa Saint-Denis.

Le lendemain, on se contenta d'escarmoucher. Il ne venait pas à l'esprit des ligueurs d'investir complètement Paris. Sans doute n'étaient-ils pas assez nombreux. Ils faisaient fond sur l'épouvante de la population et sur le parti bourguignon. Apprenant le départ de Louis XI, ils décidèrent de brusquer les choses. Suspendant les hostilités pour rassurer les Parisiens, ils offrirent de négocier. Une délégation se rendit à Saint-Maur, conduite par Guillaume Chartier, évêque de Paris. Elle fut reçue par le duc de Berry, assis dans une chaire et entouré de ses « lieutenants » tous debout, afin d'impressionner favorablement les députés. On leur déclara, fort doucement et poliment, que les seigneurs ne voulaient que faire amitié avec eux. Ils entreraient dans Paris avec pour seul dessein d'examiner la « réformation » du royaume : un royaume qu'un indigne monarque conduisait à sa perte ! Bref, ces ducs et ces comtes n'avaient que le Bien public à la bouche. Les députés parisiens répondirent avec la même courtoisie ; ils demandèrent seulement un délai avant de donner leur réponse. Après « le vin et les épices », on parla privément. Certains députés promirent de faciliter l'entrée des seigneurs, à condition qu'ils eussent une faible escorte et que l'armée demeurât en dehors de la ville. La délégation regagna Paris. On s'assembla à l'hôtel de ville. Le prévôt des marchands prévint le gouverneur. Le peuple, dûment rameuté, faillit écharper les défaitistes ; la délégation dut retourner ensuite à Saint-Maur. Les coalisés furent outrés de fureur. Ils menacèrent Paris d'un assaut général, des pires sévices. Personne ne songeait plus au Bien public. Le 28 août, Louis XI était de retour. Il amenait avec lui 12000 hommes et un immense convoi de farine. On se prépara à soutenir l'assaut des ligueurs. Ils se contentèrent de masser leurs troupes du côté de Vincennes, mais s'en tinrent à cette démonstration. Ils savaient parfaitement qu'il était désormais trop tard; qu'il serait impossible de prendre la puissante cité. Ils ne pouvaient même pas gêner son ravitaillement. Louis XI faisait construire des retranchements, veillait lui-même à la disposition des pièces d'artillerie. On se bombardait pendant des heures, sans résultats. Cette année-là, l'automne fut précoce. Les premières pluies aggravèrent les effets de l'inaction. Le 3 septembre, les coalisés sollicitèrent une trêve. Ils désiraient parler avec les émissaires du roi. Louis XI leur envoya le douteux Charles du Maine. On convint d'une entrevue avec le comte de Saint-Pol. Elle eut lieu devant la bastille de la porte Saint-Antoine. Saint-Pol se montra fort raisonnable, et respectueux! Louis XI comprit que les princes se résignaient à traiter, parce qu'ils ne savaient plus que faire. Il comprit aussi qu'ils étaient désunis. Il décida aussitôt d'en tirer profit et ce fut très volontiers qu'il accepta de prolonger la trêve. Il comptait ainsi gagner du temps. Les lézardes qu'il apercevait dans la coalition, il espérait les transformer en brèches, et, par ce moyen, mettre à bas la folle entreprise! Les négociations commencèrent. Il rejeta les exigences des princes, qui décrûrent et varièrent. Il savait que leurs troupes étaient à court de vivres et démoralisées et menaça de rompre la trêve. Mais, soudain, il apprit la reddition de Pontoise. Désormais, il n'avait plus le choix. Il lui fallait devancer la trahison qui menaçait de s'étendre. Des rumeurs inquiétantes lui parvenaient de Normandie. Les « Bourguignons » de Paris s'agitaient, colportaient de fausses nouvelles. La reconversion de Louis fut exemplaire. Il proposa un entretien privé à Charles le Téméraire, qui s'empressa d'accepter. Un matin, on le vit traverser la Seine dans une méchante barque, avec une escorte de six hommes. Le Téméraire et Saint-Pol attendaient sur l'autre rive. Une imposante troupe à cheval les accompagnait. Comme il abordait, Louis XI demanda en souriant :

— « Mon frère, m'assurez-vous ? »

— « Monseigneur, oui, comme frère[1] », répondit Charles.

Après les salutations d'usage, le roi dit par manière de plaisanter :

— « Mon frère, je reconnais que vous êtes gentilhomme, et de la Maison de France. »

— « Pourquoi, Monseigneur ? »

1. En réalité, Louis XI et le Téméraire étaient cousins.

— « Parce que, quand j'envoyai mes ambassadeurs à Lille, naguère, devers mon oncle, votre père, et vous, et que ce fol de Morvilliers vous parla si bien, vous me mandâtes par l'archevêque de Narbonne... que je me repentirais des paroles que vous avait dites Morvilliers avant qu'il fût le bout de l'an. Vous m'avez tenu promesse et, encore, beaucoup plus tôt que le bout de l'an. » Et il ajouta :

— « Avec telles gens je veux avoir à besogner, qui tiennent ce qu'ils promettent. »

Cette allusion à l'affaire de Rubempré dérida le Téméraire, d'autant qu'ensuite le roi désavoua Morvilliers. Tout en devisant fort aimablement, on se promenait au bord de la Seine. Louis XI semblait à son aise, et même d'excellente humeur. Les soldats de la garde du Téméraire étaient stupéfaits de cette attitude. On passa aux choses sérieuses. Le Téméraire présenta ses demandes. Il voulait les villes de la Somme, et demandait le duché de Normandie pour Charles de France, l'hypothétique chef de la coalition. Il n'était plus question de déposer le roi et de le remplacer par son frère. Ainsi que l'observe malicieusement Commynes, « le bien public était converti en particulier » ! Louis XI refusa le duché de Normandie, mais consentit à rendre les villes de la Somme au Téméraire. En outre, il offrit l'épée de connétable au comte de Saint-Pol. On se sépara fort gracieusement et chacun regagna son gîte. Louis XI avait fait mouche. Déjà, le Téméraire vacillait et se désolidarisait de la ligue. Les jours suivants, on échangea des ambassades. Ces allées et venues parurent suspectes. Les coalisés recommencèrent à se méfier des uns et des autres. Plus d'un menaçaient de rompre et de partir. On disputait âprement jusque dans la chambre du Téméraire, auquel on reprochait de travailler pour son propre compte. Le Téméraire s'efforçait d'apaiser la querelle et de regagner la confiance de ses alliés. Il était peu doué pour le double jeu, encore qu'il sût parfaitement mentir. Mais, tant que le traité ne serait pas signé, il se devait d'être circonspect. A la fin de septembre, Louis apprit que la sénéchale de Brézé (veuve de Pierre de Brézé, tué à Montlhéry) avait livré le château et la ville de Rouen au duc de Bourbon. La riche Normandie changeait de camp. Le plan de Louis XI s'écroulait, en grande partie. Il pouvait désormais se demander où s'arrêteraient les défections. Alors qu'il allait enfin triompher de la ligue, obtenir la dispersion des seigneurs rebelles, la trahison leur redonnait espoir. La mort dans l'âme — car la reddition de

Rouen lui causa une terrible déception — il se décida à traiter. Il en informa aussitôt le comte de Charolais et lui fixa rendez-vous. Le Téméraire n'eut garde de se dérober. D'emblée, le roi lui apprit la chute de Rouen et se déclara prêt à investir son frère de la Normandie. Il confirma la cession des villes picardes, augmentées de Roye et de Montididier. Le Téméraire n'avait aucune envie de refuser. Sa situation devenait précaire. Tout en parlant, on s'approchait des retranchements français. On entra sans y penser dans une bastille. Louis XI, n'ignorant point la démarche du Téméraire auprès d'Édouard IV, lui offrait sa fille Anne (future dame de Beaujeu) comme épouse. Cette perspective ne déplaisait pas au Téméraire qui détestait les York. Chez les Bourguignons, on commençait à s'affoler. Saint-Pol et Contay redoutaient un nouveau Montereau. Ils voulurent rassembler une troupe. Mais le maréchal de Bourgogne leur dit :

— « Si ce jeune prince, fol et enragé, s'est allé perdre, ne perdons pas sa Maison, ni le fait de son père, ni le nôtre : que chacun se retire en son logis et se tienne prêt, sans s'ébahir de la fortune qui adviendra : car nous sommes suffisants (assez), nous tenant ensemble, pour nous retirer jusqu'aux marches de Hainaut, ou de Picardie, ou en Bourgogne. »

Même dans son armée, le Téméraire ne faisait pas l'unanimité et s'attirait bien des « murmures » ! Le maréchal de Bourgogne (qui était le sire de Neufchâtel) ne le craignait guère. Il n'hésitait pas à lui dire :

— « Je ne suis à vous que par emprunt, tant que votre père vivra. »

Le Téméraire revint sain et sauf, mais il avait eu chaud. Il dit à Neufchâtel :

— « Ne me tensez point, car je connais bien ma grande folie ; mais je m'en aperçus si tard que j'étais près du boulevard. »

On loua Louis XI de sa bonne foi. En vérité, le Téméraire n'avait couru aucun risque : Louis XI était un politique trop avisé pour renouveler la faute de Montereau, et même pour capturer son adversaire. Mais enfin il avait bel et bien tenu le Téméraire à merci ! Ce dernier en eut une telle peur rétrospective qu'il évita désormais toute imprudence.

L'armistice fut proclamé le 1er octobre 1465. Le 5, Louis XI signa le traité de Conflans avec le Téméraire, traité par lequel il accordait la Normandie à Charles de France, rétrocédait les villes picardes rachetées récemment à Philippe le Bon, et donnait l'épée de connétable au comte de Saint-Pol. Restaient les autres princes, dont les exigences étaient exorbitantes. Le Téméraire s'était engagé à leur faire entendre raison. Or, ayant obtenu satisfaction, il se souciait modérément de ses alliés ; il était même prêt à soutenir les thèses du roi ! L'amitié fit bientôt place à la rancune, puis à la haine. Le Téméraire manquait d'adresse ; il ne prenait plus la peine de dissimuler son arrogance. Ce fut un jeu pour Louis XI de négocier séparément avec ces brouillons. Le duc de Bretagne obtint de contrôler l'Église bretonne et quelques menus avantages. Sa modération ne surprit qu'à demi le roi ; il savait ce que François II avait en tête. Jean de Calabre voulait une armée pour conquérir son royaume de Naples ; il n'eut qu'un peu d'argent et quelques terres en Lorraine. Le duc de Nemours fut traité avec encore plus de désinvolture ; il n'eut quasiment rien ; finalement, le roi lui accorda le gouvernement du Dauphiné. Quant au duc de Bourbon, il fut trop heureux d'entrer au service du roi. On se souvint brusquement du Bien public, qui avait servi de prétexte et de mot d'ordre à la coalition. Louis XI accepta l'institution du Conseil des Trente-Six, lequel devait, en principe, réformer l'État. Toutes ces mesures firent l'objet du traité de Saint-Maur, qui vint compléter celui de Conflans. Ensuite, on se sépara, chacun emportant son lot, les uns fort satisfaits, les autres, les mains vides et furieux. Les Bretons s'en allèrent avec François II et le nouveau duc de Normandie. Louis XI fit un brin de conduite au Téméraire et à ses Bourguignons. Les adieux furent touchants. On crut même que le roi éprouvait une amitié sincère pour le comte de Charolais.

La ligue était dissoute. Les projets de réforme s'en allaient en fumée. Le peuple n'y avait jamais cru ; il ne fut donc pas déçu. En divisant les princes, Louis XI avait réalisé un véritable tour de force. Il gardait sa couronne, mais la note était lourde : la perte des villes de la Somme et l'octroi de deux cent mille livres de pensions supplémentaires. Son pouvoir sortait finalement intact de l'épreuve, mais son prestige avait décrû. Il avait évité le pire, certes, mais ne se consolait point d'avoir accordé la Normandie à son frère. Les féodaux croyaient avoir restauré leurs privilèges. Ce n'était qu'un leurre. Il ne leur pardonnerait jamais d'avoir brisé son élan.

VIII

LES ÉTATS DE TOURS

Louis quitta Paris et s'installa à Orléans avec ses conseillers. Il avait besoin de réfléchir, d'analyser les événements qu'il venait de vivre, de faire le point. Ces pays de Loire où il était né, où il avait grandi, lui étaient propices. Le détachement qu'il affectait rassurait ses adversaires de la veille. Dénués de sens politique ou plutôt égarés par leurs succès, les féodaux croyaient l'avoir réduit à l'impuissance. Or il ouvrait l'œil et l'oreille. Ses agents le renseignaient sur les agissements de François II et du nouveau duc de Normandie. Le fait que cette province — la plus riche du royaume — fût tombée aux mains de Charles de France aggravait le péril anglais. Qu'Édouard IV fût resté neutre pendant la guerre du Bien public tenait presque du miracle. Mais il paraissait probable qu'un jour ou l'autre, sous la pression de l'opinion anglaise, Édouard tenterait une invasion. Il pourrait compter sur l'aide effective de la Bourgogne, de la Bretagne et, sans aucun doute, de la Normandie, donc attaquer simultanément à l'ouest et à l'est. Mais, comme Louis XI l'avait prévu, l'amitié de Charles et de François II déjà se dégradait. Charles s'était mis sous la protection du duc de Bretagne ; il lui devait son duché. François II présentait la note. Il tenait surtout à surveiller son pupille et, dans ce but, à peupler son entourage de Bretons. Il demandait pour ceux-ci les charges lucratives ou les offices les plus importants. De leur côté, les Normands n'entendaient point se laisser dépouiller par les Bretons. Charles n'avait pas assez de caractère pour s'imposer. Il cherchait à plaire, en ne mécontentant personne. Ce faisant, il « bradait » le gouvernement de ce duché qu'il avait tant convoité et dont il était si fier. A peine avait-il cédé sur un point que de nouvelles demandes lui étaient présentées. Il finit par comprendre que François II abusait de la situation. En trahissant son frère, l'aimable prince n'avait fait que changer de maître. En attendant que les Rouennais eussent achevé les préparatifs de son Entrée, il s'était installé au Mont-Sainte-Catherine, à quelque distance de la ville. Accablé par les reproches, les requêtes, les revendications de toute nature, il ne savait comment se tirer de ce mauvais pas. Il redoutait même d'être enlevé par son protecteur et conduit en Bretagne. Alors, comme par hasard, l'un de ses conseillers lui suggéra d'en appeler à Louis XI. Le faible esprit de Charles s'accrocha à cette bouée. Il sollicita l'arbitrage de son frère, encore qu'il redoutât sa vengeance mais, faut-il croire, les agents de Louis XI surent apaiser ses craintes. Cependant, le 25 novembre, les Rouennais firent irruption au Mont-Sainte-Catherine. Malmenant les Bretons, ils emmenèrent Charles presque de force dans leur cité. François II s'empressa de décamper, s'installa à Caen et se plaignit au roi. Louis XI saisit l'occasion. Dans les premiers jours de décembre, trois armées royales convergèrent vers la Normandie. Le 19 décembre, Louis XI entrait à Caen, où l'attendait le duc de Bretagne. François II, dépité, retournait sa veste. Il se soumettait au roi, lui promettait son aide. A sa demande, le roi rétablit dans leurs biens et leurs prérogatives Dunois, Lohéac et Odet d'Aydie. Il venait de pardonner à Chabannes et de le prendre à son service. La noblesse, les villes normandes se donnèrent à lui spontanément. Seules, quelques places résistaient : Louviers, Pont-de-l'Arche et Rouen. Les royaux contraignirent les deux premières à capituler. Rouen se rendit avant d'être assiégée. Charles avait appelé son frère au secours ; il se déclarait prêt à lui obéir. Néanmoins il préféra s'enfuir à Honfleur. Cette dérobade posait problème

Auprès de qui Charles se réfugierait-il ? Auprès du duc de Bretagne ou du Téméraire ? Sinon, passerait-il subrepticement en Angleterre ? De toute façon, il serait un otage dont on exploiterait l'indécision. Louis XI se dirigea vers Honfleur. Il voulait rassurer le pauvre prince, négocier avec lui. Il était résolu à lui retirer la Normandie, mais à lui promettre un autre apanage. Il apprit en chemin que Charles et le duc de Bretagne, réconciliés, se trouvaient à Caen. La duplicité de son frère et de François II ne le surprit pas. Il fit savoir à Charles qu'il lui accorderait volontiers le Roussillon et une partie du Dauphiné en échange de la Normandie. En réponse, les deux complices s'enfuirent en Bretagne.

Louis XI avait recouvré le plus beau fleuron de sa couronne, réparé dans une large mesure les désastreux effets des traités de Conflans et de Saint-Maur. Cependant ces mêmes traités garantissaient un apanage au ci-devant chef de la ligue. Certes, Charles avait perdu le duché de Normandie par son incompétence. Néanmoins les anciens ligueurs pouvaient exiger qu'il reçût un équitable dédommagement : par exemple, la Champagne ou la Guyenne. Mais cette province se souvenait par trop d'avoir été anglaise. Quant à la Champagne, elle bordait le duché de Bourgogne. Grande était la perplexité de Louis XI. Cependant les féodaux se tinrent cois. Le Téméraire lui-même ne bougea pas : à vrai dire, il méprisait le prince Charles depuis la rencontre d'Étampes. Cette indifférence des grands seigneurs à l'égard du premier d'entre eux montre quelle était leur mentalité. D'évidence, le Téméraire se réservait d'intervenir à bon escient. Il attendait la mort de Philippe le Bon, qui souhaitait la paix avec le roi de France. Son intérêt était donc de rester dans l'expectative. D'ailleurs, le projet de mariage avec Anne de France l'inclinait, momentanément, à la patience. Louis XI n'avait pas encore d'héritier mâle. Il est probable que le rusé compère avait laissé entendre à son futur gendre qu'il pourrait lui succéder !

Le seul prince qui embarrassât Louis était Jean de Calabre. Le fils du roi René l'accablait de récriminations, de demandes d'argent. Il lui tardait de repartir pour l'Italie, de tenter à nouveau la reconquête de son royaume. Louis XI ne voulait point l'aider. L'entreprise de Jean de Calabre contrecarrait sa politique italienne. Or, par une chance incroyable et imprévisible, l'occasion s'offrit de se débarrasser de ce gêneur. On aura noté que Jean de Calabre ne se souciait nullement de Charles de France : il ne songeait lui aussi qu'à son intérêt personnel. La guerre du Bien public avait empêché Louis XI d'intervenir à nouveau dans les affaires d'Espagne. Jean II d'Aragon n'avait pu abattre la rébellion des Catalans. Le roi Henry IV de Castille ayant renoncé à devenir leur seigneur à la suite de l'arbitrage de Bayonne, ils s'étaient choisi un nouveau prince en la personne de Don Pedro, fils du duc-infant de Coïmbre et d'Isabelle d'Urgel. Don Pedro participait à une expédition en Afrique avec son beau-frère, Alphonse V de Portugal, quand il reçut la nouvelle de son élection par les Catalans. Il arriva à Barcelone en janvier 1464 et fit une entrée triomphale dans cette ville. Les Catalans ne le connaissaient point. Il est évident qu'ils l'avaient choisi dans le seul dessein de faire pièce à Louis XI, dont l'amitié s'avérait redoutable et dont les bonnes paroles ne pouvaient dissimuler l'ambition. Don Pedro n'était pas l'homme de la situation. Peu doué pour la diplomatie, piètre tacticien, il se croyait pourtant fin politique. C'était en réalité un artiste délicat, un spéculatif. N'apercevant point que sa désignation nuisait aux intérêts français, il demanda l'aide de Louis XI. Il offrait de céder le Roussillon et la Cerdagne. Louis XI opposa une fin de non-recevoir. Il prétendit qu'en se donnant un nouveau prince, les Catalans avaient trahi la France et il se souvint opportunément du traité passé naguère avec Jean II d'Aragon. Ce dernier s'empressa d'invoquer la clause faisant obligation à Louis XI de lui fournir une aide militaire. La guerre du Bien public venait d'éclater et le roi de France n'avait pas assez de soldats pour lutter contre les ligueurs. Jean II entra cependant en campagne. Don Pedro sollicita en vain l'aide de la Bourgogne (il était le neveu de la duchesse Isabelle) et de l'Angleterre. Les Catalans ne manquaient point de courage, mais la discipline n'était pas leur vertu majeure. Don Pedro se défendit vaillamment ; toutefois il n'avait ni les talents ni l'âpreté de son adversaire. Jean II reconquit les provinces de Lérida et de Cervera, menaça Barcelone. Ces victoires successives accrurent les défections, les désertions, puis les trahisons. La disette et la peste décimaient la population incapable de soutenir un siège. Don Pedro rédigea une étrange lettre-circulaire, pour remonter le moral de ses sujets : « ... Tout soit remis au Tout-Puissant. Faites monter vers lui vos dévotes prières avec pénitence, et laissez-le faire, sans vouloir lui fixer délai ni jour, prenant exemple de Judith et ce qu'elle fit, grâce à Dieu, contre Holopherne, qui, avec tant de puissance, tenait assiégée la cité de Ninive. Rappelez-vous que vous êtes les descendants de ces antiques et fameux Catalans dont le nom est répandu à travers le monde.» Peu de temps après, Don Pedro, malade depuis des mois et accablé par tant de revers, succombait. Son destin ressemblait à celui de Don Carlos, l'infortuné primogénit. Barcelone lui fit de superbes funérailles. Après quoi, on se préoccupa de lui donner un remplaçant. Les Catalans désignèrent le Roi René, qui leur délégua son fils, Jean de Calabre. Louis XI sauta sur l'occasion. Il n'avait pas renoncé à faire de la Catalogne un fief français, encore moins à s'approprier le port de Barcelone. Il fournit des troupes et de l'argent à Jean de Calabre. De la sorte, il faisait d'une pierre deux coups. Le sort de la Maison d'Anjou ne variait pas: c'était une perpétuelle quête de royaumes. La chimère catalane occuperait Jean de Calabre un bout de temps. Il y userait ses forces, son argent et sa santé.

Les activités de Louis XI étonnaient les observateurs étrangers. Levé à l'aube, couché fort tard, hormis les promenades et la chasse, il travaillait. Il n'était guère de domaines qui ne retinssent son attention. Il tenait ses collaborateurs en haleine. Le conseil des Trente-Six, imposé par les ligueurs, n'était plus entre ses mains qu'un organe à sa dévotion. Il en avait donné la présidence au vieux Dunois, qui le servait avec zèle. Les réformes adoptées par les Trente-Six étaient celles que souhaitait le roi! Un à un les ligueurs étaient rentrés dans le rang. Le duc de Bourbon avait aidé Louis à reconquérir la Normandie avec une vigueur qui témoignait de son repentir. Louis XI avait rendu les sceaux à Guillaume Juvénal des Ursins et la prévôté de Paris à Robert d'Estouteville. Il avait nommé Tanguy du Chastel gouverneur du Roussillon et le Bâtard d'Armagnac, promu comte de Comminges, gouverneur de Guyenne. Parmi ses compagnons d'exil, il ne maintint que les plus capables, mais évinça impitoyablement les autres. Il n'oubliait pas non plus de régler ses comptes. Le comte du Maine, reconnu coupable d'avoir pactisé avec les ligueurs, perdit le gouvernement du Languedoc. Charles de Melun, ci-devant gouverneur de Paris, fut jugé et exécuté. Dès lors, il fut clair que Louis était aussi exact à récompenser ses fidèles qu'à punir les mauvais serviteurs. Il arrivait pourtant qu'il s'accommodât, pour un temps, de personnages douteux. Tel était le cas du comte de Saint-Pol (Louis de Luxembourg), connétable de France depuis le traité de Conflans. Saint-Pol possédait des seigneuries en France et en Bourgogne. Il se devait de remplir sa charge de connétable, mais ne pouvait déplaire au duc de Bourgogne, son ancien maître. Il crut pouvoir jouer sur les deux tableaux. Inutile de dire que Louis XI le tenait à l'œil. Pour l'attirer, il lui avait donné l'une de ses belles-sœurs pour épouse. Mais Saint-Pol n'avait pas l'esprit de famille...

Pour spectaculaire que fût le redressement du pouvoir royal, il n'en restait pas moins fragile. Les « deux cornes roides », de Bourgogne et de Bretagne, étaient intactes. François II et le Téméraire se comportaient, non pas en vassaux, mais en chefs d'État. Leur diplomatie ne laissait pas d'être préoccupante. La ligue était anéantie dans son principe, mais le péril anglais subsistait. Louis XI sentait que la neutralité d'Édouard IV ne se prolongerait pas indéfiniment et que, dans la conjoncture, le royaume ne pourrait faire face à une coalition. Certes, il s'y préparait et, dans ce but, étoffait ses effectifs et son artillerie. Il jugea pourtant préférable de prendre les devants et fut assez heureux pour obtenir des Anglais la continuation de la trêve jusqu'en 1468. De plus, il entretenait des relations cordiales avec Richard Neville, comte de Warwick.

Warwick vint en France, au printemps de 1467, envoyé par Édouard IV. Louis XI attachait d'autant plus d'importance à cette entrevue qu'à la cour de Bourgogne on parlait du mariage probable du Téméraire avec Marguerite d'York. Quoique malade — il avait une crise aiguë d'hémorroïdes — il n'hésita pas à se rendre à Rouen pour accueillir l'ambassade anglaise. Il festoya superbement son hôte et combla sa suite de cadeaux. L'esprit subtil de Warwick l'avait toujours séduit. Il ne fut pas long à discerner les raisons qui poussaient son interlocuteur à vouloir la paix avec la France. Warwick avait besoin de l'appui de Louis XI. Sa faveur auprès d'Édouard IV déclinait. Sans lui la rose blanche des York n'eût point supplanté la rose rouge des Lancastre. Mais Édouard IV, en épousant Élisabeth Woodville, avait aussi épousé sa famille. Le clan des Woodville s'opposait ardemment à celui des Neville et tentait de discréditer le Faiseur de Rois. Or la francophilie de Warwick le rendait suspect aux yeux de l'opinion. Non sans perdifie, Édouard IV le laissa pourtant conduire l'ambassade près de Louis XI. Que proposait celui-ci ? Un subside annuel de 13000 écus d'or, une alliance contre la Bourgogne, le partage de la Flandre et de ses provinces annexes. Pour appâter Warwick, il lui promit une principauté dans ces régions. Warwick mordit à l'hameçon. Il savait que la faveur des rois ne pouvait durer toujours. On se mit d'accord. Une ambassade française accompagna les Anglais à Londres.

La nouvelle de la mort[1] de Philippe le Bon survint comme un coup de tonnerre. Désormais le duc de Bourgogne était Charles le Téméraire. Il venait de raser Dinant et de vaincre les Liégeois. La répression avait été conduite d'une main impitoyable. On le savait impulsif, sujet à des accès de fureur, dévoré d'ambition, d'un orgueil sans bornes. Louis XI, qui l'avait longuement étudié, ne gardait aucune illusion. Toutefois, il avait décelé ses points faibles : une propension à la mélancolie, un esprit faussé par les romans de chevalerie, un jugement peu sûr.

Les ambassadeurs français revinrent de Londres, congédiés par Édouard IV. Le roi d'Angleterre jetait enfin le masque. Il venait de fiancer sa sœur, Marguerite d'York, avec le Téméraire, resserrant ainsi son amitié avec la Bourgogne. Le clan des Woodville triomphait. Warwick, démis de ses fonctions, s'était retiré dans son comté ; il croyait pourtant ressaisir le pouvoir et priait le roi de lui garder sa confiance. A vrai dire, Édouard IV ne faisait que céder à l'opinion anglaise. Quant au Téméraire, il agissait par opportunisme. Naguère, il se vantait de descendre de Jean de Gand, premier duc de Lancastre, pour justifier sa fidélité à la Rose rouge. Il contractait ce mariage pour avoir l'appui des York et assouvir sa haine contre la France. Peu lui challait désormais de l'exil de Marguerite d'Anjou, de la captivité d'Henry VI à la Tour de Londres, de l'avenir du prince de Galles, et de l'usurpation d'Édouard !

L'implacable duel entre la France et la Bourgogne commençait. Déjà, le duc de Bretagne, les Armagnacs, les Nemours, et tutti quanti s'agitaient. Cette fois, Louis XI prévint le péril. Avant de l'affronter, il voulut s'assurer du concours de la nation. Et, dans ce but, il convoqua les États Généraux. Le peuple souhaitait vivement cette réunion. Il paraît que cette chanson courait les rues :

— *Qu'en dit Paris ?*
— *Il est muet et sourd.*

— *N'ose-t-il parler ?*
— *Nenni, ni parlement.*

1. Le 15 juin 1467.

— *Et le clergé ?*
— *On le tient bien de court.*

— *Pour votre foi ?*
— *Oui, par mon sacrement.*

— *Et la noblesse ?*
— *Elle vit pirement.*

— *Et la justice ?*
— *Elle n'a poids ni balance.*

— *Qui peut pourvoir à ceci bonnement ?*
— *Qui ? Voire qui ? les trois États de France.*

— *Prince, veuillez donner allégement.*
— *A qui ? Aux bons vivants en espérance.*

— *De quoi ?*
— *De droit qu'ont en gouvernement.*

— *Qui ?*
— *Voir qui ? les trois États de France.*

Les récentes remontrances du Parlement avaient montré combien l'opinion était hostile aux traités de Conflans et de Saint-Maur, consacrant l'autonomie de fait des deux plus grands duchés du royaume. Louis XI cherchait un moyen légal de se dégager des promesses faites aux ligueurs, en même temps, d'asseoir sa popularité. Le Tiers État n'avait point pris parti pour les féodaux ; le roi voulait qu'il se prononçât massivement contre eux. Il en appelait au sens national, de même que Charles VII l'avait fait.

Les députés s'assemblèrent à Tours, le 6 avril 1468. Si la plupart des anciens ligueurs s'étaient abstenus, notamment les ducs de Bourgogne et de Bretagne, la noblesse était largement représentée : elle se désolidarisait dans son ensemble des féodaux. Soixante-quatre villes avaient envoyé chacune trois députés élus : un clerc, un noble, et un bourgeois, soit cent quatre-vingt-douze représentants. A la séance d'ouverture, Louis XI était assis entre le roi René et le cardinal La Balue[1] qui avait alors ses faveurs et auquel on prêtait le rôle de principal ministre. La Maison, les conseillers du roi étaient au complet. La majorité d'entre eux sortaient de la bourgeoi-

1. ou Balue.

sie, tels Adam Fumée, Guillaume Compains, Pierre Glutin, Jean Vigée, Jean Choart, Mathurin Boudet.

Le chancelier Juvénal des Ursins prit la parole au nom du roi, afin d'exposer l'objet de la convocation: « C'est assavoir les différends qui sont entre le roi et Monsieur Charles, son frère, pour le fait du duché de Normandie et de l'apanage dudit Monsieur Charles. Pareillement des grands excès et entreprises que le duc de Bretagne a faits contre le roi, en prenant ses places et sujets, en lui faisant guerre ouverte. Tiercement, de l'intelligence et appointement qu'on dit qu'a le duc de Bretagne avec les Anglais, pour les faire descendre en ce royaume, et pour leur bailler les places qu'il tient en Normandie. »

Le chancelier sollicita l'avis des États sur ces trois points. Le roi et ses conseillers s'étant retirés, les députés délibérèrent. Ils tinrent sept ou huit séances. Parmi les discours qui furent prononcés, seul celui de l'archevêque de Reims, Jean Juvénal des Ursins, frère du chancelier, nous est parvenu. C'est une lourde harangue, truffée de citations latines, où l'on relève quelques remontrances relatives à l'augmentation des impôts et de la taille, à la perception de l'impopulaire gabelle, à la rareté du numéraire et à l'augmentation des pensions.

La séance de clôture eut lieu le 14 avril. Les États firent connaître leur avis au roi. Il passait les espérances de Louis XI. « Sans nulle contrariété ou difficulté quelconque », les députés s'étaient mis d'accord pour que le duché de Normandie ne fût pas, et ne pût être séparé de la couronne, mais, au contraire, lui fût « conjoint inséparablement ». Ils invoquaient le serment du Sacre et le danger d'un démembrement du royaume et demandaient au roi d'inviter « Monsieur Charles » à renoncer à ses projets. Ils rappelaient que, jadis, Charles V versait à ses fils une rente annuelle de 12000 livres. Ils consentaient à ce que le frère du roi reçût cependant 60000 livres. Dans le cas où l'on envisagerait de lui octroyer un fief, ils souhaitaient que ce fût un simple comté. Pour ce qui regardait le duc de Bretagne, ils estimaient que les villes normandes qu'il détenait encore devaient lui être enlevées. Ils condamnaient avec force la collusion de François II avec les Anglais, « chose damnable, pernicieuse et de très mauvaise conséquence, et qui n'est à permettre, à souffrir ni tolérer en aucune manière ».

Enfin, ils donnaient carte blanche au roi: « Outre plus ont conclu les États et sont fermes et déterminés, que si Monsieur Charles, le duc de Bretagne ou autres faisaient guerre au roi, notre souverain seigneur, ou qu'ils aient traité ou adhérence avec ses ennemis, que le roi doit procéder contre eux, comme il est raison et justice, et selon les anciens statuts et ordonnances du royaume, et faire un tel cas pour la tranquillité et la sûreté du royaume. »

Ils consentaient, point capital, à ce que le roi, « sans attendre une autre assemblée, ni congrégation des États, qui ne se peuvent aisément réunir, y puisse faire tout ce que la justice ordonne ». Et ils s'engageaient solennellement à « servir et aider le roi touchant ces matières et en cela à lui obéir de tout leur pouvoir et puissance, à vivre et mourir avec lui en cette querelle ».

La royauté faisait un pas de plus vers l'absolutisme. Mais les députés n'avaient en tête que l'offense faite au roi, la trahison des féodaux, et l'intégrité du royaume. Louis XI venait de renouer l'alliance fondamentale du monarque et de son peuple. Il ne put que remercier les États avec une parfaite bonne grâce, et répondre aux remontrances que l'on avait formulées. Il déclara n'avoir d'autre désir que de restaurer la justice et de mettre fin aux exactions de ses officiers. Il consentait bénignement à ce que l'on nommât une commission pour obvier à ses inconvénients. Les députés se déclarèrent satisfaits. Louis XI s'empressa de notifier leur décision à son frère, aux ducs de Bourgogne et de Bretagne. Désormais, il était sûr de s'exprimer au nom de la nation entière. Ce pouvoir que les féodaux lui contestaient, les députés venaient de l'accroître !

Les États de 1468 ont fait couler beaucoup d'encre. Ils ont donné lieu à des extrapolations hasardeuses. La réalité est celle-ci : les députés de Tours redoutaient une nouvelle guerre de Cent Ans ; ils faisaient confiance au roi et préféraient sa poigne de fer à l'anarchie. D'une certaine manière, Louis avait fait son choix : il serait le roi du Tiers État et de la petite noblesse, non le premier des grands seigneurs.

IX

L'ENTREVUE DE PÉRONNE

Le mariage du Téméraire avec Marguerite d'York fut célébré à Bruges, le 3 juillet 1468. Charles de Bourgogne n'épousait point de gaieté de cœur ; il cédait à la raison d'État, ou plutôt à ses appétits de vengeance et à son ambition. Néanmoins il en profita pour étaler sa magnificence. Ce fut un tourbillon de cortèges somptueux, de festins extravagants, de pas d'armes où brillaient tous les émaux, toutes les figures de l'héraldique, de joutes monstrueuses, de représentations théâtrales, de fêtes populaires. Jamais les ducs de Bourgogne n'avaient agi avec une pareille ostentation, manifesté aussi ouvertement leur toute-puissance, ni prodigué pareillement leur richesse : même le défunt Philippe le Bon lors du Vœu du Faisan ! Et jamais non plus nos vieux chroniqueurs ne dépassèrent la prolixité d'Olivier de La Marche relatant ces prodigieuses journées. Il est vrai que La Marche évoquait alors ses souvenirs et que la nostalgie des grandeurs évanouies tenait sa plume ! Le Téméraire voulait-il séduire Marguerite d'York ? Nullement. Mais, n'étant pas roi, il voulait faire mieux que les rois, proclamer de la sorte qu'il était leur égal. Il voulait aussi éblouir ses invités, les persuader de sa grandeur présente et future, car, d'ores et déjà, il reprenait à son compte le vieux rêve lotharingien. Le feu duc était animé d'une vanité sans bornes. Chez le Téméraire, l'orgueil prédominait. L'un aimait les divertissements ; l'autre les fuyait, hormis quand ils pouvaient servir sa politique. Tel était le cas pour ces fêtes de Bruges. Il les voulut uniques dans les annales de Bourgogne. Il en surveilla le moindre détail. Mais, dans le même temps, l'hypocondrie gâtait son plaisir. « Il n'y avait nul, écrit Chastellain, ni médecin ni autre qui pût jamais remettre le duc en joie ni en paix de cœur. » D'étranges prémonitions traversaient, par périodes, cet esprit incertain. Il n'était heureux que dans l'action. On disait que, pendant son exil à Gorcum, il aimait affronter la tempête sur un frêle esquif. Que voulait-il prouver ? Quelle image héroïque entendait-il donner de sa personne ? Et, sinon, ne cherchait-il pas à se leurrer lui-même ? Cette mort qu'il défiait par jeu, au fond il la craignait. La brièveté de la vie lui était insupportable. Ses familiers savaient que, parfois, sa volonté vacillait, si ce n'était son équilibre nerveux. Par ailleurs, de même que son père, il avait les qualités et les défauts des féodaux de son époque. La chevalerie cohabitait en lui avec l'esprit d'intrigue ; la générosité avec la perfidie. Il était à la fois cynique et irréaliste, marqué par les chimères de la Table ronde, mainteneur d'une façon d'être, de traditions révolues. Prince de la Renaissance, homme du passé, sa nature contradictoire l'inclinait à la cruauté. Plein de défiance, il recherchait la solitude du pouvoir ; il en sentait la vanité et elle l'oppressait. Méprisant ses peuples, il préférait être haï qu'aimé. Il convoitait une couronne, mais rêvait d'égaler les exploits d'Alexandre le Grand et de César.

Comparé à ce prince, le prosaïsme de Louis XI prêtait à sourire. Le roi de France n'avait pas à chercher ses modèles dans l'Antiquité. Il descendait des Capétiens. Il lui suffisait de suivre la voie qu'ils avaient tracée, siècle après siècle, depuis Hugues Capet ! Pour lui, le mariage du Téméraire avec la sœur d'Édouard IV était un échec et un péril. Il profita des fêtes de Bruges pour attaquer le duc de Bretagne, agissant en somme par délégation des États généraux de Tours. Il s'empara de Champtocé et d'Ancenis. Pris de panique, François II demanda la paix. Par le traité d'Ancenis (10 septembre 1468), il s'engageait à rompre ses alliances avec le duc de Bourgogne et le roi d'Angleterre. Quant à Charles de France, son protégé, il aurait une pension de 60000 livres (limite fixée par les États de Tours) en attendant de recevoir un apanage. La Ligue du Bien public se réduisait désormais au seul duc de Bourgogne.

Quand le Téméraire prit connaissance du traité, il eut une telle crise de fureur qu'il faillit tuer le héraut, l'accusant de mensonge et de trahison! Il ne pouvait croire que le duc de Bretagne l'ait abandonné si vite. Il avait déjà massé ses troupes sur la frontière de Picardie, dans le but de le secourir. On pouvait croire qu'il attaquerait la France à bref délai. Les royaux avaient fait mouvement sous le commandement de Chabannes, bientôt rejoint par Louis XI. La confusion régnait chez les Bourguignons. Il était tentant d'en tirer profit. Louis XI préférait négocier. Il offrit 120000 écus d'or au Téméraire pour le défrayer, et l'amadouer! On échangea des messages secrets. Le roi désirait rencontrer le Téméraire. Il était certain de le convaincre et ne se souvenait que trop du siège de Paris, de l'entretien privé qui avait mis fin à la guerre du Bien public. Il oubliait simplement qu'à cette époque le Téméraire n'était que le lieutenant de Philippe le Bon, non encore duc de Bourgogne! Désormais, Charles n'avait de comptes à rendre qu'à Dieu! Certains conseillers, flairant un piège, s'efforçaient de retenir le roi. Ce dernier ne voulait rien entendre. Il avait confiance en son habileté, en son pouvoir de séduction. Il envoya au camp du Téméraire le cardinal La Balue et Tanguy du Chastel pour préparer l'entrevue. Le duc de Bourgogne se laissa convaincre. « C'est grand'folie à un prince, écrit Commynes, de se soumettre à la puissance d'un autre, spécialement quand ils sont en guerre... » Mais Louis XI croyait avoir pris ses sûretés; il s'était fait délivrer un sauf-conduit en bonne et due forme par le Téméraire: « Je vous jure et promets, par ma foi et sur mon honneur, que vous pourrez vous en retourner... sans qu'aucun empêchement de ce faire vous soit donné et à nul de vos gens, par moi ni par un autre, pour quelque cas que ce soit ou puisse advenir. » Un si grand prince ne pouvait violer un tel engagement, à moins de forfaire à l'honneur et de perdre sa réputation! D'ailleurs, en 1465, sur les rives de la Seine, Charles avait tenu parole et, plus tard, dans la bastille, le roi lui avait fait même courtoisie. Mais, en 1468, Charles n'encourait plus le blâme de son père. Pourtant le sauf-conduit rédigé de sa main portait la mention: « Votre très respectueux et obéissant serviteur... » Était-ce une simple formule de politesse? Venant d'un prince qui avait refusé l'hommage pour le duché de Bourgogne, affirmant ainsi son indépendance, elle pouvait surprendre. Louis XI l'interpréta comme un signe favorable. Bref, il tenait à cette rencontre; il en attendait merveille et se moquait des réticences des siens. Feignant d'aller à la chasse, il s'en fut au château de Ham qui appartenait au connétable de Saint-Pol, et de là à Péronne. Il emmenait avec lui La Balue, depuis peu cardinal, le duc de Bourbon et son frère le connétable, Olivier Le Daim et divers autres seigneurs. Saint-Pol était de méchante humeur. L'entrevue le gênait. Commynes: « Car pour lors le cœur lui était crû, et ne se trouvait pas humble envers ledit duc comme autrefois: et pour cette cause n'y avait nul amour entre les deux. » Ce qui signifiait qu'en sa qualité de connétable de France, Saint-Pol était devenu suspect aux yeux du Téméraire et n'entendait point être traité en subalterne par celui-ci.

Le duc et sa suite vinrent au-devant du roi. On se fit de grandes démonstrations d'amitié. Comme à l'accoutumée, Louis était tout sourire et Charles multipliait les prévenances. On eût dit deux parents heureux de se retrouver. Le roi plaisantait en entrant dans la ville. Le duc avait fait aménager un logement à son intention, dans la plus belle des maisons, car le château était exigu et passablement délabré. Le roi se confondait en remerciements... Il s'arrêta net. Une troupe arrivait à Péronne, ayant à sa tête trois capitaines qu'il ne connaissait que trop: Philippe de Bresse, Antoine du Lau et Poncet de La Rivière. Pendant son séjour en Dauphiné, Louis avait retenu Philippe en prison. Antoine du Lau s'était évadé de prison. Poncet de La Rivière avait, on s'en souvient, commandé les archers de l'avant-garde à Montlhéry, mais il avait retourné sa veste. Les trois compères s'étaient mis au service du duc de Bourgogne. On expliqua au roi qu'il s'agissait d'une pure coïncidence, et non d'un guet-apens: ces capitaines avaient reçu l'ordre de se rendre à Péronne avant que l'entrevue ne fût décidée. Peu rassuré, Louis demanda à être logé au château, malgré l'inconfort de cette bâtisse.

Le lendemain, 10 octobre, les entretiens commencèrent. Ils se poursuivirent les jours suivants. Le roi voulait que Charles rompît son alliance avec Édouard IV. Charles exigeait que le frère de Louis reçût la Champagne en apanage, puisqu'il renonçait à la Normandie. Ni les boutades, ni les sourires du roi, ni ses cadeaux, ni ses talents de négociateur, ni ses dons de persuasion ne parvenaient à désarmer le Téméraire. Les bons mots de Louis le déridaient brièvement, mais il ne se laissait pas entamer. Louis XI était un parleur infatigable. Il croyait user son partenaire, mais le duc ne démordait pas de ses positions. Sa nature taciturne le disposait modérément à goûter les débordements verbaux. Au contraire, ils augmentaient sa défiance. De leur côté, les conseillers des deux princes menaient aussi leurs débats. Au bout de deux jours, on parvint à un accord de principe : en cas de conflit avec l'Angleterre, le duc de Bourgogne resterait neutre. Ce n'était qu'un demi-succès, mais Louis parut s'en contenter. Privé de l'aide bourguignonne, Édouard IV n'oserait pas tenter une descente en France. En dépit de sa répugnance, le roi promettait d'octroyer la Champagne à son frère. Immanquablement ce dernier tomberait sous la coupe du Téméraire. Il restait quelques détails à régler, quand éclata le drame.

Des messagers apprirent au duc que les Liégeois s'étaient à nouveau révoltés ; qu'ils avaient assassiné leur évêque, Louis de Bourbon, et leur gouverneur Humbercourt, massacré leurs serviteurs, aux cris de « Vive le Roi ». Des agents de Louis XI avaient été reconnus ; ils avaient fomenté la rébellion. Fou de rage, le Téméraire accusa le roi d'être venu à Péronne pour mieux le duper. Les portes de la ville furent fermées. Des archers entourèrent le château. Louis XI était prisonnier, pris à son propre piège ! On tenta de le rassurer en lui déclarant qu'une cassette de bijoux avait été dérobée, d'où le renforcement de la garde et la clôture des portes. Mais Louis n'avait aucune illusion. Pour autant il ne perdit pas son sang-froid. Il nia énergiquement sa prétendue collusion avec les Liégeois. Il proposa même d'aider son hôte à réprimer leur révolte, comme preuve de sa bonne foi. A tout hasard et parce qu'il connaissait les hommes, il remit 15000 florins au cardinal La Balue et le chargea de les distribuer à bon escient. Selon Commynes, La Balue en conserva la plus grande partie.

Ici, faut-il l'avouer, l'historien se heurte à un épais mystère. La révolte des Liégeois avait éclaté le jour même de l'entrée du roi à Péronne. De son côté, le duc de Bourgogne n'ignorait point que les Liégeois avaient le soutien du roi de France, ainsi que les Gantois. Dès son avènement, il avait du mater les tentatives de rébellion de ces deux cités. Les agissements des émissaires royaux lui étaient donc connus. Le comportement des Liégeois laissait prévoir des troubles imminents. Pourtant le duc avait accepté de rencontrer Louis XI et il avait rédigé le sauf-conduit que l'on sait. Qui trompait l'autre ? Mais, eu égard au caractère de Charles, il paraît peu probable qu'il ait attiré le roi dans un guet-apens. Est-ce à dire que Louis XI connaissait la date de l'insurrection liégeoise ? Commynes a la naïveté d'écrire : « Le roi, en venant à Péronne, ne s'était avisé qu'il avait envoyé deux ambassadeurs à Liège... » Comment admettre que l'universelle araigne ait oublié cette mission ? La seule explication plausible reste que les rebelles liégeois agirent prématurément. En se rendant à Péronne, le roi ne croyait pas que l'explosion se produirait aussi vite. Sinon, eût-il montré tant d'insistance à rencontrer Charles ? Ce manque de prévision pouvait lui coûter cher. Car enfin il était entre les griffes de son pire ennemi, par surcroît un impulsif, animé parfois d'une cruauté confinant au sadisme !

Commynes était chambellan du Téméraire et, semble-t-il, fort apprécié par son maître. Couchant dans sa chambre, il fut le témoin de sa colère ; il l'entendit proférer les pires menaces à l'égard du roi. Commynes avait alors vingt-trois ans. Quand on lit sa relation des événements de Péronne, on aperçoit fort bien qu'il était à la fois acteur et témoin ; qu'il observait avec passion le comportement incohérent du Téméraire, et qu'il le jugeait à sa valeur. On incline même à penser qu'entre Louis XI et Charles il avait déjà choisi. Assurément le Grand Duc d'Occident ne pouvait que décevoir ce jeune ambitieux. Il se montrait tel qu'en lui-même, dans sa triste vérité. S'il avait eu l'envergure d'un homme d'État, il eût merveilleusement exploité la situation. Mais il se révélait incapable de maîtriser ses nerfs et de réfléchir posément. Parvenait-on à le calmer, la colère opérait en lui des mouvements de ressac et il retombait dans son délire. La première journée fut la plus difficile pour ses conseillers. Il hurlait que le roi n'était venu à Péronne que pour le trahir, sachant que l'évêque et le gouverneur de Liège avaient été tués à son instigation. « Je crois véritablement, écrit Commynes, que si à cette heure il eût trouvé ceux à qui il s'adressait prêts à le conforter ou conseiller de faire au roi une très mauvaise compagnie, il eût été ainsi fait, et, pour le moins, eût été mis en cette grosse tour. Il n'y avait avec moi que deux valets de chambre, dont l'un appelé Charles de Visen, natif de Dijon, homme honnête et qui avait grand crédit auprès de son maître. Nous n'aigrîmes rien, mais adoucîmes à notre pouvoir. » Cette fois, le roi prit peur. « Il se voyait logé rasibus d'une grosse tour, où un comte de Vermandois fit mourir un sien prédécesseur roi de France. »

Par la ville, ce n'étaient qu'effroi et murmures. Certains jugeaient Louis XI perdu. Il était trop bien gardé pour tenter de s'échapper et les siens ne pouvaient en aucune façon le délivrer. De fait, sa vie ne tenait qu'à un fil. La moindre erreur pouvait le perdre. Il redoutait surtout Philippe de Bresse et ses deux compères.

Le second jour, la colère de Charles se refroidit. Il daigna réunir un conseil. Plusieurs thèses furent avancées et, par chance pour Louis XI, aucune ne prévalut. Les uns (sans doute Commynes et ses amis) proposaient simplement d'imposer au roi les conditions voulues par le duc, en d'autres termes de signer le traité en préparation. On se récria sur cette modération. D'autres, pensant complaire au duc, voulaient qu'on arrêtât le roi « rudement, sans cérémonie ». D'autres estimaient nécessaire de faire venir Charles de France et de négocier avec lui « une paix bien avantageuse pour tous les princes de France ». Quant à Louis XI, on le tiendrait en prison étroite, car un si grand prince ne pardonnerait jamais une pareille offense. Le Téméraire opta pour la dernière solution. Déjà, un chevaucheur s'apprêtait à partir. Il n'attendait plus que les lettres pour la Bretagne. Mais le duc se ravisa. Quelqu'un lui rappela sans doute qu'il avait délivré un sauf-conduit au roi. Allait-il, quelle que fût la faute de celui-ci, forfaire à l'honneur ? Oubliait-il qu'il était Grand Maître de la Toison d'Or et, comme tel, n'avait pas le droit d'enfreindre le code chevaleresque ? Le duc plaçait son honneur au-dessus de son ambition. Il renvoya le chevaucheur.

Sur ces entrefaites, d'autres messagers arrivèrent de Liège. L'évêque et le gouverneur étaient vivants. C'était un quarteron de chanoines, parmi les plus malfaisants, que la populace avait assassinés et coupés en morceaux ! Louis XI apprit, de façon ou d'autre, — mais les florins du cardinal produisaient peut-être leur effet — qu'il échapperait au pire. Il se prit à regretter d'avoir offert au duc de l'aider à châtier les Liégeois. Il proposa de livrer des otages (le connétable, le duc de Bourbon et son frère). Après la signature du traité, il se retirerait à Compiègne et, bien entendu, se déclarerait contre les rebelles.

Nouvelle crise de fureur du Téméraire ! Il vit dans cette proposition une nouvelle tromperie. Il imagina qu'une fois à l'abri le roi renierait sa promesse. Cette nuit-là, qui était la troisième, fut pour lui une « tempête sous un crâne ». Il ne se déhabilla pas et marcha de long en large dans sa chambre, « car telle était sa façon quand il était troublé. » Commynes marchait avec lui. Il laissa la colère ducale s'exténuer. Puis il essaya de raisonner. Soudain, le Téméraire déclara que, si le roi signait le traité et venait à Liège, il le tiendrait quitte. Dans le cas contraire, il s'exposerait à un grand péril : « Nul plus grand ne lui pourrait advenir. »

« Le roi eut quelque ami qui l'en avertit, l'assurant de n'avoir nul mal, s'il accordait ces deux points. » La discrétion de Commynes est admirable ! Car enfin, ce bienveillant ami n'était autre que lui-même : il n'y a là-dessus aucun doute. Louis XI retint la leçon. Nul n'a raconté comment il passa le reste de la nuit. Il ne dut pas mieux dormir que son adversaire, n'étant rasséréné qu'en partie. Connaissant l'esprit inquiet du Téméraire, il pouvait craindre un brusque revirement. Jamais un roi de France ne s'était trouvé dans une situation aussi tragique. Mais il ne pouvait s'en prendre qu'à lui-même. Seul parmi ses conseillers, La Balue s'était montré partisan de l'entrevue.

Le lendemain, 14 octobre, quand « le duc arriva en sa présence, la voix lui tremblait, tant il était ému et prêt à se courroucer. Il fit humble contenance de corps, mais son geste et sa parole étaient âpres ». Il demanda à Louis s'il consentait à signer le traité tel qu'il avait été préparé et à l'accompagner à Liège. Le roi, sans se départir de son calme, répondit affirmativement. Il exprima même sa satisfaction de participer à l'expédition contre les rebelles. Ces paroles apaisèrent le duc. Aussitôt, le traité fut apporté, ainsi qu'une relique tirée des coffres de Louis : et c'était la croix dite de Charlemagne ou Croix des Victoires. Ils jurèrent l'un et l'autre de respecter le traité, cependant que les cloches de Péronne sonnaient pour célébrer la paix.

« Autrefois, ajoute malicieusement Commynes, il a plu au roi me faire cet honneur de dire que j'avais bien servi à cette pacification » et... au salut de Louis XI ! Or ce dernier n'oubliait ni les bienfaits ni les trahisons. Le duc de Bourgogne s'empressa d'envoyer le double du traité à François II, en spécifiant qu'il lui conservait son appui et qu'il avait obtenu pour Charles de France la Champagne en échange de la Normandie.

Déjà le maréchal de Bourgogne se dirigeait vers Liège avec une partie des troupes. Le reste suivit avec le duc de Bourgogne flanqué du roi de France et de sa garde écossaise. Le 27 octobre, on arriva en vue de la cité rebelle. Lors de la précédente révolte, ses remparts avaient été rasés en grande partie.

Elle ne pourrait soutenir un long siège, et d'autant moins que le maréchal de Bourgogne avait déjà battu la milice. Il ne s'agissait pas pour le Téméraire d'accomplir un exploit militaire, mais d'exterminer ce peuple de bourgeois et d'ouvriers. Les défenseurs étaient si peu nombreux, la besogne paraissait si facile que des capitaines proposèrent au duc de licencier la moitié des troupes. Le duc n'en tint pas compte. Il se méfiait de Louis XI et de sa garde. Il faillit pourtant perdre la vie dans cette entreprise. Une nuit, les pauvres habitants de Liège, jouant leur dernière carte, assaillirent le logement du Téméraire et du roi. N'eût été la garde écossaise, tous deux périssaient ou se faisaient prendre. Le duc voulut ordonner l'assaut. Le roi lui conseilla d'attendre. Le duc lui reprocha de vouloir sauver les rebelles. Louis répondit qu'il serait au rendez-vous. Il y fut avec ses Écossais et trois cents Français qu'il avait fait venir de Picardie : tous arboraient l'insigne bourguignon, qui était la croix de Saint-André. Les défenseurs étaient épuisés ; ils n'opposèrent qu'une faible résistance. Le massacre et le pillage commencèrent. Ils durèrent trois journées. Rien ne fut épargné, pas même les églises. La vengeance de Charles était dévastatrice. C'était un ouragan qui s'abattait sur la malheureuse ville. Ensuite, on incendia les maisons. Toute honte bue, Louis XI assistait à cette exécution. Il affectait de s'en réjouir et ne ménageait pas ses compliments « au vainqueur ».

Les habitants qui avaient échappé au glaive et à la noyade, fuyaient vers la forêt d'Ardenne, avec leurs femmes et leurs enfants, par un vent glacial. Au loin, Liège brûlait. De lourds flocons noircissaient le ciel d'hiver. Combien périrent de faim et de froid ! Commynes raconte qu'il gelait si fort que plusieurs de ses compagnons perdirent qui un doigt, qui un pied, et qu'il fallait casser le vin à coups de maillet.

Le duc de Bourgogne exultait. La destruction de Liège, succédant à celle de Dinant, frappait les Flandres de terreur. De longtemps, leurs arrogantes cités n'oseraient lui désobéir. Il était désormais le maître. Louis partageait ce sentiment. Tant de compréhension incitait le duc à lui rendre sa liberté. Au moment de prendre congé et le voyant dans d'aussi bonnes dispositions, le roi lui demanda en souriant :

— « Si d'aventure mon frère, qui est en Bretagne, ne se contentait pas dudit partage que je lui baille pour l'amour de vous, que voudriez-vous que je fisse ? »

Le duc répondit, comme sans y penser :

— « S'il ne veut le prendre, mais que vous fassiez qu'il soit content, je m'en rapporte à vous. »

Il pouvait en effet s'en rapporter à Louis XI pour l'octroi de la Champagne à Charles de France !

TROISIÈME PARTIE

LE PROFIT ET L'HONNEUR

1468-1477

Car, à la fin du compte, qui en aura le profit, en aura l'honneur.

Commynes

I

CHARLES LE TÉMÉRAIRE

Philippe de Commynes et l'évêque Thomas Basin connurent tous deux Charles de Bourgogne. Tous deux ont pris la peine de le portraiturer et se sont essayés à définir sa personnalité. Il est passionnant de comparer ces deux portraits, au moment même où s'amorce le duel entre la Maison de France et celle de Bourgogne, duel dont le Téméraire vient de remporter la première manche à Péronne et qui, par la suite, s'étendra à toute l'Europe.

Basin: « C'était un homme de taille moyenne, au corps robuste et vigoureux, très endurant à la fatigue et aux privations, ainsi qu'il le montra souvent au cours des campagnes et des travaux de siège, dans lesquels il put résister aux mois d'hiver et aux températures les plus basses. Il était coiffé de cheveux noirs, assortis aux poils de son visage, et dont la couleur tirait vers celle qui est habituellement chez les Portugais, dont il était issu du côté maternel. Il avait l'âme haute et fière. Que n'a-t-il pu tempérer cette grandeur d'âme en usant des conseils de la modération et de la prudence ! Mais comme il arrive souvent chez les princes, il se fiait à son seul jugement... Cette disposition d'esprit fut assurément cause de sa perte... Au commencement de son règne, après la mort de son père, il se montra assez modéré et digne de gouverner... Sur ses terres de Picardie et de Flandre, il modéra et réprima la désastreuse habitude des guerres civiles entre deux ou plusieurs familles. Il ne permit pas à un noble quelconque (comme c'était la coutume un peu partout) d'user de la voie de fait à l'égard d'une autre personne, quelle qu'elle fût et même de condition inférieure. Il tenait alors sa cour en public, dans son palais, deux ou trois fois par semaine ; tous les grands de son entourage et les nobles de sa Maison étaient tenus d'y siéger et à tous, quels qu'ils fussent et d'où qu'ils vinssent, était accordée la permission d'approcher le prince et de lui remettre leurs placets, auxquels il faisait séance tenante donner sa réponse écrite par son chancelier ou par un membre de son conseil se trouvant dans le voisinage.

Ses mœurs étaient douces et honnêtes. On le disait si chaste qu'il se refusait à connaître ou même à désirer d'autres femmes que la sienne, ce dont certains, par différentes voies, lui faisaient un crime, par malignité ou par haine, par légèreté en tout cas plutôt que par amour de la vérité. Il y avait, en effet, dans son entourage plusieurs personnes auxquelles ne plaisait guère cette continence qu'on lui attribuait communément ; elles se seraient montrées plus volontiers ministres de ses plaisirs et de ses débauches, dans l'espoir de gagner, au moyen de tels services, des profits et de l'argent (comme il est accoutumé auprès de beaucoup de princes et de monarques), si elles l'avaient reconnu lascif, lubrique et amateur passionné de femmes.

Pour ce qui est de la religion, il y était assez adonné. Il aimait les bons chantres, comme l'avait fait son père ; aussi eut-il toujours une chapelle bien tenue et même magnifique ; il se plaisait à chanter avec les chantres, et même parfois chantait en privé.

En fait de boisson et de nourriture, il était sobre et tempérant ; on peut donc dire que, s'il avait continué comme il avait commencé, on aurait pu à bon droit lui faire une place parmi les meilleurs princes. Or, comme le dit Virgile, l'homme ne connaît pas son destin ; il ne sait pas, dans la prospérité, conserver la mesure. Il lui prit un tel orgueil qu'il en vint à ne ménager, estimer ou craindre personne. Tant et si bien que, si c'était pour lui peu de chose que d'avoir le seul roi pour ennemi acharné, il poussa et força à devenir ses adversaires les plus farouches, contre leur gré (car ils auraient refusé, s'ils l'avaient pu, d'être contre lui) toute l'Allemagne et ses princes, et même les Suisses, particulièrement versés dans l'art de la guerre, et qui tous, peu auparavant, étaient ses amis ou lui étaient favorables.

Quant à son courage, il n'y a véritablement rien qui permette de lui accorder grande louange. Car, dans presque toutes les campagnes qu'il a conduites contre ses ennemis, il n'en est guère où il ne soit rentré chez lui, soit en s'enfuyant, soit en battant en retraite non sans grand dommage pour lui et les siens... Dans toutes ses entreprises, il agit avec témérité et inconséquence, et il n'en retira rien d'autre que de la honte et des pertes presque incommensurables. De ce qui précède, il ressort qu'il lui manqua de savoir se conduire en chef habile et capable... On a pu dire qu'il avait été hardi et impitoyable à l'égard des humbles, mais non pas vaillant et courageux ».

Philippe de Commynes ne contredit pas Basin, mais il pousse l'analyse plus loin et l'affine :

« Il tâchait [s'employait] à tant de choses grandes, qu'il n'avait point le temps à vivre [assez de temps] pour les mettre à fin ; c'étaient choses presque impossibles : car la moitié de l'Europe ne l'eût su contenter. Il avait assez de hardiesse pour tout entreprendre. Sa personne pouvait assez porter [supporter] le travail qui lui était nécessaire. Il était assez puissant de gens et d'argent ; mais il n'avait point assez de sens ni de malice pour conduire ses entreprises... Qui eût pu prendre partie des conditions du roi notre maître [de Louis XI] et partie des siennes, en eût bien fait un prince parfait : car, sans nul doute, le roi en sens le passait [le dépassait en intelligence] de trop, et la fin l'a montré par ses œuvres...

Je l'ai vu grand et honorable prince, et autant estimé et requis de ses voisins, un temps a été [pendant un temps], que nul prince qui fût en chrétienté, ou d'aventure plus. Je n'ai vu nulle occasion pour laquelle il avait encouru l'ire [la colère] de Dieu, si ce n'est que de toutes les grâces et honneurs qu'il avait reçus en ce monde, il les estimait tous procédés [résultant] de son sens et de sa vertu, sans les attribuer à Dieu, comme il devait. Et, à la vérité, il avait de bonnes et vertueuses parties en lui. Nul prince ne le passa jamais de désirer nourrir grandes gens, et les tenir bien réglés. Ses bienfaits n'étaient pas fort grands, parce qu'il voulait que chacun s'en sentît. Jamais nul plus libéralement ne donna audience à ses serviteurs et sujets. Pour le temps que je l'ai connu, il n'était point cruel; mais le devint peu avant sa mort (qui était mauvais signe de longue durée[1]). Il était fort pompeux en habillements, et en toutes autres choses, et un peu trop. Il portait fort grand honneur aux ambassadeurs et gens étrangers. Ils étaient fort bien festoyés et accueillis chez lui. Il désirait grande gloire, qui était ce qui plus le mettait en ses guerres que nulle autre chose; et eut bien voulu ressembler à ces anciens princes, dont il a été tant parlé après leur mort. Il était aussi hardi qu'homme régnant de son temps...

Je serais assez de l'opinion de quelque autre que j'ai vu, c'est que Dieu donne le prince, selon qu'il veut punir ou châtier les sujets; et aux princes les sujets, ou leurs courages disposés envers lui, selon qu'il les veut élever ou abaisser. Et ainsi sur cette maison de Bourgogne a fait tout égal; car, après leur longue félicité et grandes richesses, et trois grands princes bons et sages précédant celui-ci, qui avaient duré six vingt ans [120 ans] et plus en bon sens et vertu, il leur donna ce duc Charles, qui continuellement les tint en grande guerre, travail et dépense, et presque autant en temps d'hiver que d'été, tant que beaucoup de gens, riches et aisés, furent morts et détruits par prisons en ces guerres ».

Évoquant les temps de félicité et la splendeur de l'État bourguignon, il ajoute, non sans nostalgie :

« ... Je crois avoir vu et connu la meilleure part de l'Europe; toutefois n'ai-je connu nulle seigneurie, ni pays, tant pour tant, ni de beaucoup plus grande étendue encore, qui fût tant abondant en richesses, en meubles et en édifices, et aussi en toutes prodigalités, dépenses, festoiements, chère, comme je les ai vus, pour le temps que j'y étais. Et il semble à quelqu'un, qui n'y a point été pour le temps que je dis, que j'en dis trop; d'autres, qui y étaient comme moi, par aventure diront que j'en dis peu ».

Charles avait trente-trois ans quand il accéda au pouvoir et cessa d'être comte de Charolais, pour devenir duc de Bourgogne, de Brabant, de Limbourg et de Luxembourg, comte de Flandre, d'Artois, de Bourgogne [la Franche-Comté], de Hainaut, de Hollande, de Zélande et Namur, margraf du Saint-Empire romain germanique, seigneur de Frise et de Malines. Il héritait en outre des collections de son père (vaisselle d'or et d'argent, statues, tableaux, tapisseries, meubles) estimées à

1. En réalité, signe de mort prématurée.

deux millions de florins. Philippe le Bon avait attiré les meilleurs artistes, les artisans les plus réputés. Il avait été un esthète et un mécène fastueux. Charles était surtout musicien, aimant à jouer de la harpe et, dit-on, composant lui-même. Il n'avait ni la taille, ni la sveltesse, ni l'allure majestueuse, ni l'élégance innée de son père. Il était assez petit et râblé, robuste et musculeux, avec les cheveux de jais et le teint olivâtre de sa mère, Isabelle de Portugal. Son regard était indéfinissable, tantôt empreint de dureté et tantôt voilé de mélancolie : la teinte de ses yeux varie d'un tableau à l'autre. Il en est de même de l'expression, tantôt impérieuse, tantôt agressive et tantôt pleine de rêve. On sent que ce visage au nez presque droit, aux lèvres charnues, aux pupilles trop rapprochées, est celui d'un être inquiet. On perçoit bien qu'une pensée intérieure l'habite, mais qui n'est peut-être qu'une interrogation constante, que la recherche de son propre secret. C'est un visage étonnamment triste. Jamais le Téméraire ne goûta au bonheur. Il ne s'en donna pas le temps !

Son père avait été un bon vivant, un homme de plaisirs tenant à sa réputation paillarde. Le Téméraire était chaste. Il ne s'intéressait pas aux femmes. Peut-être avait-il quelque tare physique dont il se cachait. Sa première femme, Catherine de France, fille de Charles VII, l'avait laissé veuf à treize ans. On l'avait remarié en 1454 à sa cousine Isabelle de Bourbon. Il l'avait adorée. Elle lui avait donné un seul enfant : cette Marguerite de Bourgogne, qui devait devenir la plus riche héritière d'Europe. Isabelle était morte en 1465. Il venait d'épouser en troisièmes noces la très belle Marguerite d'York. Sa vie sentimentale s'arrêtait là, en dépit de la licence qui était de mode dans les cours princières.

Ce n'était pas un mystique, encore qu'on lui eût prêté l'intention de se faire moine, mais l'humilité lui manquait par trop. Il se croyait différent du commun des mortels, pétri d'une autre pâte. Cette présomption s'alliait, curieusement, à la certitude que la grandeur était la pire des vanités. Il était instruit et doué d'une bonne mémoire. Il avait appris le flamand, bien que l'on parlât français à la cour de Bourgogne. Il savait l'anglais et un peu d'italien. Il connaissait fort bien les lois et les coutumes de ses peuples. Il aimait la lecture, avec une dilection pour les récits de l'Antiquité et pour la littérature chevaleresque. La Quête du Saint-Graal, les exploits du roi Artus et de ses guerriers, la Geste de Charlemagne et de ses preux, l'enchantaient. A peine sorti de l'adolescence, il s'était engoué des tournois. Il y prenait part, non point comme un prince pour y briller, mais pour y acquérir une vraie renommée, à l'instar des chevaliers errants dont c'était en somme le gagne-pain. Guillaume le Maréchal, jadis régent d'Angleterre, avait commencé ainsi et, plus tard, le fameux Jacques de Lalaing avait passé sa vie de la sorte, allant d'une cour à l'autre, lançant de ridicules défis, galant et désuet. Charles admirait ces hommes d'un autre temps. Il les imitait de son mieux et combattait avec une âpreté que son père admirait, quand il aurait dû s'en alarmer. Mais Philippe le Bon était lui-même entiché de chevalerie. Peu à peu, son fils s'était forgé une morale personnelle, un code secret : accepter le défi quel que fût le risque, ne jamais reculer, ne jamais accepter une défaite, ne songer qu'à la gloire, s'efforcer d'égaler les héros, de les dépasser... Mais il avait un État à conduire, un pouvoir difficile à gérer, un dessein grandiose à accomplir !

« Il était actif, dit Chastellain, laborieux par trop et plus qu'il ne seyait à un tel prince ; soir et matin toujours en conseil ; toujours en soin d'aucuns grands cas [de grandes questions], ou en finances, ou en fait de guerre, ou en provision de bien public ». Dans les dernières années de sa vie, son père s'était déchargé du gouvernement sur les de Croy, ses favoris, et sur ses conseillers. La reprise en main des affaires par son successeur fut immédiate et radicale. Comme Louis XI, il voulait réformer son administration et sa justice, procurer un nouvel essor à l'économie flamande. Il prétendait même unifier les législations propres à ses différents États et centraliser le pouvoir, à l'imitation des rois de France. Les idées ne lui manquaient pas, ni l'application, mais il agissait parfois sans discernement et ne daignait point préparer l'opinion à accepter de bon gré ses réformes.

Il est possible qu'à Genappe le futur Louis XI l'ait influencé. Il était son aîné de dix ans. Peut-être Charles l'admirait-il d'oser résister au plus grand roi du monde. Mais on se demande comment ils purent devenir amis, fût-ce momentanément. Tout les séparait. Louis XI méprisait précisément ce que Charles révérait ; sans doute n'en laissait-il rien paraître et feignait-il de partager les lubies chevaleresques du jeune homme. Depuis lors, Charles avait appris à le connaître. Il haïssait sa duplicité, encore que lui-même ne brillât pas par la franchise. Après Montlhéry, il s'était mis à le détester, tout en admirant en secret son ingéniosité. Depuis l'entrevue de

Péronne et la punition de Liège, il le méprisait. Il regrettait que son père n'ait pas osé donner la Toison d'Or à son protégé. Il l'eût chassé de l'Ordre, comme un chevalier perdu d'honneur ! Pourtant il se disait que Louis XI ne lui pardonnerait jamais l'humiliation qu'il lui avait infligée. Ce qu'il ne pouvait concevoir, c'est que Louis XI aurait oublié Péronne et Liège, s'il y avait eu intérêt. L'idée ne lui vint pas de tenter une réconciliation, qui lui eût peut-être permis de réaliser ses desseins. Son âme violente et sombre le portait à croire que l'un des deux adversaires devait inexorablement disparaître. Résolu à vaincre, par n'importe quels moyens, il acceptait par avance le sort que la Fortune lui réservait ; l'espérance ne venait point éclairer ce fatalisme.

Même dualité dans son attitude envers ceux qui le servaient. Il les aimait d'un cœur sincère, mais entrait en fureur dès qu'ils s'opposaient à sa volonté ou tardaient à exécuter ses ordres. Ses colères étaient dangereuses. Il avait beau mouiller son vin, suivre un régime sévère, dépenser son surcroît de forces dans les exercices violents, il ne parvenait pas à se maîtriser. Tout obstacle lui était intolérable. Mais il y avait plus grave, et c'était son entêtement, ou plutôt un acharnement frisant le délire.

Tel était l'homme qui allait affronter le génie flexible de Louis XI, pour finalement se briser contre une volonté plus forte et plus constante que la sienne. Mais ce duel allait durer dix ans et revêtir les formes les plus inattendues.

II

MONSEIGNEUR DE GUYENNE

Alors qu'il était encore à Péronne, Louis XI avait écrit à Chabannes commandant l'armée de Picardie : « Je ne vais en ce voyage de Liège par contrainte nulle ». Les messages qui suivirent étaient de la même encre. Le roi rassurait ses amis et donnait le change. Il souffrait cruellement d'accompagner le Téméraire dans son expédition punitive, encore plus d'être le témoin des horribles représailles infligées à une ville où il était aimé, presque révéré. Il avait sauvé sa vie, mais entaché son honneur de roi. Ses sourires, ses compliments aux Bourguignons, sa fausse gaieté lui coûtaient au-delà du possible, mais c'était un maître dans l'art de dissimuler ses sentiments : tout le contraire de Charles de Bourgogne ! Pourtant il lui fallait ne pas perdre l'estime du peuple français. Il présenta donc la triste paix de Péronne comme un succès personnel et le voyage à Liège comme une partie de plaisir. On lit en effet dans la chronique de Jean de Troye ces lignes stupéfiantes :

« En faisant laquelle paix, le roi lui (au duc de Bourgogne) confirma le traité d'Arras et plusieurs autres choses, ainsi que depuis le roi le manda et fit savoir aux nobles, gens d'Église, à sa cour de Parlement et autre populaire de sa ville de Paris, qui, pour cette cause et par son ordonnance, FIRENT PROCESSIONS GÉNÉRALES, CHANTANT AUX ÉGLISES TE DEUM LAUDAMUS ET AUTRES LOUANGES A DIEU. Les feux furent faits parmi les rues, et tables dressées, donnant à boire à tout venant et plusieurs autres grandes joies en furent faites en la ville de Paris ».

Mais la destruction de Liège, les « merveilleuses cruautés et inhumanités » du duc de Bourgogne ne tardèrent pas à être connues, non plus que la honte du roi. A son retour, celui-ci convoqua la cour et le Parlement à Compiègne. Le cardinal La Balue donna connaissance du traité de Péronne et s'expliqua « de bouche » sur « certaines grandes peines ». Louis XI n'osa pas entrer à Paris. On y murmurait contre lui. Quelques jours après, « fut criée et publiée à son de trompe et cri public, par les carrefours de Paris, ledit accord et union faite, comme il est dit, entre le roi et mondit seigneur de Bourgogne. Et que, pour raison du temps passé, personne vivant ne fût si osé ou hardi de rien dire à l'opprobre dudit seigneur, que ce fût de bouche, par écrit, signes, peintures, rondeaux, de geste ni autrement, en quelque manière que ce pût être... » Les rieurs encouraient des peines très graves. Mais exerçaient-ils leur verve contre Louis XI ou contre le Téméraire ? Le texte est équivoque. On peut comprendre que les Parisiens s'étaient moqués du roi pris à son propre piège, mais aussi qu'ils répandaient des libelles injurieux contre le duc de Bourgogne. Apparemment, c'était ce dernier que le roi voulait ménager.

Le même jour, une autre surprise désagréable les attendait. Un certain Perdriel saisit « toutes les pies, geais, oiseaux en cage ou autrement, et étant privés, pour les porter au roi, et était écrit et enregistré le lieu où avaient été pris lesdits oiseaux, et aussi tout ce qu'ils savaient dire, comme "larron, paillard, fils de putain, va dehors va, Perrette, donne-moi à boire" et plusieurs autres beaux mots que ces oiseaux savaient bien dire et qu'on leur avait appris ». Michelet, d'autres historiens ont lié les deux mesures, prétendu sans aucune preuve que les oiseaux disaient « Péronne ! » au lieu de « Perrette ». Il faut lire le passage jusqu'au bout : « Et depuis encore, poursuit Jean de Roye, par autre commission du roi, audit lieu de Paris, tous les cerfs, biches et grues qu'on y put trouver et tout fait mener à Amboise ». Il est donc logique de conclure que Louis XI réquisitionnait des oiseaux et du gros gibier pour repeupler sa forêt d'Amboise. Il était fort amateur d'oiseaux. Il y avait dans chacune de ses résidences de grandes volières dont il s'occupait lui-même. La présence d'oiseaux parleurs le divertissait, et l'on sait bien que les grossièretés ne le rebutaient pas. « Paillard » était de ses mots familiers.

Laissons là les volières du roi Louis. Sa préoccupation majeure était alors de tourner le traité de Péronne, sans pour autant le violer ouvertement. Il ne pouvait accepter l'idée d'octroyer la Champagne en apanage à son frère. C'eût été, à l'évidence, agrandir indirectement la Bourgogne de cette belle province, rapprocher dangereusement les frontières en cas de conflit. Compte tenu de l'inconsistance intellectuelle et morale de Charles de France, de sa jalousie à l'égard de son aîné, de sa fâcheuse tendance à écouter les conseils pernicieux, de son manque absolu de sens politique, il apparaissait certain que le Téméraire lui dicterait sa conduite. Ce ne serait pas un simple pacte d'amitié qui unirait les deux princes, mais une alliance offensive. Il était urgent et capital d'écarter ce péril, tout en se gardant d'irriter le duc de Bourgogne. La réponse évasive que celui-ci avait faite à l'insidieuse question du roi (« S'il ne le veut prendre, mais que vous fassiez qu'il soit content, je m'en rapporte à vous »), Louis la considérait comme un blanc-seing ; il comptait en tirer le meilleur parti. Dans l'hypothèse où le Téméraire eût protesté, cette petite phrase, prononcée distraitement, lui serait opportunément rappelée. Dans l'immédiat, il s'agissait de convaincre Charles de France de refuser la Champagne et la Brie, et d'accepter la Guyenne en échange. Entreprise délicate ! Charles avait un caractère hésitant, fluctuant. Il était entouré de conseillers hostiles à Louis XI, encore que celui-ci en eût corrompu plusieurs et disposât d'espions singulièrement habiles et actifs. Le cardinal La Balue prétendait diriger la négociation. Mais, depuis l'entrevue de Péronne dont il avait été la cheville ouvrière, son crédit avait baissé. En sorte que Louis XI agit personnellement. D'ailleurs bien lui en prit ! Ses pressions s'exercèrent non seulement sur Charles, mais sur ses conseillers. Alternant les menaces et les promesses, il finit par les gagner à sa cause. Quant à Charles, en dépit des avertissements du duc de Bretagne, il se résigna à accepter la Guyenne. C'était pour Louis XI un succès considérable. La clause la plus dommageable du traité de Péronne venait à néant. La collusion entre « Monseigneur de Guyenne » et le Téméraire serait plus difficile à réaliser, et, de toute façon, moins efficace. Il serait aussi plus aisé de contrôler l'administration de Charles et de déjouer d'éventuelles initiatives. Depuis l'avènement de Louis, cette question d'apanage restait en suspens ; il pouvait désormais la considérer comme résolue. Non sans soulagement ! Elle lui avait causé assez d'ennuis. En octroyant la Guyenne à son frère, Louis XI ne se moquait pas de lui ; il lui accordait mieux qu'un dédommagement ! Après tout, eu égard au déloyalisme du prince, il pouvait, sans encourir de reproche, s'en tenir à la pension de 60000 livres fixée par les États généraux. Mais il y avait le traité de Péronne. François II de Bretagne, les ambassadeurs bourguignons pressaient Charles de France de ne pas céder aux instances de Louis et de demander la Champagne. Mais, selon le jugement de Commynes, ce « Monseigneur Charles était homme qui peu ou rien faisait de lui-même mais en toutes choses était manié et conduit par autrui, combien qu'il fût âgé de vingt ans et plus ». Celui qui l'avait manipulé était Odet d'Aydie, l'un de ses conseillers, devenu l'agent du roi. Le Téméraire eut « grand déplaisir » en apprenant qu'on l'avait dupé, mais se tint provisoirement tranquille et, somme toute, parut accepter l'habile substitution. Louis XI voulait davantage : se réconcilier avec son frère, sans doute pour se servir de lui à des fins politiques. Désormais Monseigneur de Guyenne était un très beau parti. Louis XI n'avait pas encore de fils vivant. Charles était donc par surcroît l'héritier présomptif de la couronne.

Sur ces entrefaites, les gens du roi interceptèrent une lettre ne laissant aucun doute sur le double jeu du cardinal La Balue et de son complice Guillaume de Haraucourt, évêque de Verdun. Elle établissait que les deux prélats intriguaient cyniquement avec le duc de Bourgogne. Ils pressaient ce dernier d'intervenir en sorte que Charles de France refusât la Guyenne. Le roi les convoqua aussitôt à Amboise. Ils avouèrent leur faute. Ce n'était pas une trahison, mais elle y ressemblait fort. Ils prétendirent avoir cherché à embarrasser le roi, afin d'arranger l'affaire par eux-mêmes et, par ce moyen, de conserver leur influence. Ils furent arrêtés, jetés en prison. Louis XI les aurait volontiers fait passer à la géhenne, décapiter ou pendre. Mais, s'agissant de prélats, il n'en avait pas le droit, sauf dérogation du pape. Il la demanda et se heurta à un refus. Ces deux bêtes venimeuses restèrent en prison. Paris les chansonna sans pitié :

Maître Jehan Balue
A perdu la vue
De ses évêchés.
Monsieur de Verdun
N'en a plus, pas un.
Tous sont dépêchés.

La légende veut que La Balue soit resté enfermé dix ans dans l'une de ces cages de fer dont on impute, à tort, l'invention à Louis XI ! Il bénéficia en réalité d'un régime de faveur, mais purgea effectivement une détention de dix longues années. C'était le pire des châtiments pour cet ambitieux forcené. On le détestait, parce qu'il était arrivé trop vite au faîte des honneurs et que son ingratitude passait les bornes : à une époque où cependant l'ingratitude était monnaie courante ! D'origine poitevine, fils d'un pauvre tailleur d'habits, ou d'un meunier, il avait embrassé la carrière ecclésiastique pour s'enrichir et prendre de l'importance. Protégé par Jacques Juvénal des Ursins, évêque d'Angers, il avait cyniquement discrédité ce dernier pour prendre sa place. Puis il s'était insinué dans les bonnes grâces de Louis XI, auquel il rendit d'obscurs services. Devenu aumônier du roi en 1464, il se fit remarquer par son génie de l'intrigue et son absence de scrupules. Il devint bientôt son confident, puis joua le rôle de principal ministre. Louis XI obtint pour lui le chapeau de cardinal en 1468, malgré son immoralité. Désormais cardinal-évêque d'Angers et premier conseiller du roi, Balue se crut un grand politique, capable de tromper la royale aragne. Cependant sa suffisance, sa vanité de parvenu provoquaient les railleries. Un bateleur ne l'avait-il pas représenté, se démenant et criant : « Je fais feu, je fais rage, je fais bruit, je fais tout, il n'est nouvelle que de moi ! » Après l'entrevue de Péronne, on murmurait qu'il avait essayé de livrer le roi au duc de Bourgogne. Louis XI avait laissé dire. Il savait fort bien qui était l'auteur de cette triste rencontre, qui l'avait désirée passionnément, mais il n'était pas fâché que l'on imputât son erreur à la trahison de Balue. Désormais, il tenait son homme et ne le lâcherait plus.

Monseigneur de Guyenne résidait toujours en Bretagne. Il ne se hâtait point de rejoindre son nouveau duché. A vrai dire, il avait peur. Peur de rencontrer son frère ! Louis XI eut beau organiser des divertissements et des tournois, Charles déclinait ses invitations. En août 1469, le roi créa l'Ordre de Saint-

Michel, pour concurrencer ceux de la Jarretière et de la Toison d'Or et relever son prestige, mais surtout pour lier les titulaires de cette distinction par un serment solennel et par un règlement précis. Jean le Bon avait eu le même but en créant l'Ordre de l'Étoile avant le désastre de Poitiers. Les premiers chevaliers du nouvel ordre furent le duc de Guyenne, le duc de Bretagne et le connétable Jean de Luxembourg, comte de Saint-Pol. Trois suspects ! Louis XI avait fait dessiner un habit magnifique (haut bonnet bleu, habit blanc, longue cape d'hermine bordée de coquilles d'or, avec une sorte d'épitoge en drap d'or sur l'épaule droite). Jean Fouquet peignit une miniature représentant le premier chapitre de Saint-Michel, pour illustrer les statuts de l'Ordre. Il est probable que les visages sont de véritables portraits. Louis XI, assis dans une cathèdre dorée, a un bien étrange regard !

Monseigneur de Guyenne ne pouvait donc différer la rencontre avec son frère. Il était si craintif et on lui avait tellement monté la tête, que le pauvret réclama des précautions extravagantes. Il fallut construire un pont de bateaux, avec une barrière et un guichet, sur la Sèvre niortaise. Rassuré, Charles prit enfin congé de François II de Bretagne. Quand il aperçut Louis XI, il fondit en larmes, se mit à genoux et demanda pardon. Il ne fut pas difficile de l'apprivoiser. Au bout de quelques jours, Charles se sentait plein de gratitude et d'amour pour son aîné, allant au-devant de ses désirs, lui jurant une amitié éternelle, promettant d'obéir en tout ponctuellement. Il suffisait à Louis qu'il renonçât à ses alliances avec les ducs de Bretagne et de Bourgogne, et se conduisît enfin en prince des lys.

III

LE FAISEUR DE ROIS

La situation extérieure de la France redevint brusquement critique. Louis XI s'était lourdement trompé sur le compte de Jean II. Le roi d'Aragon était bien le seul monarque dont l'astuce et l'intelligence égalaient les siennes, le seul capable de déjouer ses ruses. Louis XI n'avait pas tenu ses engagements envers lui. Son intervention militaire en Catalogne n'avait été qu'un prétexte pour s'approprier la Cerdagne et le Roussillon. Jean II avait feint d'accepter cette usurpation. Ne pouvant mieux faire, il ménageait son puissant voisin. Mais, lorsque les Catalans se donnèrent pour prince Jean de Calabre, fils du roi René, et que Louis XI, méprisant l'alliance aragonaise, accorda son soutien à son cousin d'Anjou, Jean II riposta en formant une ligue anti-française. Il fit preuve en cette circonstance d'une incontestable supériorité dans l'art diplomatique et d'une intense activité. Trop faible pour lutter à la fois contre Jean de Calabre et contre Louis XI, il parvint, par une succession de traités admirablement coordonnés, à encercler le royaume de France. En 1468, il signa un pacte d'alliance avec Édouard IV et, dans les premiers mois de l'année suivante, avec le duc de Bourgogne. Il passa ensuite un accord avec le roi Henri IV de Castille, effaçant le cynique arbitrage de Bayonne au sujet de la Navarre. En octobre 1469, il maria, quasi par surprise, son fils Ferdinand avec l'infante Isabelle, héritière de Castille, mariage qui devait aboutir à l'unification de l'Espagne et, par la suite, à la toute-puissance de l'empereur Charles Quint. Louis XI tenta de ressaisir la Castille en négociant le mariage du duc de Guyenne avec l'infante Jeanne, fille aînée d'Isabelle. On disait que Jeanne n'était pas la fille d'Henri IV, mais elle conservait des partisans et, le moment venu, pourrait revendiquer l'héritage de la Castille. Les pourparlers n'aboutirent pas. La guerre semblait inévitable. Le royaume risquait d'être attaqué simultanément au nord par les Anglais, à l'est par les Bourguignons, au sud par les Aragonnais et les Castillans et, peut-être, à l'ouest par les Bretons. Était-il en mesure de résister ? Mais Louis XI avait déjà trouvé la parade. On l'a dit et on le répète, l'adversité décuplait son génie, car ce qu'il allait essayer et momentanément réussir paraît presque incroyable. Il fallait, pour se lancer dans cette aventure, autant d'adresse que d'imagination.

Il joua la carte Warwick pour inverser la politique anglaise et, par là-même, ouvrir une brèche dans la coalition de Jean II.

Quelle était donc la situation intérieure de l'Angleterre à ce moment ? Richard Neville, comte de Warwick, le « Faiseur de rois », avait été le champion de la Rose blanche. Il avait largement contribué à mettre sur le trône son cousin d'York. Il est avéré que, sans Warwick, et malgré ses talents de stratège, Richard eût été incapable d'évincer les Lancastre. Devenu Édouard IV, il combla Warwick de faveurs et le laissa gouverner l'Angleterre. Passant pour le plus bel homme de son temps, il ne songeait qu'aux femmes. Pourtant, en dépit de sa mollesse, de son goût des plaisirs, il ne perdait point la politique de vue. Warwick et les siens détenaient une telle richesse et des charges si nombreuses et prééminentes qu'Édouard IV ne pouvait se permettre de contrecarrer trop ouvertement la politique du « Faiseur de rois ». Il le craignait, tout en le surveillant. Warwick sympathisait avec Louis XI depuis l'époque de Genappe. Quoique ennemi des Lancastre (le pauvre Henry VI était captif à la Tour de Londres ; la reine Marguerite d'Anjou et le prince de Galles vivaient en exil dans le duché de Bar), il était partisan d'une alliance avec la France. Cette contradiction s'expliquait par la méfiance de Warwick à l'encontre des Bourguignons : il n'aimait pas le Téméraire. Après l'extravagant mariage d'Édouard IV avec Élisabeth Woodville, la position de Warwick ne tarda guère à se dégrader. Le clan des Woodville entra en conflit avec les Neville. On se disputa les faveurs d'Édouard IV, et bientôt le pouvoir. Édouard se libéra progressivement de la tutelle du Faiseur de rois. Sans l'empêcher de négocier avec Louis XI, il donna sa sœur, Marguerite d'York, au Téméraire et resserra son alliance avec la Bourgogne. Warwick, inquiet et dépité, crut reprendre les rênes, en gagnant à sa cause le duc de Clarence, frère du roi, qui ressemblait assez à Monseigneur de Guyenne par son inconsistance. Il lui proposa sa fille aînée, Isabelle Neville, et lui fit miroiter la perspective d'une couronne. Édouard IV interdit le mariage. Warwick emmena son futur gendre et Isabelle à Calais, où le mariage fut célébré contre la volonté du roi. Il comptait encore de nombreux partisans. Rentré en Angleterre, il parvint à s'emparer d'Édouard, mais n'osa le déposer. On se réconcilia du bout des lèvres. Pendant quelques mois, le roi et son ex-favori observèrent une sorte de statu quo. Le règlement de comptes n'était que différé. Warwick suscita une révolte dans le pays de Galles et le Lincolnshire. Édouard IV n'avait perdu ni sa vaillance ni ses qualités de stratège. Les rebelles furent écrasés. Warwick et Clarence durent s'enfuir. Toutefois, ils n'étaient pas absolument démunis. Ce fut une petite escadre qui mit le cap sur Calais. Le gouverneur de cette place refusa de les accueillir. Oh ! fort poliment ! Il dit à Warwick que, pour complaire à Édouard IV, le duc de Bourgogne pouvait fort bien investir Calais. Warwick se dirigea alors vers la côte normande. Le 1er mai 1470, il débarquait à Honfleur, non sans avoir, depuis Calais, arraisonné des navires flamands. Son escadre regorgeait de butin ! Le Faiseur de rois s'était fait pirate, l'occasion s'offrant... Il demanda asile au roi de France, le mettant dans un embarras extrême. Accueillir ce proscrit, c'était irriter Édouard IV, peut-être provoquer un conflit. De plus, le Téméraire protestait furieusement contre les actes de piraterie de Warwick. Louis XI trouva un moyen terme. Il obligea Warwick à renvoyer ses navires, mais lui permit de débarquer à Honfleur, sans consentir toutefois à le rencontrer. Le Téméraire expédia en représailles une escadre afin de bloquer l'estuaire de la Seine. Louis XI l'accusa de violer la paix de Péronne. Le Téméraire réplica que le roi avait lui-même dénoncé ce traité en donnant asile à Warwick. La tempête dispersa la flotte flamande. La partie qui s'engageait ressemblait fort à une partie de poker, mais Louis XI détenait la maîtresse carte. Il avait un plan : son esprit fertile et prompt lui avait fourni la solution la plus inattendue, la plus imprévisible ! La surprise serait totale pour ses adversaires. Les données du problème étaient cellesci : Warwick voulait se venger d'Édouard IV et le détrôner ; il n'y parviendrait pas sans le soutien de la France ; d'un autre côté, Marguerite d'Anjou ne cessait de réclamer le même soutien pour restaurer le trône des Lancastre. Warwick et Marguerite avaient donc un objectif commun : l'éviction d'Édouard IV. Mais la reine Marguerite haïssait Warwick, chef des Yorkistes. Pourquoi ne pas réconcilier la Rose rouge et la Rose blanche ? Et, cette réconciliation acquise, détrôner Édouard IV ? Puis obtenir en récompense un bon traité d'alliance avec l'Angleterre ? Warwick fut reçu et traité superbement par la population d'Honfleur, sur ordre du roi. On entama des pourparlers. Le Faiseur de rois n'était pas né d'hier. Il comprit très bien ce que Louis XI attendait de lui et ne s'opposa nullement à la réconciliation projetée. En supposant que l'opération réussît, il reprendrait auprès d'Henry VI le rôle qu'il s'était arrogé auprès d'Édouard IV. En donnant son accord, il oubliait bien entendu les promesses faites à Clarence, son gendre. Il semblait plus délicat de persuader Marguerite d'Anjou. Louis XI n'ignorait point le caractère impétueux de cette héroïne ; mais il se faisait fort d'endormir sa défiance. Il la convoqua à Amboise. Marguerite se rendit à l'invitation. Elle consentit volontiers à la paix avec la France, mais à condition que Louis XI l'aidât militairement à reconquérir le trône d'Angleterre. Quant à Warwick, auteur de la chute des Lancastre, elle refusa avec colère de le rencontrer ! Peu à peu, Louis XI sut lui montrer que Warwick représentait son unique chance de redevenir reine. Elle finit par se rendre à ses raisons. Elle accepta même de fiancer le prince de Galles à la seconde fille de Warwick, Anne Neville, et de signer une trêve de trente ans avec la France, au nom de son époux, le malheureux Henry VI. Louis XI la comblait de prévenances. Il choisit le prince de Galles comme parrain du fils que venait de lui donner la reine Charlotte et qui sera Charles VIII. Le plus difficile restait pourtant à faire : c'était la réconciliation officielle de l'exilée et du proscrit !

Elle eut lieu le 22 juillet 1470, à Angers, et fut l'occasion d'une de ces pompeuses mises en scène dont l'époque était friande. Louis XI en régla tous les détails et chapitra consciencieusement les principaux acteurs. Le fier Warwick vint se jeter aux pieds de Marguerite. Il exprima ses regrets du passé, sollicita humblement son pardon et s'engagea à servir loyalement. Marguerite ne put retenir ses reproches. Pendant un quart d'heure, elle laissa son ancien ennemi agenouillé, puis consentit à le relever et à pardonner. Warwick dut encore jurer fidélité aux Lancastre. Désormais, il n'y avait plus de Rose rouge et de Rose blanche, ou plutôt le même serment les liait.

A partir de là, les préparatifs de débarquement en Angleterre furent menés rondement. Warwick s'installa à Barfleur pour les accélérer. Louis XI ne s'était pas trompé sur son compte : le Faiseur de rois était un organisateur de premier ordre ! Mais l'entreprise avait trop d'ampleur pour passer inaperçue. Le Téméraire avisa Édouard IV du projet, et le mit en garde. Une flotte anglo-bourguignonne croisa bientôt au large des côtes normandes. La tempête d'équinoxe la dispersa. Aussitôt la flotte de Warwick mit à la voile. Elle arriva sans encombre à Dartmouth. La troupe de Warwick, grossie de nombreux partisans, marcha triomphalement sur Londres. L'indolent Édouard IV, négligeant les avertissements du Téméraire ou misant sur la flotte anglo-flamande, n'avait rien préparé. Il ne sut que fuir et se réfugier en Hollande. Le Faiseur de rois se rendit à la Tour, délivra Henry VI et, le 6 octobre 1470, à Westminster, lui rendit solennellement sa couronne. Le peuple acclama Henry VI, comme il l'avait fait d'Édouard IV. Nul n'ignorait que le vrai maître d'Angleterre, ce n'était pas cette dévote marionnette royale, mais le terrible Faiseur de rois. Louis XI exultait. Chastellain dit que « le roi Louis se baignait en roses, ce lui semblait, d'ouïr cette bonne aventure ». Sans doute Louis était-il le premier surpris d'un succès aussi complet, aussi rapide. Il proclama pourtant la nouvelle et prescrivit des processions. Une trêve de trente ans avec l'Angleterre, n'était-ce pas l'équivalent de la paix, la conclusion de la guerre de Cent Ans ? Pourtant Louis XI voulait davantage. Il n'oubliait pas les intrigues du roi d'Aragon, ni les ambitions du Téméraire. Il lui fallait profiter de l'euphorie du moment, obtenir un véritable traité d'alliance avec l'Angleterre, une alliance offensive contre la Bourgogne ! Or la reine Marguerite n'avait pas encore quitté le sol français, dans l'attente des événements. Par prudence, elle avait gardé près d'elle le prince de Galles, au lieu de le confier à Warwick. Elle faciliterait les négociations.

La honteuse fuite d'Édouard IV avait pris le Téméraire au dépourvu. Il permit à son beau-frère de s'installer à Bruges, mais refusa de le rencontrer et de prendre parti pour lui. Il ne voulait pas se brouiller avec l'Angleterre, dont il redoutait, précisément, qu'elle s'alliât avec la France. Il s'empressa même de reconnaître Henry VI comme roi d'Angleterre, sans se soucier autrement des intérêts d'Édouard. Bien qu'il eût épousé Marguerite d'York, avait-il cessé d'être partisan des Lancastre ? C'est du moins ce qu'il osait prétendre dans ses lettres à Henry VI ! Toutefois l'Angleterre avait désormais deux rois, deux reines, deux princes de Galles. Ç'avait été la situation de la France, au temps du roi de Bourges et du régent Bedford ! L'opinion restait divisé. Les deux Roses gardaient leurs partisans, clandestins ou avoués. Warwick éprouvait de sérieuses difficultés à faire prévaloir l'idée d'une alliance avec la France, malgré les avantages économiques qui étaient offerts par Louis XI. Une partie des lords, déconcertés par ce changement de politique, une fraction du Parlement et du peuple, résolument francophobes, ne cachaient pas leur hostilité. Les Flamands n'avaient-ils pas toujours été les clients privilégiés de l'Angleterre ? L'autorité du Faiseur de rois vacillait.

Pourtant, Louis XI comptait sur l'habileté de Warwick, sans doute un peu trop. Il considéra l'alliance anglaise comme étant acquise, et jeta le masque. En novembre 1470, il réunit à Tours, non point les États généraux, mais une assemblée de prélats, de seigneurs et d'officiers dont le dévouement à la couronne était connu. Il déclara que l'entrevue de Péronne avait été un guet-apens ourdi par le Téméraire et le cardinal Balue pour lui extorquer un traité dommageable au royaume et que le Téméraire avait néanmoins violé ce traité. L'assemblée déclara, unanimement, que « selon Dieu et conscience, et par tout honneur et justice, le roi était quitte et délié desdits traités ». Louis XI avait retourné à son profit l'humiliation de Péronne et du voyage de Liège. Il croyait alors que les Anglais débarqueraient à Calais et prendraient les Bourguignons à revers. Il était certain de régler son compte avec le Téméraire. Il avait même proposé à Warwick de démembrer l'État bourguignon. En janvier 1471, cet homme si prudent lança ses troupes sur la Bourgogne. Saint-Pol occupa Saint-Quentin. Chabannes se fit ouvrir les portes d'Amiens, de Roye et de

Montdidier. Le Téméraire criait à la trahison, car les seigneurs bourguignons avaient « le cœur failli » et désertaient sa cause. Rien ne semblait alors pouvoir arrêter l'avance des armées royales.

IV

LES DAMES DE BEAUVAIS

Redoublant d'activité, le Téméraire était parvenu à rassembler une armée. Il ne pouvait tout de même pas laisser Louis XI s'emparer des villes de la Somme. Il fonça donc vers Amiens, mais les Français l'y attendaient. Charles se tourna alors vers Picquigny, qu'il prit d'assaut. Puis il établit son camp en vue d'Amiens, mais avec si peu de judiciaire qu'il se trouva bientôt cerné par les forces royales. Le roi avait rejoint son état-major à Amiens. On résolut d'attaquer les Bourguignons. Louis XI voulait attendre le débarquement de Warwick à Calais. Le Faiseur de rois le lui avait formellement promis. Il brûlait, déclarait-il, de rejoindre le roi, son ami. Le pouvait-il ?

Pendant ces événements, Édouard IV s'était transporté à Middlebourg, en Zélande. Il préparait sa revanche, avec l'appui que le Téméraire s'était enfin décidé à lui accorder. Le 10 mars 1471, il avait appareillé pour l'Angleterre, avec une escadre de quatorze navires, une armée de 2000 Anglo-Bourguignons. Il débarqua à Ravenspur, dans le comté d'York, et rameuta ses partisans. A cette nouvelle, Warwick mobilisa ses troupes. Mais les Yorkistes répugnaient à aider les Lancastriens, encore plus à combattre Édouard IV, leur ancien maître. La politique francophile de Warwick portait ses fruits. Quant au roi Henry VI,« autant y eût fait un sac de laine que l'on traîne par les oreilles » (selon le mot de Chastellain). Le 1er avril, le duc de Clarence se raccommoda avec son frère. Édouard IV, redoutant encore le Faiseur de rois, lui offrit de négocier. Warwick refusa. Peut-être était-il las de trahir. Le 14 avril, à la tête de 12000 hommes, il se heurta aux 9000 partisans d'Édouard, dans la plaine de Barnett. La bataille resta longtemps indécise, malgré le courage d'Édouard IV. Mais Warwick fut tué. La reine Marguerite d'Anjou venait enfin de débarquer, en compagnie du prince de Galles. Elle rallia les survivants de Barnett et prit leur commandement. Édouard IV la battit à Tewkesbury, et la captura. Le prince de Galles avait péri dans la bataille. Édouard IV, de retour à Londres, fit exécuter l'infortuné Henry VI. Désormais, nul ne contesterait plus son pouvoir; la Rose rouge avait cessé d'exister.

Dès que Louis XI fut informé du débarquement d'Édouard, il entama des pourparlers avec le duc de Bourgogne. Ce dernier accepta de signer une trêve. Malgré les nouvelles qui lui parvenaient de Londres, il se trouvait, momentanément, en mauvaise posture, mais il ne cachait pas ses intentions de rouvrir les hostilités quand les circonstances le permettraient. Le plan de Louis XI s'effondrait. Il s'effondrait même doublement, car Jean de Calabre était mort à la tâche le 16 décembre 1470, laissant les Catalans consternés. Désormais Jean II avait les mains libres. La coalition anti-française se reconstituait, plus résolue que jamais à abattre Louis XI. Comme on pouvait le prévoir, les féodaux renouaient leurs intrigues autour de Monseigneur de Guyenne, toujours aussi versatile et déloyal. Ils l'incitaient à demander la main de Marie de Bourgogne. On échangea des ambassadeurs. Le Téméraire paraissait favorable au projet. Commynes: « Je crois qu'il n'eût point voulu avoir de fils, ni que jamais il n'eût marié sa fille, tant qu'il eût vécu; mais toujours l'eût gardée, pour entretenir gens pour s'en servir et aider... » Cette perspective de mariage déplaisait à Louis XI (il est inutile de préciser pourquoi), mais aussi à Édouard IV redoutant de perdre l'alliance de la Bourgogne. Ni l'un ni l'autre ne supposaient que le Téméraire « amusât » Charles de Guyenne. Dans le même temps, le duc de Bretagne et ses amis invitaient le Téméraire à se passer des

Anglais, à lever une grosse armée, lui promettant de joindre leurs forces aux siennes dès qu'il entrerait en campagne. Ils prétendaient agir, comme toujours, « pour le bien et soulagement du royaume ». Un jour où leur représentant — qui était le sire d'Urfé — invitait le Téméraire à faire diligence, le duc attira Commynes dans l'embrasure d'une fenêtre et lui dit :

— « Voilà le seigneur d'Urfé qui me presse de faire mon armée la plus grosse que je puis, et me dit que nous ferons le grand bien du royaume. Vous semble-t-il que, si j'y entre avec la compagnie que j'y mènerai, j'y passe guère de bien ? »

Commynes éclata de rire.

Le Téméraire ajouta :

— « J'aime mieux le bien du royaume de France que Monsieur d'Urfé ne pense : CAR POUR UN ROI QU'IL Y A, J'EN VOUDRAIS SIX ! »

Le 1er novembre 1471, le traité de Saint-Omer unissait Édouard IV, le Téméraire et le roi de Naples (qui était un Aragon), en vue d'une action commune contre la France. Jean II d'Aragon reçut la prestigieuse Toison d'or. Les coalisés faisaient l'impossible pour amener le roi d'Angleterre à débarquer. Dans cette attente, les féodaux bouillaient d'impatience. Louis XI avait repris ses démarches auprès d'Henri IV de Castille, mais Charles de Guyenne refusa catégoriquement d'épouser l'infante Jeanne : c'était Marie de Bourgogne qu'il voulait. Sa petite cour était un foyer d'intrigues, où les agents de Louis XI disputaient l'influence à ceux des princes. Charles était alors entre les mains de Colette de Chambes, sa maîtresse, qui lui avait donné deux enfants. Au mois de décembre 1471, elle tomba soudain malade et mourut, probablement d'une infection vénérienne. Charles était lui-même malade ; il souffrait, disait-on, de la fièvre quarte. Louis XI était informé de son état de santé et de ses agissements par son confesseur. Le pauvre Charles avait si bon espoir de guérir qu'il déclarait à ses familiers « qu'on baillerait au roi tant de lévriers à la queue qu'il ne saurait quelle part fuir ». Ces paroles, qui furent rapportées à Louis, ne l'émurent guère. Il avertit simplement les grandes villes de ce qui se tramait et massa des troupes sur les frontières gasconnes et bourguignonnes. Cependant il poursuivit ses négociations avec le Téméraire, pour essayer de le détacher de la coalition. Le Téméraire ne rejetait pas absolument ses propositions ; il voulait laisser le temps à Édouard IV d'obtenir des subsides de son Parlement et de préparer la descente à Calais. On montrait la même duplicité de part et d'autre. Le Téméraire était si peu disposé à traiter avec Louis XI qu'en même temps il réorganisait son armée. Par une série d'édits remarquablement conçus, il redéfinit le service militaire dû par la noblesse bourguignonne et créa un corps permanent de 1250 lances. Chaque « lance » comprenait six cavaliers (un homme d'armes, un page, un coutilier, trois archers) et trois piétons (un arbalètrier, un couleuvrier, un piquier).

Monseigneur de Guyenne mourut le 24 mai 1472. Il avait vingt-six ans. Son principal conseiller, le Gascon Odet d'Aydie, s'enfuit en Bretagne. Il accusa formellement le roi d'avoir empoisonné son frère. Après avoir été « pensionné » par Louis XI, il le trahissait. Telles étaient les mœurs du temps ! De son vivant, ce malheureux prince avait servi d'étendard à la guerre du Bien public, puis de prétexte aux manœuvres du Téméraire et aux machinations des féodaux. Ils utilisaient encore son cadavre pour justifier leurs trahisons. Voici la version qu'ils répandirent et que Thomas Basin reprend mot pour mot dans son *Histoire de Louis XI.* Je la cite intégralement, car elle est le parfait exemple des calomnies à partir desquelles on écrivit trop souvent la biographie de ce roi :

« Mais le roi n'ignorait pas ses [1] efforts et ses tentatives pour attirer à son service un certain nombre de grands seigneurs ; il se rendait compte qu'une ligue se préparait, qui pouvait être pour lui très dangereuse. Or, il était animé du plus vif désir de domination, si grand même qu'il surmontait et, dans une certaine mesure, annihilait dans son esprit l'appétit de louange et de gloire. Il se souciait donc fort peu de prendre, pour agir, soit le chemin de la vérité et de la vertu (ce qui est le propre de ceux qui souhaitent louange et gloire), soit celui de la ruse et de la tromperie (ce qui est le fait des lâches et des méchants), pourvu qu'il pût atteindre son but par n'importe quels moyens, même criminels, et qu'il gardât sa couronne. Il voulait avant tout faire obstacle aux entreprises de son frère et le prévenir en employant les moyens les plus impies et les plus scélérats. C'est pourquoi il songea à le faire disparaître par le poison.

Il corrompit donc deux des serviteurs de son frère, qui vivaient avec lui, plus que tous les autres, sur un pied d'intimité et en qui il avait le plus de confiance. L'un s'appelait Jourdain Faure, dit Vercors ; c'était un religieux de l'ordre de

1. Les efforts de Charles de Guyenne.

Saint-Benoît, natif de Dié, en Dauphiné ; Charles de Guyenne, son maître, lui avait fait obtenir l'importante abbaye de Saint-Jean-d'Angély ; il en avait fait son aumônier et récitait chaque jour en sa compagnie les heures canoniales. L'autre avait nom Henri de La Roche ; il était écuyer de cuisine dudit Charles. A tous deux, considérés comme pouvant donner la main, mieux que tous les autres, à cette triste besogne, le roi fit des promesses et des présents pour qu'ils consentissent à faire périr par le poison leur excellent maître, en y employant sortilèges et maléfices. On disait, en effet, qu'avant même d'avoir consommé leur crime, ils avaient reçu du roi plusieurs milliers d'écus et qu'il était convenu de leur en payer beaucoup d'autres encore après la mort de leur victime.

Le duc Charles absorba donc le poison à lui versé par ces deux misérables, et il mourut d'une mort lamentable et prématurée, n'ayant point encore accompli sa trentième année. De quelles pénibles douleurs ne fut-il pas affligé et accablé avant de rendre l'esprit ! Car il passa plusieurs mois à souffrir abominablement des tortures que la violence du poison procurait à son corps et, en particulier, à ses entrailles. On eut beau lui assurer les soins médicaux les plus attentifs, rien ne put lui apporter la guérison ; et ce fut dans un épuisement total, causé par un mal sans remède, qu'il rendit l'âme. »

Ce mal était effectivement « sans remède », puisqu'il s'agissait d'une tuberculose aggravée d'une maladie vénérienne peut-être contractée auprès de Colette de Chambes. Mais l'occasion était trop belle pour le duc de Bretagne ! Il lança l'accusation d'empoisonnement contre Louis XI. Le duc de Bourgogne prit feu et flamme. Il publia aussi des manifestes vengeurs et, sans attendre l'expiration de la trêve avec le roi, passa à l'offensive. Entré en campagne le 4 juin avec 1250 lances, il arriva le 10 sous les murs de Nesle. Cette petite place, défendue par 400 francs-archers, fut emportée au premier assaut. Le Téméraire fit trancher la main droite des francs-archers, et massacrer la plus grande partie de la population réfugiée dans les églises avec ses prêtres. Il voulait frapper les populations de terreur. Les 13 et 14 juin, il assiégea et prit Roye. Puis ce fut le tour de Montdidier. Le connétable de Saint-Pol, sans trahir ouvertement Louis XI, ne se hâtait pas d'intervenir. Il disposait pourtant de troupes suffisantes, cantonnées à Amiens et à Saint-Quentin. Le Téméraire arriva, presque sans coup férir, devant Beauvais. Il ne l'investit pas entièrement, de sorte que les secours envoyés par Louis XI purent entrer nuitamment dans la ville. Vinrent ainsi Joachim Rouault, Jean de Salazar et Louis de Crussol, redoutables capitaines, à la tête de soldats d'élite décidés à vaincre les Bourguignons. La nombreuse artillerie du Téméraire bombardait sans relâche les remparts, ouvrait des brèches, renversait des tours. Le Téméraire ordonna l'assaut, malgré l'avis de ses lieutenants. Il se moquait de leur pusillanimité, leur disait en riant :

— « Vous n'y trouverez personne ! »

Ils trouvèrent les royaux, appuyés par une population résolue. L'assaut fut d'une violence extrême. Les dames de Beauvais encourageaient les défenseurs, leur portaient des munitions. Certaines prirent part au combat, dont cette fameuse Jeanne Laisné qui s'empara d'un étendard bourguignon !

Le Téméraire leva le siège. Ses troupes manquaient de vivres et souffraient cruellement du froid. Le 27 janvier 1472, les habitants de Beauvais virent les Bourguignons battre en retraite. Leur duc s'était mis en tête de secourir son allié François II. Ce dernier se trouvait en mauvaise posture. L'armée royale menaçait d'envahir la Bretagne. François II en était réduit à la défensive. Il avait promis au Téméraire de le rejoindre à Rouen, mais l'armée de Louis bloquait étroitement les frontières du duché. Le Téméraire traversa le pays de Caux, brûlant des villages désertés par les habitants par ordre du roi. Chabannes harcelait l'ennemi, interceptait les convois de vivres, capturait les fourrageurs et les groupes isolés. Pendant ce temps, les royaux de Picardie multipliaient les incursions en territoire bourguignon, et le corsaire Casenove s'emparait des navires flamands et incendiait les villages côtiers. Le Téméraire s'avança jusqu'à Rouen. Le duc de Bretagne n'était pas au rendez-vous, et pour cause ! Il traitait avec les ambassadeurs de Louis XI. Les Bourguignons, affamés, épuisés, décimés par les attaques des Français, étaient incapables d'assiéger la capitale normande. Le Téméraire se résigna à signer une trêve et le duc de Bretagne fit de même.

Une fois de plus, la ligue féodale était dissoute. Mais les trêves de 1472 n'étaient point les traités de Conflans et de Saint-Maur qui avaient terminé la guerre du Bien public. En 1472, Louis XI restait en position de force ; il était virtuellement vainqueur, ayant réduit François II à l'impuissance et contraint le Téméraire à lâcher prise. Bien plus, cette offensive des féodaux lui permit de se débarrasser définitivement de deux d'entre eux : le duc d'Alençon et le comte d'Armagnac.

Le « gentil duc » de Jeanne d'Arc fut accusé d'avoir voulu livrer ses domaines au Téméraire, et condamné à mort. Louis XI eut pitié du vieux seigneur et lui fit grâce de la décapitation en place de Grève, mais non de la prison à vie. Quant à Jean V d'Armagnac, méconnaissant lui aussi les bienfaits du roi, il s'était empressé de pactiser avec Charles de Guyenne et de lever une armée. Louis XI envoya le sire de Beaujeu assiéger la place de Lectoure, où le rebelle s'était enfermé. Ce dernier capitula, mais parvint ensuite à s'emparer de Beaujeu. Louis XI dépêcha une seconde armée et Lectoure dut à nouveau se rendre (en mars 1473). Jean V, auquel on avait promis la vie sauve, périt dans une rixe peut-être provoquée. Le roi distribua ses biens.

Cette même année 1472 l'avait aussi délivré de ce pauvre Charles de Guyenne, éternelle pomme de discorde et triste marionnette. Mais elle lui donna surtout deux serviteurs de premier ordre. Odet d'Aydie, seigneur de Lescun, passa définitivement à son service et reçut le comté de Comminges. Écœuré par l'ingratitude et par l'impéritie des princes, il avait finalement choisi de se donner au roi ! Dans la nuit du 7 au 8 août, en Pays de Caux, Philippe de Commynes quitta subrepticement le camp bourguignon et galopa vers son nouveau maître. Il avait pris part à toute la campagne, assisté à l'ignoble massacre de la garnison et de la population de Nesle. Il avait vu le Téméraire entrer dans l'église Notre-Dame, armé de pied en cap et l'épée à la main. Regardant les cadavres gisant sur les dalles, le duc s'était écrié :

— « Par saint Georges, enfants, vous avez fait une belle boucherie ! »

Commynes était plus diplomate que soldat. Il abhorrait les excès de la guerre, mais surtout la cruauté inutile. Après Dinant et Liège, le massacre de Nesle achevait de déconsidérer le Grand Duc d'Occident. Commynes constata également son incompétence, lors du siège de Beauvais, puis, lors de la marche en direction de Rouen, son imprévoyance et celle de ses amis, le manque de coordination, l'absence de concertation. Le Téméraire s'était lancé dans cette campagne en brandissant son étendard violet et noir, sur lequel il avait fait broder VENGEANCE en grandes lettres d'argent ! Il n'avait écouté que sa fureur ! Il croyait surprendre l'adversaire, le foudroyer ! Un tel homme ne pouvait à la longue que succomber, se prendre dans la toile de la patiente araignée. Cela, Commynes l'avait admirablement compris. Il se borne à écrire au chapitre XI du livre III de ses *Mémoires:* « Environ ce temps je vins au service du roi (et ce fut l'an mil quatre cent septante et deux), lequel avait recueilli des serviteurs de son frère le duc de Guyenne la plus grande part... » Ensuite, il commente avec complaisance l'adhésion d'Odet d'Aydie.

Louis XI n'avait pas seulement recruté les meilleurs serviteurs de son frère. Il avait recouvré son apanage : cette belle province de Guyenne si riche en soldats intrépides et en bons vins, avec les ports de La Rochelle et de Bordeaux ! Cette fois, le traité de Péronne était effacé ! Le Téméraire, sérieusement échaudé, ne se hasarderait pas de si tôt à attaquer la France, à moins que le roi Édouard ne se décidât à débarquer.

Une petite chanson célébrait à sa manière le triomphe et l'application du roi :

Berry[1] *est mort,*
Bretagne dort,
Bourgogne hongne (grogne),
Le roi besogne.

Le siège de Beauvais, la conduite des dames de cette ville et l'exploit de Jeanne Laisné avaient eu un retentissement énorme. L'impétueux Grand Duc d'Occident, le foudre de guerre, le rival d'Alexandre et de César, vaincu par une poignée de femmes ! Louis XI savait récompenser le mérite. Il combla Beauvais de privilèges, l'exempta d'impôts, lui donna un échevinage, maria richement Jeanne Laisné et décréta qu'une procession annuelle pérenniserait l'événement. Les dames furent autorisées à s'habiller comme celles de la noblesse. Louis XI leur donna le droit de marcher avant les hommes dans la fameuse procession, même avant les membres du clergé. Jeanne Laisné ne devint Jeanne Hachette qu'au XVIIIe siècle, sous la plume de Mézeray. On aura noté que la procession de Beauvais était l'exacte réplique de celle commémorant la délivrance d'Orléans par Jeanne d'Arc. C'est assez dire l'importance que Louis XI attachait à l'échec du Téméraire. En quoi d'ailleurs il ne se trompait pas, car, après Beauvais, le duc de Bourgogne ne cessa de « décroître », comme les Anglais après Orléans !

1. Il s'agit de Charles de Guyenne, ex-duc de Berry.

V

LE ROYAUME DE BOURGOGNE

Selon Commynes, c'eût été l'affaire du duché de Gueldre qui eût déterminé le Téméraire à se mêler des affaires allemandes et, par voie de conséquence, détourna son attention de la France. En réalité, l'échec de Beauvais l'incitait à la prudence. Il ne renonçait point pour autant à abattre Louis XI, lorsque les circonstances le permettraient. Mais il avait en tête un autre projet, plus grandiose, plus conforme à l'obscur génie qui conduisait ses pas. L'affaire de Gueldre n'en fut que les prémices, s'inscrivant d'ailleurs dans la ligne politique des ducs bourguignons. Adolphe de Gueldre avait capturé son père, le vieux duc Arnoul. Pendant cinq grandes lieues, par une nuit glaciale, on avait traîné le vieillard, en chemise et nu-pieds. Puis on l'avait jeté dans une prison éclairée par une méchante lucarne. Le duc de Clèves, beau-frère d'Arnoul, envahit la Gueldre et mena la vie dure au jeune Adolphe. Le pape, l'empereur d'Allemagne tentèrent de raccommoder le père et le fils. Finalement, le Téméraire fut chargé de libérer Arnoul. Il le confronta avec Adolphe. Le vieil homme furieux présenta le gage de bataille à son fils. On ne pouvait les laisser s'entr'égorger. Le Téméraire proposa à Adolphe de gouverner le duché au nom de son père, à condition de lui laisser l'usufruit d'une petite ville et de lui accorder une pension. Adolphe répliqua que son père était duc depuis quarante-quatre ans ; qu'il était temps pour lui d'abdiquer. Profitant d'une absence du Téméraire, il résolut de retourner dans son duché, sous un déguisement. Il fut reconnu et emprisonné. Son père recouvra le duché et, quant il mourut, légua la Gueldre au Téméraire, afin de punir Adolphe de son ingratitude. En juin 1473, le Téméraire s'empara donc de ce territoire qui bordait la Hollande et dont la capitale était Nimègue.

Commynes : « Le duc de Bourgogne était retourné en son pays, et avait le cœur très élevé pour ce duché qu'il avait joint à sa crosse ; et trouva goût à ces choses d'Allemagne, parce que l'Empereur était de très petit cœur, et endurait toutes choses pour ne dépenser rien ; et aussi de soi, sans l'aide des autres seigneurs d'Allemagne, ne pouvait-il pas grand-chose. » Certes, la faiblesse, sinon la pleutrerie de Frédéric III, autorisait tous les espoirs. Cependant il portait le titre prestigieux d'empereur du Saint-Empire romain germanique ; il était en Europe la seule autorité habilitée à ériger légalement une terre en royaume. Le Téméraire n'avait jamais renoncé à coiffer une couronne royale, à reconstituer à son profit l'antique royaume carolingien de Bourgogne. Ce royaume, résultant du partage de l'empire de Charlemagne en 843, englobait la partie la plus riche de l'Europe, de la mer du nord et de la Manche à la Méditerrannée. La Bourgogne en était le centre. Dès 1447, Philippe le Bon avait essayé d'obtenir de Frédéric III l'érection de l'État bourguignon en royaume, mais les pourparlers avaient échoué. Le Téméraire jugea le moment venu de réaliser les rêves de son père. Il demanda à l'empereur de le faire élire roi des Romains, autrement dit de le désigner comme successeur. En contrepartie, il consentait au mariage de sa fille unique, Marie de Bourgogne, avec Maximilien, fils de Frédéric III. Il s'engageait en outre à laisser la couronne impériale à Maximilien. Ainsi le Téméraire, qui ne manquait pas de hardiesse, enchérissait sur les prétentions de Philippe le Bon ; ce n'était plus la seule couronne de Lotharingie qu'il revendiquait ! Frédéric III ne repoussa pas le marché. Il se montra même favorable, n'en étant pas à une perfidie près ! On convint d'une rencontre. Le Téméraire crut la partie gagnée. Il se mit en route, en splendide équipage, résolu à éblouir le vieil empereur et les seigneurs allemands, et, par là, à emporter leur adhésion. Le 22 août 1473, il était à Aix-la-Chapelle, ancienne capitale de Charlemagne, ville du couronnement des empereurs. C'était aller un peu vite. Frédéric III lui fit savoir que la rencontre aurait lieu à Trèves, à la fin de septembre. Le Téméraire profita de ce contretemps pour négocier un traité d'alliance avec le nouveau duc de Lorraine René II[1]. Celui-ci accepta que diverses places stratégiques de son duché fussent occupées par les Bourguignons : il craignait une attaque de la France. Le 30 septembre, le Téméraire arriva à Trèves. L'empereur l'y attendait, avec une suite de 2500 dignitaires et seigneurs. Le duc de Bourgogne était escorté par une véritable armée : 8000 cavaliers et 3000 piétons, tous en armes et vêtus somptueusement, mais aussi par sa garde personnelle, par les chevaliers de la Toison d'or et par une centaine de chariots transportant ses trésors et ses bagages. Il portait une cuirasse entièrement dorée, une cape de drap d'or incrustée de pierreries. La suite de l'empereur paraissait modeste. Les Allemands en prirent ombrage. Cette démonstration de force travestie en cavalcade était une erreur, dont le Téméraire n'avait pas conscience. Néanmoins on fit assaut de courtoisie. Charles ne s'en tint pas là. Il logeait à l'abbaye Saint-Maximin et crut adroit d'étaler un luxe extraodinaire, de même que son père l'avait fait à l'hôtel d'Artois après le sacre de Louis XI et son Entrée à Paris. Les Allemands purent admirer la fabuleuse collection d'orfèvreries, de statues d'or et d'argent, de tapisseries. Ce fut dans ce décor que Charles reçut Frédéric III. L'archevêque de Mayence l'exhorta à combattre les Infidèles. Le chancelier de Bourgogne parla de l'ingratitude et de l'appétit de terres de Louis XI, présenté comme le perturbateur de la paix. On se mit d'accord sur une participation de la Bourgogne à la lutte contre les Turcs, et l'on s'en tint là. Après la cérémonie officielle, les pourparlers commencèrent. Contrairement aux prévisions du Téméraire, ils traînèrent en longueur. La puissance, la richesse de la Bourgogne n'impressionnaient guère les grands électeurs. Elles éveillaient plutôt leur méfiance. Ils vivaient depuis trente-quatre ans sous un prince débonnaire et discret, sans ambition et sans moyens. Allaient-ils se donner un maître autoritaire et entreprenant ? Bien entendu, pen-

1. Son prédécesseur, Nicolas de Lorraine, était mort en 1472 ; il avait été l'allié du Téméraire.

dant que les ambassadeurs négociaient et que roulait l'or bourguignon, on se recevait, on se divertissait. L'empereur profitait de l'aubaine. Il admirait tout, acceptait très volontiers les cadeaux. Il présidait des festins sans pareils, des tournois jamais vus dans les Allemagnes. Le Téméraire avait l'illusion que ces affaires étaient en bonne voie. Son hôte l'abreuvait de sourires, de compliments, apaisait son impatience par des demi-promesses. L'emphase de ses discours en masquait l'équivoque. Charles finit tout de même par se fâcher. Il menaça de rompre les pourparlers et de quitter la ville. Frédéric le retint ; il tenait au mariage de Maximilien, car, si c'était un piètre empereur, il travaillait à la grandeur des Habsbourg avec une habileté et une constance surprenantes. On parvint à un accord. Le duc de Bourgogne montrait trop d'exigences. Il ne serait pas roi des Romains et ne coifferait pas la couronne du Saint-Empire, trop de princes électeurs se prononçant contre sa candidature. En revanche, l'empereur érigerait la Bourgogne en royaume. Le Téméraire acquiesça. Frédéric III fixa même la capitale du nouveau royaume à Besançon. Il décida que le couronnement du Téméraire aurait lieu le 25 novembre. On décora la cathédrale où la cérémonie devait se dérouler en présence de l'empereur et de tous les princes allemands. La couronne du sacre fut exposée. Toutefois les négociations continuaient. Charles négligeait ce détail. Il préparait son triomphe, se disant qu'il serait désormais le principal électeur de l'empire et saurait bien faire prévaloir ses droits. Mais, le 24 novembre, Frédéric III informa le chancelier de Bourgogne de la nécessité où il se trouvait de suspendre les négociations jusqu'à l'année suivante. Il suggérait que la nouvelle entrevue eût lieu à Besançon. Le chancelier demanda en vain que la date du sacre fût maintenue. Dans la nuit, Frédéric III quitta la ville clandestinement, avec une petite escorte. La belle couronne de Bourgogne prit place dans le trésor ducal, parmi d'autres reliques ; elle se servit à rien et Charles dut s'en retourner fort piteusement, avec ses chariots et son armée de parade. Il était la risée de toutes les cours, mais ne renonçait à rien. Cette couronne qui lui était refusée, il la conquerrait à la pointe de l'épée. On ne se moquait pas impunément du duc de Bourgogne ! Certains prétendent que, dans un accès de fureur, il eût brisé les meubles de sa chambre. En pareil cas, c'était plutôt à son entourage qu'il s'en prenait. A partir de cet événement, il n'eut plus que l'Allemagne en tête et se comporta en roi de fait. Il réorganisa, dans les semaines

Louis XI adolescent
(le dauphin Louis).
Recueil d'Arras. Crayon

Charlotte de Savoie,
épouse de Louis XI.
(Bibliothèque nationale)

Philippe de Commynes
Recueil d'Arras. Crayon

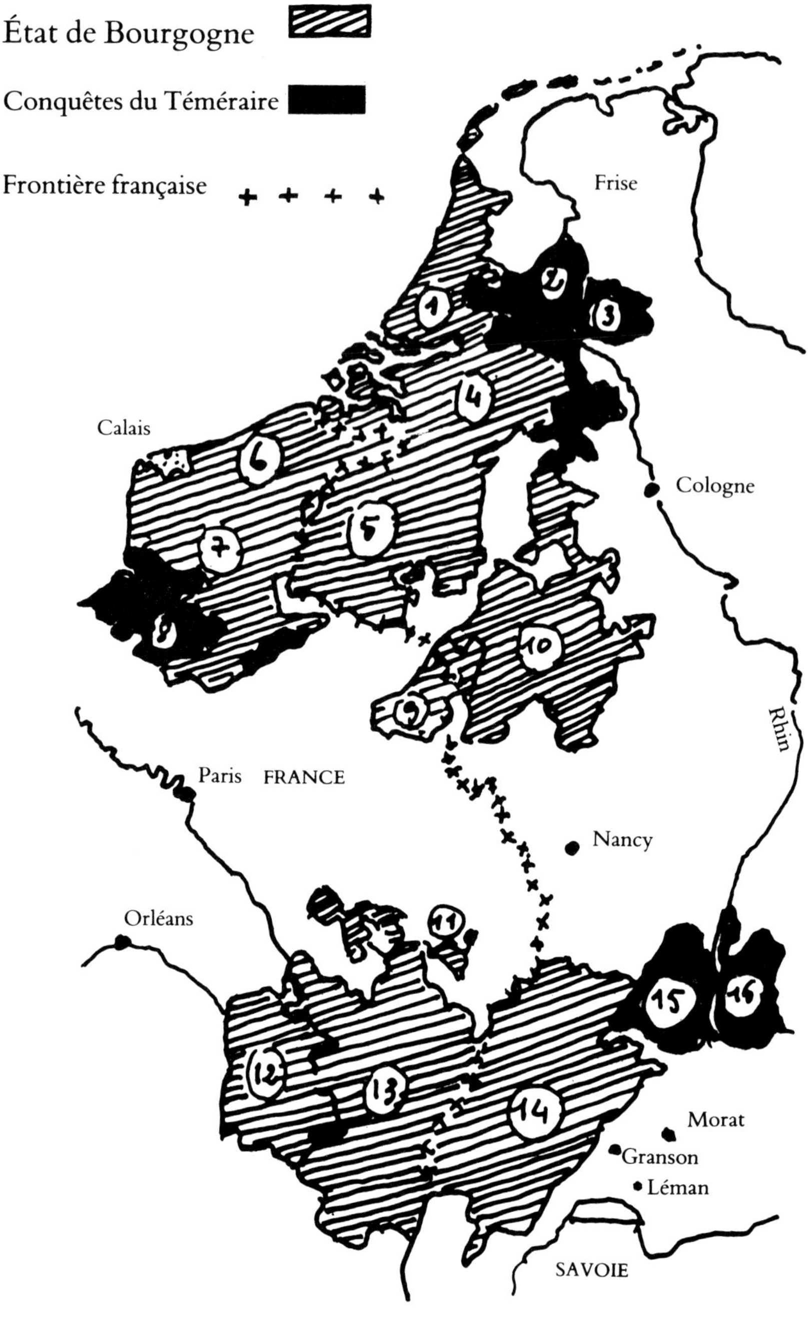

1. *Hollande*
2. *Duché de Gueldre*
3. *Comté de Zutphen*
4. *Duché de Brabant*
5. *Hainaut*
6. *Flandre*
7. *Artois*
8. *Picardie*
9. *Comté de Rethel*
10. *Duché de Luxembourg*
11. *Duché de Bar*
12. *Comté de Nevers*
13. *Duché de Bourgogne*
14. *Comté de Bourgogne*
15. *Sundgau*
16. *Brisgau*

Philippe le Bon, duc de Bourgogne
et son fils, Charles le Téméraire.
Recueil d'Arras. Crayon

Grand sceau de Charles le Téméraire,
duc de Bourgogne. XVe siècle.
(Archives nationales)

Le château de Genappe.

Le château de Plessis-lès-Tours.
Dessin aquarellé de la fin du XIIe siècle
(Collection Gaignières, Bibliothèque nationale)

Marie de Bourgogne,
fille du Téméraire.
Gravure du XVIIIe siècle

Maximilien d'Autriche.
Gravure du XVIIIe siècle

La France à
la mort de Louis XI
(1483)

1. *Artois*
2. *Picardie*
3. *Maine*
4. *Anjou*
5. *Duché de Bourgogne*
6. *Provence*

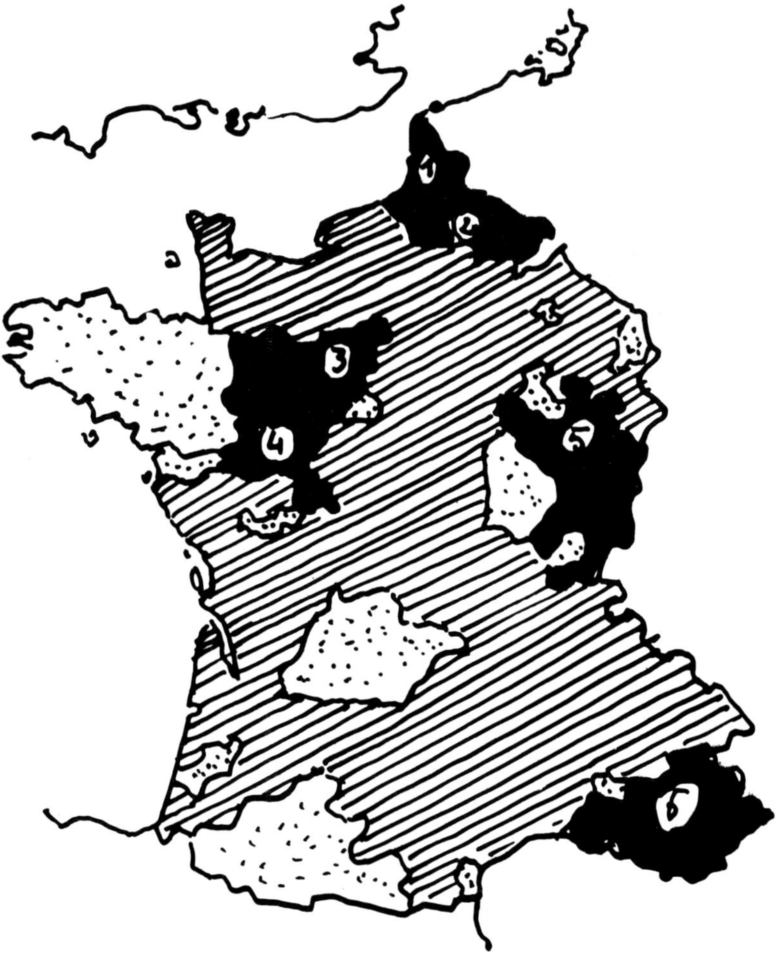

Domaine royal (y compris fiefs des princes de Valois)

Acquisitions de Louis XI (non compris la Cerdagne et le Roussillon, et la Franche-Comté promise en dot à la dauphine).

Fiefs des derniers grands vassaux

qui suivirent, l'administration de son État, instituant une Chambre du Trésor, une Chambre des Aides, une Chambre des Comptes, et réforma les instances judiciaires. Que cherchait-il ? A unifier la Bourgogne et la Flandre en leur imposant les mêmes lois, le même système fiscal.

Louis XI avait parfaitement décelé les intentions de son adversaire. Il s'en réjouit et ne fit aucune difficulté à renouveler les trêves avec lui. Il entendait fort bien que le Téméraire voulait assurer ses arrières, avant de s'engager davantage dans l'imbroglio germanique. Ses conseillers le blâmaient de laisser ainsi le champ libre aux Bourguignons. Mais, selon Commynes, l'un d'eux (et il y a de grandes chances que ce fût lui-même) dit au roi « qu'il prît cette trêve, et qu'il souffrît audit duc de s'aller heurter contre les Allemagnes (qui est chose si grande et si puissante qu'il est presque incroyable), ajoutant que, quand le duc aurait pris une place, ou mené à fin une querelle, il en entreprendrait une autre, et qu'il n'était pas homme pour jamais se saouler d'une entreprise (en quoi il était opposite du roi, car plus il était embrouillé et plus il s'embrouillait), et que mieux ne pourrait se venger de lui que de lui laisser faire ».

Après avoir séjourné en Alsace — qu'il considérait comme sienne depuis que Sigismond d'Autriche la lui avait engagée contre un énorme prêt — le Téméraire se rendit en Bourgogne et réunit les États. En dépit de l'échec des conférences de Trèves, il évoqua avec insistance le glorieux précédent du royaume de Lotharingie, naguère démembré par la France.

Louis XI tenait moins de discours et donnait moins de fêtes, mais sa diplomatie faisait merveille. Ses agents, ses chevaucheurs galopaient par les chemins. L'universelle aragne tissait patiemment sa toile. Le Téméraire n'aperçut même pas le piège qu'on lui tendait. Il ne comprit pas davantage que c'était son attitude même qui lui suscitait des ennemis de plus en plus nombreux. Initialement, l'empereur ne lui voulait aucun mal, non plus que les princes allemands. L'entrevue de Trèves, les pressions qui suivirent, de plus en plus fortes et menaçantes, les dressèrent contre lui. Au retour de Trèves, il s'était comporté en Lorraine comme un conquérant, sans craindre d'humilier son allié, le jeune duc René II. Il s'était engagé à aider Sigismond d'Autriche contre les Suisses ; il dédaignait de tenir ses promesses. Bien plus, en Alsace, il laissa son grand bailli, Pierre de Hagenbach, se conduire en tyran et pressurer la population. Les Suisses redoutaient le voisinage du grand bailli, lequel ne cachait pas son mépris à leur égard. Louis XI se chargea d'aviver leurs craintes. Il leur offrit son aide en cas d'agression par le Téméraire. Il fit plus encore. Ce maître diplomate parvint à les réconcilier avec Sigismond d'Autriche. Par la suite, il les incita à s'allier aux villes de Bâle, Colmar, Sélestat et Strasbourg. Ainsi la Haute-Ligue (unissant les cantons suisses) forma-t-elle bientôt avec la Basse-Union (Sigismond d'Autriche et les quatre villes) une puissante coalition contre la Bourgogne. Sigismond reçut l'avance nécessaire pour dégager l'Alsace. Le 25 octobre 1474, les coalisés déclaraient la guerre au Téméraire. Après avoir capturé et décapité Hagenbach, les Alsaciens entraient en rébellion ouverte contre le duc. Les Autrichiens et les Suisses sortaient de la défensive et envahissaient la Franche-Comté. Ils mirent le siège devant la petite ville d'Héricourt. Le maréchal de Bourgogne crut les surprendre. Il disposait de 25 000 hommes, mais dut battre en retraite après avoir subi de lourdes pertes (13 novembre 1474). Héricourt capitula. Au printemps de l'année suivante, les Suisses revinrent en Franche-Comté et prirent Pontarlier, puis s'emparèrent des cols du Jura, afin d'isoler la Bourgogne de la Savoie. Ils voulaient punir la duchesse Yolande d'avoir livré passage aux mercenaires italiens recrutés par le Téméraire. En quinze jours, ils prirent seize villes et une quarantaine de forteresses. Le Téméraire ne faisait rien pour aider ses amis de Savoie, ni pour mater la révolte alsacienne, ni même pour défendre la Franche-Comté. Il laissait ses lieutenants agir à sa place, avec quels résultats ! Persuadé d'être le seul stratège, il estimait peu ses capitaines, et ne s'inquiétait pas. Il réservait sa vengeance. Elle saurait être exemplaire, impitoyable. La pugnacité des Suisses, il la tenait pour rien. Que pourrait une poignée de montagnards contre l'artillerie et la cavalerie bourguignonnes convenablement disposées ? Pourtant la défaite d'Héricourt n'était pas sans signification. Tout autre que lui eût médité sur cette sanglante rencontre. Mais le Téméraire poursuivait son idée. Une idée digne d'un futur roi ! Il s'était lancé à corps perdu dans l'aventure allemande, sans mesurer le moins du monde le risque qu'il prenait. Les habitants de Cologne avaient déposé leur archevêque, Robert de Bavière. Ils ne supportaient plus sa tyrannie, ses exactions. Robert se réfugia à Bonn et demanda l'appui du Téméraire. Ce dernier le lui accorda volontiers, mais à condition de recevoir le titre de Protecteur de Cologne. La population récusa violemment le protectorat bourguignon. Deux clans se formèrent dans la ville, l'un soutenu par le prince Palatin, l'autre par le landgraf de Hesse. La querelle faisait tache d'huile. Le Téméraire pouvait encore refuser le protectorat. Il choisit d'intervenir militairement, sans même penser qu'il se mettrait à dos l'empereur et les princes. Mais, puisque Frédéric III l'avait dupé et refusait de lui donner une couronne, il croyait se tailler un royaume, mettre en somme le faible et vieil empereur devant le fait accompli. L'occasion s'offrait d'arrondir ses États ; il la saisit. Le 21 juillet 1474, il quitta Maestricht avec la plus belle armée que l'on ait vue et se dirigea vers Neuss. Il pensait que la capitulation de cette place entraînerait automatiquement la reddition de Cologne. Mais Neuss était défendue par un chef résolu, Hermann de Hesse, bien pourvue de vivres et de munitions. La façon dont le Téméraire traitait les prisonniers incitait la garnison à bien faire. Le premier assaut général, mal préparé, échoua piteusement, comme à Beauvais. Il fallut investir la ville, s'installer en vue d'un siège en règle. Le Téméraire avait une maison démontable, où ses trésors étaient exposés. Il fit construire une énorme machine, exactement une chatte, dominant les remparts de Neuss. Elle s'ensabla et se renversa. Un second assaut n'eut pas meilleur sort que le premier. On se canonnait sans résultat. Le Téméraire était optimiste. Il affamerait la ville. Il réduirait ses fortifications en poussière. Il épuiserait les défenseurs par de continuelles escarmouches ! Le camp bourguignon ressemblait à une fourmilière, à une ville, avec ses boutiques, ses tavernes, ses filles de joie. On s'y donnait du bon temps. Le duc recevait des ambassadeurs, jouait au cicerone, fier de montrer sa puissance. Mais Neuss tenait toujours. Pourtant, vers Noël, la situation paraissait désespérée : on manquait de vivres et de munitions. Les renforts ne venaient pas.

L'empereur s'était enfin décidé à intervenir. Il voulait surtout sauver Cologne et s'intéressait peu à Neuss. Le 31 décembre 1474, il avait signé à Andernach un pacte d'alliance avec les représentants de Louis XI. Frédéric III s'engageait à attaquer le Téméraire et le roi de France à envoyer une armée en Luxembourg. Le pacte prévoyait le partage de l'État bourguignon. La France aurait la Bourgogne, l'Artois et la Picardie. Le reste irait à l'Allemagne. Mais Louis XI n'avait aucune envie de distraire une partie de ses forces pour aider l'empereur. Il avait mieux à faire. Pourtant ce succès diplomatique venait aggraver la situation du Téméraire. Les défenseurs de

Neuss reprirent courage. L'empereur mobilisait, si lentement qu'il ne parut à Cologne qu'à la fin de mars 1475 ! Il était à la tête de 40000 hommes. Il avait quinze ducs et margrafs pour lieutenants. L'approche d'une telle armée n'ébranla point les résolutions du Téméraire. Il voulait Neuss, il l'aurait ! Il tenait les Allemands en même mépris que les Suisses. Lorsque Frédéric III eut établi son camp, Charles divisa ses troupes et se rapprocha des Allemands. Comme ils semblaient peu pressés d'engager le combat, ce fou les canonna copieusement. S'ensuivit un bref combat qui finit avec le jour. Finalement, par l'entremise d'un légat du pape, on conclut une trêve. En réalité, le Téméraire n'avait plus le choix. Il ne pouvait espérer vaincre la grosse armée de Frédéric, ni contraindre Neuss à capituler. Bien qu'il fût à court d'argent, il offrit un banquet triomphal à ses ennemis de la veille. A la fin de juin 1475, il abandonnait l'archevêché de Cologne, ayant perdu onze mois, une somme énorme et une partie de sa belle armée, mais surtout la chance de sa vie. CAR ÉDOUARD IV D'ANGLETERRE ÉTAIT ALORS EN FRANCE !...

VI

L'INVASION ANGLAISE

Pendant que Charles le Téméraire s'acharnait sous les murs de Neuss, les Anglais se rassemblaient à Cantorbéry. Édouard IV respectait ses accords avec la Bourgogne ; il s'apprêtait à envahir la France, à la tête d'une forte armée : 1500 lances, 10000 piétons, un matériel de siège et de nombreux canons. Louis XI était au courant de ces préparatifs par ses espions. Pour lui, la situation restait critique. Elle risquait de tourner au tragique si le Téméraire tenait ses engagements à l'égard d'Édouard, c'est-à-dire joignait un contingent de 10000 Bourguignons aux forces anglaises. Mais le Téméraire était empêtré dans les affaires allemandes. Il ne parvenait pas à prendre Neuss. L'armée impériale menaçait ses arrières. Louis XI le connaissait assez pour savoir que le futur roi de Lotharingie ne consentirait pas de si tôt à renoncer ! Dans le Midi, la coalition perdait de son mordant. Henri IV de Castille était mort en décembre 1474. Mort opportune s'il en fût, car elle ouvrait une grave querelle dynastique ! Force était au roi d'Aragon de défendre les intérêts de ses enfants : Ferdinand d'Aragon et l'infante Isabelle. Louis en avait profité pour reprendre Perpignan, d'où l'on avait récemment chassé les Français. Jean II dut conclure une trêve, renoncer, apparemment du moins, au Roussillon. Immobilisé par le problème castillan, il ne pouvait apporter aucun soutien aux Anglo-Bourguignons. En revanche, le duc de Milan, Galeazzo-Maria Sforza, rompant avec la politique extérieure de son père Francesco, pactisait avec le Téméraire. Bien que la duchesse Yolande fût la sœur de Louis XI, la Savoie était aussi l'alliée de la Bourgogne. A l'intérieur du royaume, les féodaux donnaient de l'inquiétude. Le connétable de Saint-Pol était si peu sûr que l'on ignorait quel parti il servirait quand éclaterait le conflit. Nonobstant son serment de connétable, il restait bourguignon de cœur. Quant au duc de Bretagne, malgré ses promesses, il entretenait des relations étroites avec Édouard IV. Il avait même accepté de recevoir un corps de 3000 Anglais et s'était engagé à attaquer les royaux à l'ouest pendant que les Anglo-Bourguignons attaqueraient à l'est. Il est vrai qu'échaudé dans ses précédentes entreprises, il redoutait Louis XI et montrait peu d'empressement. Le roi ne perdait pas une occasion de créer des embarras à son principal adversaire. Le nouveau duc de Lorraine, René II, était excédé par les abus des garnisons bourguignonnes. Il se laissa aisément convaincre de dénoncer son pacte d'amitié avec le Téméraire. Ce n'était certes pas le duché de Lorraine qui retarderait longtemps l'avance de celui-ci, quand il déciderait de lever le siège de Neuss! Le temps passait, le Grand Duc d'Occident s'entêtait à perdre ses hommes et son argent. Ce fut en vain qu'Édouard IV lui envoya une ambassade conduite par le frère de la reine, Anthony Rivers, pour lui annoncer l'imminence du débarquement et l'exhorter à tenir au plus tôt ses engagements. Ce fou d'orgueil répétait:

— «Il y va de mon honneur et de ma réputation!»

De son honneur de preux tout droit venu des Chansons de geste et des romans de chevalerie! De sa fausse réputation de grand capitaine, dont les victoires n'étaient en réalité que des échecs habilement arrangés pour duper l'opinion et flatter la vanité de leur auteur!

Louis XI ne se référait guère aux exploits du roi Artus, de Charlemagne et de ses preux. Il faisait de son mieux, avec les moyens du bord, sans éclat et sans outrecuidance, mais avec une efficacité parfaite. Lui aussi, il avait réuni une grosse armée (environ 20000 hommes) et arrêté son plan. Il n'avait aucune envie que la guerre de Cent Ans recommençât. Il ne se souvenait que trop des malheurs du roi de Bourges, son père, de la lente et périlleuse reconquête du royaume ! A l'opposé du Téméraire, il ne mésestimait nullement ses adversaires. Son tempérament l'inclinait même à prévoir le pire et à se prémunir en conséquence. Il était homme à ne négliger aucun détail, aucune possibilité, à tirer parti de tout. Il haïssait la guerre dans son principe et dans ses effets. Il lui paraissait monstrueux d'aventurer le sort du royaume dans une bataille, fût-elle décisive. Il n'avait point oublié les leçons de Crécy, de Poitiers, d'Azincourt. Pourtant il se préparait avec un soin extrême, conscient de vivre l'heure la plus critique de son règne.

La trêve avec le Téméraire expirait le 1er mai 1475. Le même jour, Louis XI marchait vers la Picardie. Il prit Roye et Montdidier, fit raser les forteresses et les places trop faibles pour soutenir un siège, évacuer les populations et stocker les récoltes. Les Anglais ne trouveraient ni points d'appui ni vivres ! Vers le 15 mai, il était en Normandie pour mettre les côtes en état de défense. Une information laissait craindre un débarquement dans cette province. Elle provenait du comte de Saint-Pol et semblait donc peu crédible à Louis XI. Il prenait toutefois ses précautions. On apprit que les premiers contingents anglais étaient arrivés à Calais. Il y avait donc les plus grandes chances pour qu'Édouard IV envahît le royaume par la Picardie. Saint-Quentin, dont Saint-Pol était seigneur, revêtait dès lors une importance stratégique de premier ordre. Louis XI sut que le connétable avait promis de livrer la ville à Édouard. Il ne s'émut pas outre mesure. Saint-Pol continuait son jeu de bascule ; il opterait pour le plus offrant. Le roi le « dédommagea ». Ne pensait-il pas que tous les hommes étaient à vendre !

Édouard IV arriva à Douvres à la mi-juin.Avant de s'embarquer, il envoya le héraut Jarretière porter, selon l'usage, son défi au roi de France. Ce dernier se trouvait encore en Normandie. Il accueillit courtoisement Jarretière, puis se retira dans sa garde-robe pour prendre connaissance de la lettre. Édouard IV le requérait de lui rendre le royaume de France, mais ce n'était qu'une clause de style. Louis revint ensuite pour converser familièrement avec le héraut. Son visage n'affichait ni crainte ni colère. Il était au contraire affable et souriant. Il démontra à Jarretière que le roi d'Angleterre ne venait point en France de son plein gré, mais sous la pression du duc de Bourgogne et des communes anglaises ; que la saison était tardive pour entreprendre une campagne ; « que le duc de Bourgogne s'en revenait de Neuss, comme homme déconfit et pauvre en toutes choses », que le connétable tromperait tout le monde :

— « Il ne veut vivre sinon en ses dissimulations, et en entretenir chacun, et faire son profit. »

Bref, il engageait le roi d'Angleterre à négocier au mieux des intérêts de chaque parti. Il donna trois cents écus au héraut et lui en promit mille, si la négociation se faisait. Jarretière promit d'y travailler de tout son pouvoir, et d'autant qu'il croyait Édouard IV disposé à parler. Il demanda seulement que l'on gardât le secret jusqu'au débarquement. Après quoi, Louis XI enverrait un héraut pour demander les sauf-conduits destinés à ses ambassadeurs. A l'issue de l'entretien, il appela Commynes. Il lui ordonna de faire délivrer trente aunes de velours cramoisi (un cadeau vraiment royal !) à Jarretière et de le prendre en charge jusqu'à ce qu'une escorte le reconduisît à son navire. Il ne voulait pas que l'envoyé d'Édouard IV parlât à quiconque. La perspective qui s'ouvrait à lui, l'emplissait d'aise. Il adorait les combinaisons subtiles, les missions secrètes, les tractations parallèles, les contre-lettres, en un mot l'arsenal de la diplomatie ! Sa gaieté stupéfia les gens de cour. On ne comprenait point pourquoi cette déclaration de guerre suscitait chez lui une réaction pareille.

Que faisait le Téméraire à cette époque capitale pour lui et pour ses amis anglais ? Il avait quitté Neuss dans les derniers jours de juin et envoyé son armée « se rafraîchir » en Lorraine, c'est-à-dire piller ce duché, afin de punir René II de l'avoir trahi. Le 11 juillet, il était à Bruges, où il avait convoqué les États de Flandre et de Brabant. Démuni d'hommes et d'argent, il crut adroit de proférer des reproches cinglants aux députés de ces deux provinces, disant qu'il n'avait pu s'emparer de Neuss par leur faute ; que leur refus de subsides constituait un crime de lèse-majesté. Il leur intima l'ordre de mobiliser dans un délai de quinze jours, sous peine d'un châtiment exemplaire. Les députés ne se laissèrent pas impressionner par cette menace. Ils répondirent par la négative, tout en assurant le duc de « leur respectueux amour ».

Édouard IV attendait la venue de l'armée bourguignonne, avec une irritation croissante. Il était arrivé à Calais dans la première semaine de juillet, avec son état-major. Le Téméraire se présenta à lui le 14. Il était accompagné d'une simple escorte, mais n'amenait point l'armée promise. Stupeur d'Édouard IV ! Le Téméraire croyait en imposer à son partenaire et voilà qu'il en était réduit à rendre compte. Il prétendit que le plan d'Édouard était maladroit : les Anglais auraient dû débarquer en Normandie. Le duc de Bretagne aurait ainsi joint ses forces aux leurs pour attaquer Louis XI à l'ouest. En même temps, les Bourguignons auraient attaqué à l'est. Les royaux n'eussent pu résister à cette double pression. Mais enfin les Anglais se trouvant à Calais, il s'agissait d'adopter un nouveau programme. Édouard IV s'en tenait à la jonction des forces anglaises et bourguignonnes. Le Téméraire déclarait que son armée était en Lorraine. Il suggérait que les Anglais entrassent en Champagne, cependant que les Bourguignons, une fois maître de la Lorraine, se dirigeraient vers Reims, où le sacre d'Édouard IV comme roi de France devait se dérouler. Mais Édouard IV se disait que les royaux ne le laisseraient pas s'emparer de Reims sans combat. Il comprenait mal les raisons pour lesquelles le grand Duc d'Occident, ce fier capitaine, s'inquiétait de la rébellion lorraine et des incursions suisses en Franche-Comté. Il comprenait encore moins l'immobilisme du duc de Bretagne et des autres féodaux, dont le Téméraire s'était porté garant. Les rodomontades et les divagations du duc de Bourgogne déplaisaient aux Anglais. Édouard IV se sentait joué. Il n'entendait point porter seul le poids de la guerre, encore qu'il fût le meilleur capitaine de son temps et qu'il eût une entière confiance en son armée. Mais, soldat expérimenté, il jugeait l'adversaire à sa juste valeur. Il savait en outre que les troupes de Louis XI comptaient désormais 50000 hommes et que les préparatifs de défense avaient été conduits de main de maître. Il adopta, ou feignit d'adopter le mirifique plan du Téméraire, pour couper court à des discussions stériles et, peut-être, éviter une rupture avec son incertain allié. Le Téméraire prit congé et se rendit en Lorraine. La perplexité d'Édouard IV était extrême. Pendant des mois, des années, usant, abusant de sa qualité de beau-frère, le duc de Bourgogne l'avait supplié de débarquer en France. Le pacte avait été signé, l'opération montée avec soin. Au moment de réaliser le grand projet, le Téméraire venait avec une escorte de cinquante hommes, au lieu d'une armée ! Pourquoi s'était-il lancé dans cette affaire de Cologne, attardé devant Neuss, dressant contre lui l'empereur et les princes ? Un tel manque d'esprit de suite laissait mal augurer de l'avenir. Encore Édouard IV ignorait-il que Louis XI avait signé un traité d'alliance avec Frédéric III et resserré son pacte avec les Suisses. Cependant l'armée anglaise s'était bon gré mal gré mise en marche. Ce n'était pas la guerre éclair qu'on lui avait promise, ni la vie facile avec le butin en prime! La tactique de la terre brûlée démoralisait l'envahisseur. Louis XI, non sans tristesse, avait donné l'ordre de détruire les villages de Picardie. Il fallait se nourrir, non sur l'habitant, mais sur les provisions que l'on avait apportées d'Angleterre, en quantité restreinte. Le connétable de Saint-Pol avait promis d'ouvrir les portes de Saint-Quentin. Quand les Anglais s'approchèrent, ils furent reçus à coups de canon. Une désillusion suivait l'autre. L'armée française n'attaquait pas, mais on la sentait proche, omniprésente et d'une écrasante supériorité numérique. Elle accompagnait en quelque sorte la marche d'Édouard. Louis XI avait installé son quartier général à Compiègne, afin de parer à toute éventualité. S'il le fallait absolument, il livrerait la grande bataille qu'il préférait éviter. Au besoin il attendrait que les Anglais fussent épuisés et démoralisés. Il affichait une résolution farouche et un optimisme qui rassérénaient les craintifs. Ce qu'il attendait surtout, c'était un émissaire d'Édouard IV. Il vint en la personne d'un valet au service d'un gentilhomme de la Maison royale...

C'est ici une histoire singulière, dont je suppose que l'on ne connaît qu'une partie, car c'est Commynes qui la raconte et sans doute Louis XI ne lui disait-il pas tout. Ce valet déclarait avoir été capturé par les Anglais, puis libéré par ordre d'Édouard IV, mais après le départ du duc de Bourgogne. Il indiquait aussi que les lords Howard et Stanley, deux conseillers du roi d'Angleterre, lui avaient remis chacun une pièce d'or en lui disant :

— « Recommandez-nous à la bonne grâce du roi votre maître, si vous pouvez lui parler. »

Or, au cours de son entretien privé avec Louis XI, le héraut Jarretière avait donné les noms de ces deux lords, selon lui, favorables à la paix... On avait d'abord enchaîné le malheureux valet, semble-t-il par erreur, ou pour donner le change. Dès que le roi l'eut interrogé, on lui rendit la liberté. Commynes : « Incontinent qu'il (le roi) fut assis à table, et un peu imaginé, comme vous savez qu'il faisait (ce qui était bien étrange à ceux qui ne le connaissaient, car sans le connaître, l'eussent jugé mal sage, mais les œuvres témoignent bien du contraire), il me dit à l'oreille que je me levasse... » Sur son ordre, Commynes s'en fut chez un certain Mérichon, valet d'un autre gentilhomme de la Maison royale, pour l'inviter à se vêtir d'un tabard de héraut et à se rendre au camp d'Édouard IV. « Il ne me semblait ni de taille, ni de façon propice à une telle œuvre ; toutefois il avait bon sens (comme je l'ai reconnu depuis), et la parole douce et aimable, jamais le roi ne lui avait parlé qu'une seule fois. » Ébahissement et terreur de Mérichon. Il se voyait déjà mort, se déclarait incapable d'accomplir une mission pareille. Il était rochelais : Commynes lui promit de l'argent et une charge lucrative à l'île de Ré. Puis il l'endoctrina de son mieux, sans comprendre pour quel motif c'était cet inconnu qu'avait choisi le roi. Pourtant Mérichon s'acquitta à merveille de sa mission. Dans sa cotte aux armes royales, le héraut improvisé se présenta au camp anglais. Il demanda à parler aux lords Howard et Stanley qui le devaient conduire à Édouard IV. Ce qu'ils firent. Le roi d'Angleterre l'écouta complaisamment. Mérichon n'avait pas de message écrit à lui remettre, mais à l'informer oralement des intentions de son maître. Il déclara que le seul désir du roi de France était de vivre en paix avec son cousin d'Angleterre ; que, depuis son avènement, il ne lui avait point cherché querelle. S'il avait accordé asile à Warwick, c'était seulement pour faire pièce au duc de Bourgogne. Il dit encore que le Téméraire l'avait fait venir en France dans son intérêt exclusif. Il ajouta que l'hiver approchait ; qu'une partie de l'opinion anglaise réclamait la paix. Si Édouard IV avait, comme Louis, envie de traiter, qu'il délivre des sauf-conduits aux ambassadeurs français. Il lui sera fait des propositions avantageuses pour les deux partis, car le roi de France sait bien que son cousin a fait de fort grosses dépenses.

Les pourparlers commencèrent dès le 13 août 1475. Les ambassadeurs anglais réclamèrent d'abord le royaume de France, naguère « usurpé » par les Valois, donc illégalement détenu par Louis XI. Ils demandèrent ensuite la Guyenne et la Normandie. Refus des envoyés français. Mais ils avaient des propositions autrement alléchantes à formuler ! Une trêve de sept ans, le remboursement des frais de guerre dans la limite de 75000 florins payables immédiatement ; une pension annuelle de 50000 florins pour Édouard IV, la liberté du commerce pour les deux nations et, afin de sceller cette amitié nouvelle, les fiançailles du petit dauphin Charles avec la fille aînée d'Édouard. Les Anglais n'en espéraient pas tant ! On se mit d'accord et la trêve fut signée aussitôt, sous réserve de l'approbation des deux rois. On convint qu'ils se rencontreraient le 24 août, à Picquigny. Apprenant ces nouvelles, le Téméraire, qui n'était encore qu'à Valenciennes, eut une crise de fureur. Il bondit à cheval et, le 19 août fit irruption chez le roi d'Angleterre. Ce fou n'avait avec lui que seize chevaliers ! Édouard IV, irrité par ce sans-gêne et probablement fort ennuyé, lui demanda ce qu'il voulait, s'il préférait parler en public ou en privé. Mais l'irascible duc n'avait rien à cacher ; il haïssait les entretiens secrets. Tout de suite il en vint au fait. Était-il vrai qu'Édouard eût traité avec le roi Louis, sans aviser son allié et son fidèle ami ? Édouard répondit que la trêve était signée. Il pouvait se rassurer : on y avait inclus les ducs de Bourgogne et de Bretagne. Le Téméraire éclata en reproches véhéments ; il s'exprima « en anglais (car il en savait le langage) ». Il rappela à Édouard les faits d'armes de ses aïeux, « les peines qu'ils avaient prises pour y acquérir de l'honneur ». Il osa affirmer que, s'il l'avait incité à passer la mer, c'était pour lui permettre de recouvrer les possessions des Plantagenêts. Édouard répondit qu'il ne dénoncerait pas la trêve pour lui faire plaisir et le congédia brutalement. Fou de rage, le Téméraire rentra dans ses États. La situation se renversait. Désormais le Grand Duc d'Occident restait seul en face de Louis XI.

Les deux rois se rencontrèrent à Picquigny. On avait jeté un pont sur la Somme, divisé par un guichet : c'était décidément l'usage depuis Montereau ! Les deux armées se rangèrent de part et d'autre de la rivière. Personne n'avait envie de se battre. L'entrevue n'était qu'une formalité. Les Anglais étaient dans les meilleures dispositions. Les jours précédents, Louis XI, qui connaissait leur dénuement, les avait régalés : il leur avait envoyé trois cents chariots de vivres et de vins (« des meilleurs qu'il fût possible de finer »). Il avait fait dresser aux portes d'Amiens, où il logeait, de grandes tables chargées de viandes : chacun pouvait se servir sans payer son écot. « D'eau n'était nouvelles ! » plaisante Commynes. Si bien que les bons Anglais ronflaient sous les tables et que des bagarres éclataient ici et là. Bien plus, on leur ouvrit une dizaine de tavernes, avec dégustation gratuite. Édouard IV était honteux de la conduite de ses hommes ; pour un peu, il eût demandé à son bon cousin de rétablir l'ordre. D'aventure, ces ivrognes l'insultaient !

Le jour de l'entrevue, Louis XI était en avance. Il voulait attendre son visiteur, par courtoisie, aussi pour lui faire comprendre qu'il était chez lui et recevait en maître de maison. On vit paraître Édouard. Il portait une barrette (une toque) de velours noir, décorée d'une grande fleur de lys en pierreries. Commynes: « C'était un très beau prince et grand; mais il commençait à engraisser et je l'avais vu autrefois plus beau; car je n'ai point souvenance d'avoir jamais vu plus bel homme qu'il était, quand monseigneur de Warwick le fit fuir d'Angleterre. » Dès qu'il aperçut Louis XI, Édouard retira prestement sa barrette fleurdelisée et esquissa une génuflexion. Louis XI lui répondit par une grande révérence. Les deux rois s'embrassèrent par les trous du guichet.

— « Monsieur mon cousin, dit Louis XI, vous soyez le très bien venu; il n'y a homme au monde que je ne désirasse tant voir que vous, et loué soit Dieu de quoi nous sommes ici assemblés à si bonne intention! »

Édouard répondit de son mieux, « en assez bon français ». On apporta le traité. Les deux rois jurèrent sur la croix d'un missel de le respecter. Ensuite, pour détendre l'atmosphère, Louis dit au roi d'Angleterre qu'il devrait bien venir à Paris, « qu'il le festoierait avec les dames et qu'il lui baillerait le cardinal de Bourbon pour confesseur, qui était celui qui l'absoudrait très volontiers... ». Les mœurs du cardinal étaient connues. Édouard se mit à rire. Déjà Louis regrettait son imprudente invitation. Puis les deux rois congédièrent leurs suites et parlèrent seul à seul. On en venait aux choses sérieuses. Louis demanda ce qu'il devait faire dans le cas où le duc de Bourgogne récuserait la trêve. Édouard déclara qu'il s'en remettait à lui. Par contre, si besoin était, il défendrait le duc de Bretagne, son constant ami. Louis XI n'insista pas. Il prit congé d'Édouard, « avec les plus aimables et gracieuses paroles qu'il pût ».

Sur le chemin du retour, il dit à Commynes que le roi d'Angleterre avait fort envie de visiter Paris:

— « C'est un très beau roi; il aime fort les femmes; il pourrait trouver quelque affectée (coquette) à Paris, qui lui saurait bien dire tant de belles paroles qu'elle lui donnerait envie de revenir. »

Et il ajouta que les prédécesseurs d'Édouard n'avaient que trop séjourné à Paris et en Normandie. Qu'il le voulait bien pour frère et ami, mais au-delà de la mer, non en deçà. Le soir, comme il se mettait à table, survinrent deux ou trois lords, parmi lesquels Howard. Ce dernier lui dit à l'oreille que, s'il le désirait, il se faisait fort de décider Édouard à venir à Paris. Louis XI se mordait la langue, mais un peu tard! Il finit par répondre qu'il devait s'occuper d'abord du duc de Bourgogne, à son grand regret. Et, dès lors, il s'intéressa surtout au départ des Anglais, tout en continuant à les approvisionner, même en torches et en chandelles. L'euphorie était générale. On fraternisait et on se contait des histoires. Commynes entendit raconter par des Anglais que c'était le Saint-Esprit qui avait fait la paix, car un pigeon blanc s'était posé sur la tente d'Édouard et « ne s'en était voulu bouger ; mais, à l'opinion de certains, il avait un peu plu, et puis il vint un grand soleil, et ce pigeon se vint mettre sur cette tente, qui était la plus haute, pour s'essuyer ». Louis parachevait le traité de Picquigny à sa manière. Il distribuait des pensions aux conseillers et principaux officiers d'Édouard. Il faisait même de riches présents à ceux qui s'étaient prononcés contre la trêve, comme le duc de Clarence. Et riait sous cape. Commynes : « Il n'était rien au monde dont le roi eût plus grande peur, que de ce qu'il lui échappât quelque mot, par quoi les Anglais pensassent qu'on se moquait d'eux. » Mais il ne pouvait tenir sa langue ! « Le lendemain, il lui échappa quelque mot de risée touchant les vins et les présents qu'il avait envoyés à l'ost des Anglais. » Il aperçut alors un marchand gascon, lequel avait tout entendu. Ce marchand habitait l'Angleterre. Louis XI le fit reconduire à Bordeaux, le pourvut d'un bon office et lui donna de l'argent pour faire venir sa femme. « Et ainsi se condamna le roi à cette amende, reconnaissant qu'il avait trop parlé. »

Le 31 août, à son grand soulagement, les Anglais partirent pour Calais. Le 11 septembre, ils arrivaient en Angleterre, où l'opinion n'était pas unanime, encore que la pension annuelle d'Édouard fût présentée comme un « tribut ». Louis XI se moquait de cette subtilité de langage. L'essentiel, pour lui, c'est d'avoir évité une coûteuse bataille et, quasi sans pertes humaines, mis le point final à la guerre de Cent Ans. Peu lui importait d'avoir acheté la paix ; il ne regrettait ni la gloire qu'il aurait pu s'acquérir, ni l'argent qu'il avait dépensé. Il faisait sienne la pensée de Commynes : « Car, à la fin du compte, qui en aura le profit, en aura l'honneur. »

Partout dans le royaume, ce n'étaient que réjouissances et processions. On apercevait enfin la grandeur de ce roi sans apparence, mais habile et travailleur infatigable. On avait eu peur de voir les Anglais à Paris, les sinistres Écorcheurs sillonner le plat pays. On respirait. On exultait et, bien entendu, on chantait :

LE PROFIT ET L'HONNEUR

J'ai vu roi d'Angleterre
Amener son gros ost[1]
Pour la française terre
Conquérir bref et tôt.
Le roi voyant l'affaire
Si bon vin leur donna,
Que l'autre sans rien faire
Content s'en retourna.

En somme, l'invasion anglaise finissait par des chansons.

1. Armée. On prononçait ôt.

VII

SAINT PIERRE ET SAINT PAUL

Le connétable ne savait plus à quel saint se vouer. Il avait trahi Louis XI, le duc de Bourgogne, le roi d'Angleterre, et s'était trahi lui-même en cherchant à tirer son épingle du jeu. Après avoir promis au Téméraire de livrer Saint-Quentin aux Anglais, il les avait canonnés. Informé des pourparlers anglo-français, il avait écrit à Édouard IV de ne pas se rendre à Picquigny. Puis, pour faire bonne mesure, il envoya deux émissaires auprès de Louis XI. Il espérait malgré tout rentrer en grâce et, peut-être, obtenir quelque récompense pour Saint-Quentin. Or les mêmes émissaires avaient été porter la bonne parole au duc de Bourgogne. Une fois de plus, le comte de Saint-Pol se donnait au plus offrant. A tout le moins se flattait-il d'apaiser le courroux des deux partis. Louis XI hébergeait alors le sire de Contay, l'un des meilleurs lieutenants du Téméraire. Contay avait été fait prisonnier. Il va sans dire que Louis XI l'avait gagné à sa cause. Au moment de recevoir les envoyés du comte de Saint-Pol, il imagina une scène digne de la commedia dell'arte. Il fit placer Commynes et Contay derrière un paravent. On introduisit les émissaires. Le roi s'était assis au ras du paravent. Il fit approcher les visiteurs. Sa bonne humeur les mit en confiance. Ils avouèrent ingénuement que le connétable les avait envoyés au duc de Bourgogne pour l'inciter à rompre avec les Anglais et même à les attaquer. Ils dirent qu'ils avaient trouvé le Téméraire tellement en fureur contre Édouard qu'ils avaient manqué de peu emporter la décision. Et, croyant complaire au roi, l'un d'eux qui se nommait Louis de Creville, « commença à contrefaire le duc de Bourgogne, et à frapper du pied contre terre, à jurer saint Georges, et qu'il appelait le roi d'Angleterre Blanc-Borgne, fils d'un archer qui portait son nom ; et toutes les moqueries qu'en ce monde il était possible... ». Le roi riait à gorge déployée. Feignant d'être un peu sourd, il disait à Creville de répéter ses propos et l'autre s'exécutait de bon cœur. Derrière son « ôte-vent » (son paravent), Contay n'en perdait pas une et souffrait de voir traiter son maître de la sorte. Tout de même les émissaires avaient une mission à remplir. Saint-Pol proposait au roi — qui n'avait pas attendu son avis — de conclure une trêve avec les Anglais. Il suggérait de leur offrir Eu et Saint-Valéry « pour loger l'hiver ». Le roi les remercia, en disant qu'il ferait savoir prochainement de ses nouvelles au connétable. Après leur départ, il se remit à rire de plus belle. Le tour qu'il venait de jouer l'enchantait. Contay ne pouvait dissimuler sa colère. C'était un serviteur loyal. Il ne supportait pas qu'on trahît son maître et que, par surcroît, on le tournât en dérision. Louis XI l'autorisa volontiers à repartir sur-le-champ pour rendre compte au Téméraire.

Après le traité de Picquigny, ce dernier n'avait pas le choix. Il s'était vanté de n'avoir nul besoin des Anglais pour vaincre Louis XI. Mais il savait fort bien que, réduit aux seules forces bourguignonnes, il eût été irrémédiablement battu. Il fit taire son courroux et entama des pourparlers. Inutile de préciser qu'il cherchait simplement à gagner du temps. Dans son aveuglement, il voulait d'abord châtier le duc de Lorraine, puis écraser les Suisses. Délivré de ces montagnards agressifs, il se retournerait contre le roi de France. Louis XI n'était pas dupe. Il savait que jamais le Téméraire n'aurait raison des Suisses qui lui vouaient une haine mortelle. Dès lors, pourquoi l'empêcher d'assouvir ses appétits de vengeance, ou plutôt de se briser les dents ? Les négociations se déroulèrent à Soleuvres, un château luxembourgeois. Le traité fut signé le

13 septembre 1475. Il prévoyait une trêve de neuf ans et la livraison du comte de Saint-Pol dont les dépouilles reviendraient au Téméraire, à savoir Saint-Quentin, Ham et Bohain. Dès le 25 septembre, le Téméraire se dirigeait vers la Lorraine.

Le comte de Saint-Pol eut vent de quelque chose et s'affola. Il donna une ultime preuve de sa duplicité en offrant Saint-Quentin au Téméraire. Cette manœuvre aggrava son cas: Louis XI s'était déjà saisi de cette place. Saint-Pol, réalisant soudain son erreur, se mit sous la protection du duc et sollicita un sauf-conduit. Le duc le lui délivra sans difficulté. Il le fit néanmoins arrêter à Mons et remettre à l'envoyé de Louis XI, Jean Blosset, seigneur de Saint-Pierre. Les Parisiens en firent un mot: « Il y a guerre au paradis ! Saint-Pierre a pris saint Paul. » Commynes porte un jugement sévère sur la livraison du connétable: « Il n'était nul besoin au duc de Bourgogne, qui était si grand prince, et de maison si renommée et honorable, de lui donner une sûreté[1] pour le prendre; et fut grande cruauté de la bailler où il était certain de la mort, et par avarice. Après cette grande honte qu'il se fit, il ne mit guère à recevoir du dommage... »

L'arrivée de l'illustre captif à Paris fit événement. Il n'entra pourtant pas dans la capitale, car son escorte le conduisit hors les murs jusqu'à la Bastille. On le vit cependant passer, « habillé d'une cape de camelot doublé de velours noir, dans laquelle il était fort embrunché (dissimulé), et était monté sur un petit cheval à crins courts fort velu », selon le témoignage de Jean de Roye. Il fut reçu par le chancelier de France et remis aux bons soins de Pierre Lhuillier, capitaine de la Bastille. L'ordre de Louis XI ne souffrait aucun atermoiement: il était d'expédier le procès dans le délai d'une semaine. Le Chancelier, le président du Parlement et ses adjoints procédèrent à l'interrogatoire. Saint-Pol n'avait nullement préparé sa défense. Il ne s'attendait pas à ce qu'on jugeât un seigneur tel que lui, par surcroît titulaire de la plus haute charge du royaume. Son esprit tortueux le desservit. Il ne sut formuler que des réponses équivoques, ergoter sur des points de détail et nier l'évidence. On lui mit sous le nez les preuves flagrantes de ses trahisons. Il s'effondra, mais ses aveux manquèrent de sincérité. Qu'espérait-il? Son sort était réglé d'avance. D'ailleurs ses crimes étaient assez graves et nombreux pour qu'il

1. Un sauf-conduit.

ne conservât aucune illusion. Mais il avait l'âme trop « féodale » pour se sentir réellement fautif. C'était un homme d'un autre temps, comme le Téméraire et ses semblables. Il lui avait paru naturel de négliger le serment qu'il avait prêté au roi en recevant l'épée de connétable, d'exciter en sous-main le duc de Guyenne à se rebeller contre son frère, de susciter des incidents entre le duc de Bourgogne et le roi, de manière à rendre les accommodements impossibles et de prendre de l'importance, sans parler de sa conduite avant et pendant l'invasion anglaise. Il est vrai que sa position était inconfortable : une moitié de ses seigneuries relevait de la Bourgogne, l'autre du roi de France. Il était difficile de servir deux maîtres tels que Louis XI et le Téméraire. Saint-Pol préféra les trahir tous les deux, qui plus est entretenir des relations avec Édouard IV. Mais, issu d'une ancienne et illustre Maison, marié à l'une des sœurs de la reine, il ne pouvait croire que l'on en voulait à sa vie. Si ces magistrats — qu'il méprisait — osaient le condamner à mort, le roi ne refuserait pas sa grâce ; il convertirait la peine en emprisonnement. Peut-être même se contenterait-il d'une grosse amende, ou confisquerait-il les seigneuries françaises de son ex-connétable. Ou bien Saint-Pol perdrait tout simplement sa connétablie ; il y renoncerait volontiers. Pourtant il y avait de funestes précédents. Saint-Pol n'ignorait point la fin du comte d'Armagnac qui se disait d'origine mérovingienne et se comportait comme un véritable roi dans ses montagnes des Pyrénées. Ou du « gentil » duc d'Alençon, héros de la guerre de Cent Ans, prince du sang, parrain du roi régnant, et qui croupissait au fond d'une geôle !

Le Parlement le reconnut coupable du crime de lèse-majesté et le condamna à mort. En pareil cas, le condamné devait avoir la tête tranchée et le corps découpé en quatre quartiers que l'on exposait à la vue de la foule. Louis XI adoucit la peine, en considération du rang de Saint-Pol. Il consentit à ce qu'il reçût une sépulture chrétienne et lui épargna le découpage en quatre quartiers, mais non la décapitation.

Le 19 décembre 1475, au matin, le sire de Saint-Pierre entra dans la prison du connétable. Il était accompagné par Robert d'Estouteville, prévôt de Paris.

— « Monseigneur de Saint-Pol, dit-il, que faites-vous ? Dormez-vous ? »

— « Nenni, il y a longtemps que je n'ai dormi, mais je suis ici où vous me voyez pensant et fantasiant. »

Saint-Pierre le rassura quelque peu. Le connétable se leva, s'habilla et, en quittant sa cellule, fit le signe de croix en disant :

— « A Dieu je me recommande. »

Les chevaux piaffaient dans la cour de la Bastille. Saint-Pol fut conduit au palais. Le chancelier — qui était alors Pierre Doriole — l'y attendait, avec les juges. Il dit :

— « Monseigneur de Saint-Pol, vous avez été, autrefois et jusqu'ici, tenu et réputé le plus sage et le plus constant chevalier de ce royaume, et puisque vous avez été tel jusqu'à maintenant, il vous faut montrer plus de constance que jamais. »

Saint-Pol était stupéfait. Le chancelier reprit, avec la même politesse glacée :

— « Monseigneur, il faut que vous ôtiez d'autour votre cou l'Ordre du Roi que vous y avez mis. »

C'était le collier de Saint-Michel, dont Louis XI l'avait décoré, lors de la première promotion. Saint-Pol acquiesça. Mais il tremblait d'effroi. Il mit la main au collier et ne put le retirer, d'autant que la chaîne tenait par une épingle. Il demanda à Saint-Pierre de l'aider. On le vit baiser pieusement la médaille de l'Archange. Le chancelier lui demanda alors son épée de connétable. Saint-Pol dit qu'on la lui avait retirée lors de son arrestation. Jean de Poupaincourt, qui présidait le tribunal, lui signifia la sentence :

— « Monseigneur, vous savez que, par l'ordonnance du roi, vous avez été constitué prisonnier à la Bastille Saint-Antoine, en raison de plusieurs cas et crimes à vous mis sus et imposés. Auxquelles charges vous avez été entendu en tout ce que vous avez voulu dire, et sur tout vous avez baillé vos excuses ; et tout vu à grande et mûre délibération, je vous dis et déclare, par Arrêt de cette Cour, que vous avez été criminel de lèse-majesté, et, comme tel, êtes condamné par cette Cour à souffrir mort aujourd'hui, c'est à savoir que vous serez décapité devant l'hôtel de ville de Paris, et toutes vos seigneuries, revenus, autres héritages et biens, déclarés acquis et confisqués au Roi, notre Sire ! »

— « Ha ! s'écria Saint-Pol, Dieu soit loué, voici bien dure sentence ! Je le supplie et requiers qu'il me donne grâce de bien le connaître aujourd'hui. »

Il se tourna vers Saint-Pierre :

— « Ha, ha, Monsieur de Saint-Pierre, ce n'est pas ce que vous m'avez toujours dit, il s'en faut de beaucoup ! »

On le confia à quatre docteurs en théologie, le doyen de la

faculté, un Augustin, un Cordelier et un Pénitencier. Saint-Pol était pieux. Il demanda à communier. On le lui refusa, mais on permit qu'il entendît une messe. On lui donna de l'eau et du pain bénits. Il était deux heures de l'après-midi quand on le remit à cheval. En habit de deuil — car sa femme était morte depuis peu — il parcourut lentement la distance qui séparait le palais de l'hôtel de ville. Une foule considérable se pressait sur son passage. Les Parisiens étaient friands de ce genre de spectacle ! Et d'autant que, ce jour-là, ce n'était pas un larron quelconque ou un meurtrier qui serait exécuté, mais le connétable de France ! Deux échafauds avaient été dressés sur la place de Grève, l'un pour le chancelier et les juges, l'autre pour le condamné. On vit Saint-Pol descendre de cheval, entrer à l'hôtel de ville en compagnie des quatre confesseurs. Là, « faisant de grands et piteux regrets », il dicta son testament. On le vit ensuite sortir de l'hôtel de ville et se mettre à genoux, le visage tourné vers l'église Notre-Dame ! Il faisait son oraison « en douloureuses pleurs et grande contrition », baisant fréquemment la croix qu'on lui présentait. Selon Jean de Roye, qui assista à l'exécution, il y avait deux cent mille personnes à regarder : ce chiffre paraît exagéré eu égard aux dimensions de la place de Grève. Petit-Jean, fils de Jean Cousin, exécuteur de la haute justice, s'approcha de Saint-Pol qui se laissa « bénignement » lier les mains. Saint-Pol monta sur le petit échafaud. Le chancelier et sa suite avaient pris place sur le grand. Saint-Pol se tourna vers eux en criant merci au roi et leur demanda de prier pour son âme. Il se tourna ensuite vers la foule et demanda ses prières. Puis il s'approcha du billot, devant lequel il y avait un carreau (tapis) de laine aux armes de la ville. Il le déplaça de la pointe du pied et se mit à genoux. Petit-Jean lui banda les yeux, prit l'épée que lui présentait son père et, d'un seul coup, « fit voler la tête de dessus les épaules, si tôt et si vite que le corps chut à terre aussitôt que la tête ». Le bourreau lava le chef sanglant dans un seau d'eau et le mit sur la barrière entourant l'échafaud.

Les juges permirent que la dépouille fût ensevelie dans un beau drap de lin, placée dans un cercueil et inhumée dans l'église des Cordeliers, où reposait déjà Madame de Saint-Pol, belle-sœur du roi.

Avant son exécution, alors qu'il se trouvait encore à l'hôtel de ville, le connétable avait remis à ses confesseurs les soixante-dix demi-écus d'or qu'il gardait dans son pourpoint, à charge pour eux de les distribuer aux pauvres. Il leur donna aussi une bague avec un diamant, en leur demandant de la passer au doigt de la statue de Notre-Dame de Paris. Il leur donna aussi un pendentif :

— « Beau Père, voici une pierre que j'ai longuement portée au cou, et que j'ai fort aimée, parce qu'elle a une grande vertu, car elle résiste à tout venin, préserve aussi de toute pestilence. Cette pierre, je vous prie que vous portiez de ma part à mon petit-fils, auquel vous direz que je lui demande de la bien garder pour l'amour de moi. »

Mais le chancelier exigea que la pierre fût remise au roi. Jean de Roye dit que l'on fit « une petite épitaphe » en mémoire de cette journée :

Mil quatre cents l'année de grâce,
Soixante-quinze en la grand'place,
A Paris, que l'on nomme Grève,
L'an que fut faite aux Anglais trêve,
De décembre le dix-neuf,
Sur un échafaud tout neuf,
Fut amené le Connétable,
A compagnie grande et notable,
Comme le veut Dieu et raison,
Pour sa très grande trahison.
Et là il fut décapité,
En cette très noble cité.

Désormais, de ceux qui avaient travaillé à détrôner Louis XI et à démembrer le royaume, le Téméraire restait seul debout. Lui et le duc de Nemours, dont les agissements et la correspondance étaient étroitement surveillés et dont viendrait bientôt le tour !...

VIII

LE LOUP BLESSÉ

Le 25 septembre 1475, le Téméraire avait pris la tête de ses troupes à Pont-à-Mousson. Il venait alors de signer la trêve de Souleuvres avec Louis XI. Désormais sans inquiétude du côté de la France, il pouvait donner libre cours à son impétueux génie, c'est-à-dire venger les affronts qu'il avait subis pendant le siège de Neuss en châtiant les Lorrains et les Suisses, mais aussi rétablir sa réputation de stratège amoindrie par ses récents échecs. Malgré ses embarras financiers — car il avait depuis longtemps épuisé le trésor hérité de son père — malgré la lassitude des Bourguignons et des Flamands excédés d'être toujours en armes, il n'abdiquait aucun de ses projets et rêvait toujours d'une couronne royale. Ne tirant aucune leçon de ses expériences, il se flattait de balayer les derniers obstacles avant de se proclamer lui-même roi de Bourgogne. Dans son irréalisme — car on ne peut certes pas le taxer de naïveté — il se réjouissait d'avoir joué « l'universelle aragne », sans comprendre qu'au contraire le traité de Souleuvres était l'ultime piège que lui tendait Louis XI. Car la toile invisible était désormais tissée, où le bel insecte noir et or, bourdonnant et coruscant, se prendrait à bref délai ! D'une trêve à l'autre, le patelin monarque avait anémié le commerce flamand et les foires bourguignonnes par une concurrence systématique, fait intercepter les flottes marchandes génoises et vénitiennes, sur la route d'Anvers et de Bruges, interdit les expéditions de blé. Bourguignons et Flamands refusaient de se ruiner pour financer des entreprises qui n'aboutissaient à rien ! Une grande victoire était pour le Téméraire d'absolue nécessité, s'il voulait regagner l'estime de ses peuples. Mais Louis XI, qui subventionnait grassement les Suisses, encourageait toutes les révoltes quand il ne les suscitait pas, multipliait les embûches de toute nature, enlevait à son adversaire les moyens de vaincre.

Pourtant la fortune sourit une dernière fois au Grand Duc d'Occident, mais ce sourire était lui-même une perfidie. A peine entré en Lorraine, Charles s'empara presque sans combat d'Épinal. Le pauvre petit duc René II (qui ne méritait peut-être pas la réputation qu'on lui attribue), complètement affolé, appela Louis XI au secours. Que pouvait-il avec ses vassaux et leurs maigres troupes contre la puissante armée bourguignonne ? Il préféra s'enfuir à Joinville, chez sa mère, Yolande de Vaudemont [1]. Rejoint par son demi-frère Antoine, Grand Bâtard de Bourgogne, qui arrivait d'Italie avec un contingent de mercenaires, Charles mit le siège devant Nancy. Il adorait les sièges, leurs travaux préparatoires, leurs longues canonnades, car il se prenait aussi pour un ingénieur militaire de premier ordre ! Le 26 novembre, la garnison se rendit. Le Téméraire lui accorda d'ailleurs une capitulation honorable. Le 30 novembre, il fit son Entrée dans la ville, en grande tenue, au milieu des trompettes et des étendards. Il jura ensuite de respecter les us et privilèges, et s'installa dans le palais ducal. Les espions de Louis XI ne perdaient pas leur temps. Ils le tenaient ponctuellement informé des intentions, des activités du Téméraire. La trêve de Souleuvres donnait à celui-ci le choix entre la Lorraine et l'abandon définitif des villes de la Somme, choix qui devait intervenir avant le 20 décembre. Cet insensé opta sans hésiter pour la Lorraine, ouvrant ainsi une large brèche dans ses frontières nord-ouest. Mais il avait alors une autre idée en tête. Il faut quand même appeler l'attention du lecteur sur le cynisme de Louis XI.

1. Elle était fille du roi René.

René II de Lorraine était son allié ; il implorait son secours ; pour toute réponse, le roi l'abandonnait. Par bonheur pour René, les Autrichiens et les Suisses prirent fait et cause pour lui.

Une nouvelle lubie obsédait alors le duc de Bourgogne. Il réunit les États de Lorraine au palais de Nancy et proclama l'annexion pure et simple du duché. Dans un discours fracassant, il justifia cette mesure par la nécessité de défendre la Lorraine (contre qui, sinon lui-même ?), puisque ses ducs étaient incapables d'assurer la sécurité de leurs sujets. Et il annonça, en termes emphatiques, son intention de faire de Nancy la capitale de son futur royaume, de cette grande Lotharingie dont tous gardaient, selon lui, la nostalgie. Désormais la jonction entre la Bourgogne et la Flandre était acquise, et pour jamais : mais il était le seul à s'en persuader. Car enfin l'État bourguignon était menacé à l'est et au sud. Sigismond d'Autriche avait recouvré les villes d'Alsace et il était prêt à aider les Suisses, ses anciens ennemis, devenus ses alliés par la grâce industrieuse de Louis XI. Certes, du côté de l'Empire, le Téméraire n'avait pas grand-chose à craindre, tant Frédéric III était désireux de marier Maximilien et Marie de Bourgogne. Mais les Suisses avaient profité de l'absence du duc de Bourgogne pour agresser le duché de Savoie[1], punissant Yolande de s'être alliée avec leur ennemi. Ils avaient conquis le pays de Vaud, imposé à Genève une énorme contribution de guerre. Ces exploits exaspéraient leur bellicisme. Le Téméraire se devait de défendre la duchesse Yolande, qui s'était mise sous sa protection. On lui prêtait aussi l'intention de s'approprier le nord de la Savoie.

Cependant tout laissait penser qu'avant d'attaquer les Suisses, il s'en prendrait à Sigismond d'Autriche et terrasserait la « rébellion » alsacienne. Mais l'esprit de vengeance lui tenait lieu de politique. Ce fut vers la Franche-Comté, toujours en butte aux incursions suisses, qu'il se dirigea, non vers l'Alsace. Il déclarait vouloir, « avec l'aide de Dieu et de saint Georges, venger et délivrer ses pays et sujets de Bourgogne, et ceux de la Maison de Savoie, des Suisses, Valoisiens et autres Allemands. » Le 22 janvier 1476, il était à Besançon, avec une partie de ses troupes et son artillerie. Il y passa quinze jours pour lever des recrues et achever ses préparatifs.

1. Le duché de Savoie s'étendait du lac de Neufchâtel aux Alpes et à Turin, englobant le Piémont.

Au début de janvier, il avait envoyé une avant-garde de 4000 hommes dans le pays de Vaud. Les Bourguignons avaient été accueillis en libérateurs; ils progressaient vers le lac Léman. Le Téméraire se réservait d'asséner le coup final. Quel était son plan ? Il n'en avait pas, aussi surprenant que cela paraisse. Simplement il avait décidé de livrer aux Suisses une grande bataille en rase campagne, afin d'utiliser sa cavalerie lourde. Selon lui, cette bataille serait décisive. Il la voulait exterminatrice: son vœu fut exaucé, non comme il l'entendait!

Il quitta Besançon le 6 février. Son armée franchit le col de Jougne en pleine tempête de neige. Elle était forte d'environ 20000 hommes et traînait après elle d'immenses bagages: les tentes, les trésors du Téméraire, sa chancellerie, ses principaux services, les vivres, les munitions, les armes de rechange, sans oublier les pipes de bon vin chères aux Bourguignons. Dressé comme une statue équestre au sommet du col, cinglé par un vent glacial, environné de flocons tourbillonnants, le Grand Duc d'Occident regardait passer les vainqueurs de demain: et c'était déjà, dans ces linceuls de neige, un cortège de fantômes gémissants. Mais Charles, ivre de puissance et d'orgueil, réchauffé par toutes les braises d'une colère vengeresse, se prenait pour Hannibal! Il jouait inconsciemment sa grande scène historique: avec la vie de milliers d'hommes, avec son propre destin! Dans cette solitude martelée par les pieds de soldats, sa gloire se lustrait les ailes.

Le 11 février, Orbe et Romont tombaient aux mains des Bourguignons. Le 19, ils étaient en vue de Granson, petite place forte dont les Suisses se sont emparés, parmi d'autres. Ces derniers ont cru que le duc marcherait sur Payerne, et de là sur Fribourg, Berne et Lucerne, détruisant l'une après l'autre les principales villes de la Confédération. Ils furent pris de panique, car leurs observateurs rapportaient que le Téméraire s'approchait avec 60000 hommes et une artillerie prodigieuse. Les habitants de Berne, premiers visés, appelèrent les Confédérés à l'aide: « Du fond du cœur, nous vous demandons, nous vous supplions de nous venir en aide sans retard, avec toutes vos forces, car nous sommes à la frontière, nous sommes le rempart qui protège vos vies, vos biens, votre honneur, vos femmes et vos enfants, vos villages, vos terres et tout votre peuple. Nous vous serons éternellement reconnaissants de l'aide que vous nous donnerez en cette heure. » Les Confédérés répondirent en masse et se concentrèrent à Neufchâtel. Le Téméraire ne sut pas mettre leur involontaire lenteur à profit. C'était une grande, une unique bataille qu'il voulait livrer, non perdre son temps à prendre une ville après l'autre, excepté Granson dont il avait à châtier la garnison. Celle-ci se défendait de son mieux : 500 hommes contre 15000 ! Elle résista même à plusieurs assauts, mais, au bout d'une semaine, la poudrière ayant sauté, elle dut se rendre à discrétion. La vengeance du Téméraire fut horrible. Il fit pendre ou noyer les 400 survivants, sans en épargner un seul. Cette exécution dura quatre heures et glaça d'horreur les ambassadeurs étrangers que le Téméraire avait emmenés : pour qu'ils témoignassent de ses talents et de sa gloire ! Il n'avait pas agi autrement à Liège, à Dinant, à Nesle. Sa nature morbide l'inclinait aux génocides. Il croyait ainsi terroriser l'ennemi. Il ne fit qu'exacerber la haine des Suisses. Désormais, leur cri de guerre fut : « Granson ! Granson ! » Pour faire bonne mesure, il déclara que tous les prisonniers subiraient le même traitement. Cette menace succédant au massacre de Granson cimenta l'union sacrée des Confédérés. C'étaient leurs vies qu'ils jouaient, sans espoir d'arrangement, de libération. Le Téméraire apprit le rassemblement de Neufchâtel et il eut la sottise de s'en réjouir ! Il était clair que les Suisses viendraient l'assaillir, c'est-à-dire donner dans le piège qu'il leur avait préparé. Au lieu d'avoir à les traquer dans leurs repaires, il réglerait leur compte d'un coup !

Il avait fait dresser ses tentes somptueuses, aménager et fortifier son camp sur une colline surplombant le lac de Neufchâtel, au sud-ouest de Granson. Entre les pentes du Mont-Aubert (1339 m) et le lac s'étend une plaine au relief inégal, de Granson à Vaumarcus, aujourd'hui traversée par l'autoroute de Lausanne. Le 1er mars 1476, le Téméraire fit occuper le petit château de Vaumarcus et construire une redoute (au lieu-dit Redoute des Bourguignons). Les Suisses venant de Neufchâtel, donc du nord, seraient retardés, sinon même arrêtés par ces ouvrages, du moins Charles le croyait-il. Quant aux Suisses, ils pensèrent que les Bourguignons s'enfermeraient dans leur formidable camp hérissé de bouches à feu. La perspective de donner l'assaut à cette forteresse improvisée ne les effrayait nullement. Ils étaient quelque 20000, y compris les contingents de Bâle et de Strasbourg, à défiler dans Neufchâtel. Tous étaient des soldats d'élite, entraînés et résolus. Marchant de nuit, ils approchèrent de Vaumarcus et de la redoute bourguignonne à l'aube du 2 mars. A la même heure, l'armée du Téméraire avançait vers Vaumarcus, en deux colonnes dont l'une suivait le rivage du lac, le corps de réserve restant en arrière. On avait laissé l'artillerie à Granson. Les Suisses se heurtèrent, comme prévu, aux défenses bourguignonnes, n'insistèrent pas, mais s'infiltrèrent simultanément par le rivage et dans la forêt couvrant les pentes du Mont-Aubert. Ils aperçurent alors l'armée bourguignonne et 8000 d'entre eux formèrent « le hérisson »: c'était une phalange compacte, hérissée de longues piques. Les Bourguignons ne purent l'entamer. Alors le Téméraire imagina la plus noble manœuvre qu'il pût tirer de sa mémoire. Il fit bombarder le « hérisson » de ses couleuvrines, en même temps que ses cavaliers l'attaquaient de part et d'autre. Lui-même chargea à la tête d'un escadron. Les piques s'enfoncèrent dans le poitrail des chevaux. Le duc faillit être blessé. Nombre de ses capitaines et de ses chevaliers périrent. Rien ne parvenait à disloquer le « hérisson » qui progressait toujours vers Granson. Il était un peu plus de midi. Rien n'était encore perdu pour le Téméraire. Les deux tiers de ses forces n'avaient pas encore été engagées. Il imagina une autre manœuvre, qui pouvait à la vérité réussir. Il résolut de simuler une retraite précipitée, afin d'inciter les Suisses à poursuivre les fuyards. Ainsi la redoutable phalange se disperserait d'elle-même, cependant que le gros de l'armée l'attendrait un peu plus loin en ordre de bataille. Ordre fut donc donné aux combattants de se retirer au plus vite et aux corps de réserve de se préparer à combattre. Mais cet ordre fut mal interprété. La retraite simulée provoqua une panique générale. Ce fût l'armée entière qui se mit en débandade tout à coup ! Les Suisses, embusqués dans la forêt, intervinrent alors, accablant les Bourguignons d'une pluie de carreaux d'arbalète et de flèches, cependant que retentissaient les lugubres trompes de montagne. En vain, le duc, le Grand Bâtard et leurs lieutenants essayèrent-ils de rallier les fuyards et de couvrir cette pitoyable retraite. Il était encore possible de s'enfermer dans le camp et de s'y défendre. Le duc hurlait qu'on l'avait trahi, vendu ! On l'emmena de force, sinon il tombait aux mains de l'ennemi, ou se faisait tuer sur place, comme un simple chevalier. Faute de cavalerie, les Suisses ne purent poursuivre les fuyards, mais ils s'emparèrent du camp, de ses richesses et de ses deux mille ribaudes ! Le butin qu'ils se partagèrent fait rêver : 600 étendards et bannières seigneuriales, des centaines de pavillons dont ceux du Téméraire doublés de soie, tendus de tapisseries et éclairés par des lanternes de cristal, 200 canons, des milliers d'arquebuses, de haches, de hallebardes, de piques, des centaines d'armures, des monceaux de provisions et de barriques de vin. Mais aussi la chapelle du duc, avec ses statues d'apôtres en or, ses reliquaires. Mais encore sa vaisselle, son grand sceau, ses coffres contenant de fabuleux joyaux, sa fameuse collection de diamants dont certains furent volés ou perdus, et d'autres vendus pour quelques florins par des soldats ignorants. Le plus gros, nommé « Grand duc de Toscane », pesait 139 carats, le « Sancy », 100 carats. Car ils portaient des noms, comme des personnes : les « Trois-Frères », la « Rose blanche », la « Non pareille ». Leur itinéraire, leurs aventures, depuis le camp de Granson jusqu'à nos jours, ferait l'objet d'un livre fort curieux. Beaucoup ont disparu sans laisser de traces.

Le Téméraire était furieux que ces « paysans » aient pillé ses « bagues ». Mais il affecta, dans son aveuglement, de considérer Granson comme un simple incident, une échauffourée sans importance. Les Bourguignons s'étaient sottement laissé surprendre, mais ils n'avaient pas réellement combattu, hormis l'avant-garde et quelques escadrons de cavalerie. Selon lui, les Suisses n'avaient pas osé les poursuivre : on a vu que, faute de cavalerie, cette poursuite était impossible. Granson n'était même pas une erreur stratégique. L'ordre donné par le chef suprême n'avait pas été compris ! Et le Téméraire d'accabler ses lieutenants de reproches immérités. Ceux-ci commençaient à douter de ses talents et, surtout, à se méfier de son entêtement. Pourtant aucun d'entre eux n'osait répliquer : il était périlleux de lui tenir tête. Ce prince si courtois, fastueux, cultivé, se changeait en tête fauve avec les années. On jouait sa tête à discuter ses ordres, et ses convocations étaient assorties de menaces semblables. Mais enfin l'armée de Granson, malgré des pertes sérieuses, représentait encore une force considérable. Le duc enrageait de ce que sa réputation d'invincible guerrier eût grandement souffert, pour ne pas dire qu'elle était devenue la risée des cours européennes, mais il ne désespérait nullement. Au contraire, il était plus résolu que jamais à châtier les Suisses, afin de relever son prestige et de se proclamer enfin roi de Bourgogne. Et, même, s'il l'avait pu, si les 200 bouches à feu n'avaient pas été prises à Granson, il eût livré bataille dans les quinze jours. Déjà, il demandait aux échevins de Dijon de lui prêter l'artillerie de leur ville. On lui conseillait doucement de temporiser, voire d'essayer de traiter avec les Suisses. Ces derniers ne cherchaient même pas à profiter de leur avantage. Ils se tenaient pour satisfaits de la déroute de Granson et du pillage du camp bourguignon. Ils n'essayaient pas de reconquérir les places qu'ils avaient perdues au début de la campagne dans le pays de Vaud : ces places avaient été conquises par les cantons de Berne et de Fribourg ; elles n'intéressaient pas l'ensemble de la Confédération ! Bref, les Suisses laissèrent l'armée du Téméraire se reconstituer et installer son camp à proximité de Lausanne. Le duc de Bourgogne n'avait donc pas à craindre une invasion de ses États ; il pouvait négocier et il est probable que les pourparlers eussent abouti. Ce n'était pas une trêve qu'il voulait, mais, on le répète, l'extermination de ce ramas de brigands, coupables d'avoir humilié le Grand Duc d'Occident ! Il se montrait plein d'assurance ; cependant il laissait croître sa barbe, comme les preux de jadis : il était en deuil de son honneur ! Commynes écrit fort justement : « Il se devait mieux dire de lui qu'il perdit honneur et chevance ce jour, que l'on ne dit du roi Jean de France, qui vaillamment fut pris à la bataille de Poitiers. » Il estime, non sans raison, la défaite de Granson moins honorable que celle de Poitiers, car le roi Jean le Bon s'y fit prendre en combattant, alors que le Téméraire a fui devant l'ennemi. Tel fut en effet le jugement porté par les chevaliers du temps. En vérité, Charles enrageait de honte, malgré son courroux et ses vantardises. « Voici, poursuit Commynes, la première male aventure et fortune que ce duc avait jamais eue en toute sa vie. De toutes ses autres entreprises il en avait eu l'honneur ou le profit. Quel dommage lui advint ce jour, pour user de tête (s'entêter) et mépriser conseil ? Quel dommage en a reçu sa maison, et en quel état en est-elle encore, et en aventure d'être d'ici longtemps ? Combien de gens lui en devinrent ennemis et se déclarèrent, qui le jour devant (précédent) temporisaient avec lui, et se feignaient amis ? » Quelqu'un s'employait à exploiter la situation, à rompre les alliances du Téméraire. Commynes : « Le roi fut bientôt averti de ce qui était advenu ; car il avait maints espions et messagers par le pays, la plupart dépêchés par ma main ; et en eut très grande joie, et ne lui déplaisait que du petit nombre de gens qui avaient été perdus. Et se tenait ledit seigneur, pour ces matières, ici à Lyon, pour pouvoir plus souvent être averti et pour donner remède aux choses que cet homme embrassait. » La royale araignée se tenait donc embusquée à Lyon, pour être plus près du théâtre des opérations, mieux informée des événements et à même d'intervenir. Elle guettait déjà sa proie. Quoi que fît le Téméraire, quoi qu'il dît,

Louis XI en était presque immédiatement averti. Messagers, chevaucheurs, agents de renseignements, convergeaient vers le repaire de Lyon. Jamais la diplomatie royale n'avait eu une activité pareille. La partie décisive était engagée. Le duc de Bourgogne, aveuglé par son délire de vengeance et par son chagrin d'être déshonoré, n'en avait pas conscience. Il en oubliait son plus constant ennemi. Que serait-il advenu si les Français, les Savoyards, les Allemands et les Suisses avaient joint leurs forces pour l'attaquer, car Louis XI avait amené des troupes à Lyon ? Ces troupes représentaient une force non négligeable : un millier de lances et 8000 archers. Peut-être le roi les destinait-il à donner le coup de grâce. En tout cas, il ne jugeait pas le moment venu : il fallait attendre que le Téméraire essuyât une nouvelle défaite, plus cuisante pour son orgueil, et plus coûteuse. Cette éventualité, le duc de Bourgogne ne l'envisageait même pas. Cependant ses amis le jugeaient perdu. Le duc de Milan, Galeazzo-Maria, qui lui avait naguère fourni des armes et de précieux mercenaires, retournait sa veste et offrait ses services au roi de France, en le priant d'oublier le passé. Le bon roi René qui, par haine de Louis XI et pour lui jouer un mauvais tour, avait légué la Provence au duc de Bourgogne, vint à Lyon et annula son testament. La duchesse Yolande de Savoie quitta Turin et s'installa à Lausanne, pour être plus près de son protecteur ; mais, depuis Granson, elle était fort inquiète et conseillait la paix. Louis XI comprenait fort bien qu'elle regrettait déjà son imprudence. En cas de défaite du Téméraire, quel serait le sort du duché de Savoie, entamé par les Suisses et menacé par les Milanais ? Mais Yolande n'ignorait pas non plus les convoitises de Louis ! Le seul réconfort que reçut le Téméraire vint de l'empereur d'Allemagne. Frédéric III n'avait aucune illusion sur l'avenir du duc de Bourgogne. Il lui fallait agir, et vite ! Il lui envoya donc deux ambassadeurs, un évêque et un protonotaire, chargés d'une double mission : proposer la médiation impériale dans le conflit avec les Suisses et conclure le mariage de Maximilien et de Marie de Bourgogne. Bien entendu, l'offre de médiation n'était qu'une feinte ; c'était la conclusion du mariage qui importait à l'empereur. Ses envoyés tentèrent néanmoins une démarche auprès des Suisses. Elle ne risquait pas d'aboutir. Louis XI poussait ces derniers à la guerre ; il se déclarait prêt à les aider : son armée n'était-elle pas à Lyon ? Le Téméraire se résigna à signer l'accord demandé par Frédéric III. Marguerite de Bourgogne serait donc l'épouse de l'archiduc Maximilien. On convint d'une entrevue avec l'empereur au mois de novembre 1476, avant la célébration du mariage. Le fier duc de Bourgogne ne posait plus comme condition d'être préalablement nommé Roi des Romains, successeur potentiel de l'empereur. Tout ce qu'il obtint — encore était-ce un vœu pieux — fut que Frédéric III se déclarât l'ennemi des Suisses. Il va sans dire que l'empereur ne fit rien contre eux. Il était aussi ravi que Louis XI de voir s'enferrer le Grand Duc d'Occident.

Charles travaillait d'arrache-pied à reconstituer son armée, à la doter d'un matériel convenable, à réunir une artillerie encore plus nombreuse et redoutable que celle de Granson. Il se démena tant qu'à la fin d'avril il tomba malade : d'une gastrite aiguë, accompagnée d'une fièvre violente. Deux médecins italiens parvinrent à le tirer d'affaire, à le convaincre de prendre quelque repos et de raser cette barbe ridicule. Il se rétablit assez vite. On lui conseillait à nouveau de négocier. Il répondait, selon Panigarola, ambassadeur milanais, « qu'il avait fait un vœu à Notre-Dame et à saint Georges de mourir au combat ou de vaincre, afin de rétablir devant tous sa renommée et son honneur ». D'ores et déjà, il avait cessé d'être le Grand Duc d'Occident pour redevenir un personnage de roman de chevalerie, le disciple éperdu du fameux Jacques de Lalaing, le Don Quichotte bourguignon ! Il n'agissait plus en chef d'État, mais en chevalier résolu à sacrifier sa vie pour laver la tache de son blason. Le point d'honneur lui tenait lieu de politique. Il était désormais ce qu'il rêvait d'être depuis son adolescence tourmentée. Mais enfin tout allait de mal en pis, tout se retournait contre lui. Des rixes éclataient dans le camp de Lausanne. Les mercenaires italiens n'attendaient que leur solde pour rentrer chez eux. La duchesse Yolande intriguait en secret avec son frère. Les États de Flandre, réunis par Marguerite d'York, duchesse de Bourgogne, refusaient tout secours, que ce fût en hommes ou en argent. Ils refusaient aussi d'envoyer Marie de Bourgogne à Lausanne, préférant la garder en otage. On voit mal pour quel motif son père la réclamait, sinon pour la faire conduire en Allemagne. Quel sinistre pressentiment l'incitait donc à demander sa fille ? Mais personne n'était plus à même de connaître ses intentions. Ses familliers ne pouvaient que constater son imprévoyance, redouter une catastrophe. Ses inconditionnels eux-mêmes, comme le Grand Bâtard Antoine, perdaient confiance.

Le 9 mai, l'armée bourguignonne était prête. Le duc, habillé de soie brodée d'or, magnifique, la passa en revue. C'était vraiment une superbe armée, bien supérieure, croyait-il, à celle de Granson ! Il avait modifié sa composition, réduit les escadrons de cavalerie, amélioré l'armement des fantassins. L'artillerie surtout était impressionnante. La question se posait cependant de savoir si ces fiers guerriers avaient réellement envie de se battre, si leur valeur était à la mesure de leur apparence. Question négligeable pour le Téméraire ! Il serait vainqueur, parce que telle était sa volonté. Il s'était préparé à une lutte à mort, ne prenant même pas la peine, depuis des mois, de se déshabiller avant de se jeter sur un lit de camp, vivant en soldat parmi les soldats. Mais ceux-ci n'avaient point à venger leur honneur ; ils avaient appris la résolution des Suisses de ne point faire quartier. Les mercenaires lombards, qui formaient le tiers de l'effectif, n'appréciaient pas du tout le serment des Suisses ; ils étaient habitués aux guerres italiennes où les pertes étaient le plus souvent insignifiantes, chacun ménageant sa troupe ! La belle armée quitta Lausanne le même jour, dans un ordre impeccable. Elle comptait environ 20000 hommes, ce qui était loin des prévisions du Téméraire : il s'était flatté de tripler l'effectif de Granson. Elle était divisée en quatre corps, ce qui augmentait sa mobilité. Le Téméraire veillait en personne à l'ordre de marche, rectifiait l'alignement à coups de bâton, galopait d'un corps à l'autre, toujours dans sa tenue d'apparat. Il avait institué une discipline de fer : malheur à qui se fût éloigné ; on l'eût réputé déserteur et pendu illico ! On se dirigeait vers Berne. La place de Morat barrait la route. Tout autre l'eût contournée, en laissant quelques troupes pour tenir la garnison en respect. Charles décida de prendre Morat. On établit le camp. On investit méthodiquement la petite place. On disposa savamment l'artillerie et le siège commença. Incroyable erreur, car c'était, une fois de plus, laisser le temps aux Suisses de se rassembler. Mais le Téméraire voulait un affrontement massif, comme avant le heurt de Granson. Il croyait donc à nouveau attirer l'ennemi dans un piège. Rien ne put ébranler sa conviction, son entêtement. Les Bourguignons tentèrent de s'assurer les passages en direction de Berne ; ils essuyèrent un sanglant échec et durent se replier en toute hâte vers le camp. La garnison de Morat, commandée par Adrien de Bubenberg (un ancien capitaine du Téméraire !), opposait une résistance opiniâtre, malgré le bombardement. Les Suisses commençaient à s'infiltrer dans les forêts voisines. Charles eut une idée géniale. Au lieu de lever le siège et de marcher sans attendre sur Berne, il fit construire une vaste circonvallation pour envelopper et protéger ses arrières. On appela cette ligne fortifiée « la Haie-Verte ». Le Téméraire connaissait ses auteurs : il imitait César à Alésia ! Mais les Bourguignons n'étaient point les légionnaires romains et les Suisses valaient plus que les cohortes gauloises, follement braves, mais désordonnées.

Le Téméraire ne croyait pas les Suisses en mesure de l'attaquer. Il estimait qu'ils tenteraient seulement une diversion pour retarder l'assaut, mais qu'ils n'étaient pas prêts à livrer une grande bataille. Nouvelle erreur, impardonnable celle-là, car des mouvements étaient signalés dans les alentours ; des groupes d'hommes avaient été aperçus. A vrai dire, de même qu'à Granson, les services de guet, les éclaireurs étaient insuffisants. Charles négligeait « le renseignement ». Or les Suisses s'étaient hâtés. Le 22 juin 1476, ils étaient à pied d'œuvre : 25000 fantassins, auxquels s'étaient joints les 2000 cavaliers de René de Lorraine (ces cavaliers qui avaient si cruellement fait défaut à Granson, et qui joueront un rôle déterminant à Morat !). Il pleuvait depuis plusieurs jours. Les Bourguignons s'abritaient de leur mieux dans leurs campements. Seules veillaient les sentinelles. Soudain, les terribles trompes retentirent et la forêt vomit ses bataillons aux piques dardées. La Haie-Verte fut enfoncée. Les Suisses déferlèrent vers le camp du Téméraire. Le duc n'en croyait pas ses yeux. Il s'arma en hâte, ainsi que ses chevaliers. Les corps envoyés vers les Suisses, par échelons, furent taillés en pièces ! Les Suisses massacraient tout avec un acharnement sans égal, les seigneurs comme les soldats, les Lombards comme les Bourguignons. Les cavaliers de Lorraine sabraient les fuyards. Il n'y eut point de bataille, rien que des combats sporadiques et brefs. Le Téméraire, hébété, désespéré, fut entraîné par les siens, échappa par miracle à ses poursuivants. S'il avait été pris, on ne l'eût pas épargné. L'ambassadeur de Milan, celui d'Espagne faillirent périr. Les sauvages montagnards ne reconnaissaient personne ; ils exécutaient leur serment aux cris de : « Granson ! Granson ! Tue ! Tue ! » Le soir, dix ou douze mille cadavres de Bourguignons jonchaient les abords de Morat : c'était une véritable hécatombe. Les Suisses avaient perdu moins de 2000 des leurs. L'artillerie du Téméraire, les armes, les provisions étaient entre leurs mains. Quant au Grand Duc d'Occident, il galopait à bride abattue vers Lausanne, escorté par une poignée de lances. Il n'était plus qu'un loup blessé traqué par une meute hurlante.

IX

« OR SONT FINIES TOUTES CES PENSÉES... »

Quand il arriva à Gex, où résidaient la duchesse Yolande de Savoie et ses enfants, il ne restait au Téméraire qu'une centaine de cavaliers. Mais il faisait bonne contenance. Il prétendait même étonner sous peu ceux qui se réjouissaient de la défaite de Morat. Une fois de plus, ce furieux prétendait forcer le destin. Il accusait ses capitaines d'impéritie, ses hommes de lâcheté. Et pourtant il était le seul auteur du désastre. Ses ordres n'avaient été que trop bien respectés ; tout s'était avéré faux dans ses prévisions ; il s'était lui-même enfermé dans le piège. Pourtant cet homme extraordinaire gardait confiance en son étoile ! Était-ce une attitude affectée ? Qui pouvait démêler le vrai de ses sentiments ? Lui-même ignorait le fond de sa pensée. La douleur, la colère, la honte se partageaient son cœur, avec l'indéfectible espoir ! Pas une seconde il ne songea sérieusement à négocier avec ses adversaires. Son destin l'emportait. Il était plus que jamais résolu à aller jusqu'au bout de son entreprise, à savoir venger son honneur ! Cependant quelques réflexes politiques persistaient en lui. On lui avait laissé entendre que la Savoie ne resterait pas longtemps

« bourguignonne ». Il interrogea Yolande à ce sujet, non sans y mettre des formes. Elle répondit évasivement. D'un côté, elle voyait bien que son « protecteur » était perdu ; d'un autre, elle n'avait qu'une confiance mitigée dans son bon frère Louis XI. Dans l'état de tension nerveuse où il se trouvait, le Téméraire ne pouvait se contrôler. Après avoir rassuré, il éclata en reproches, puis menaça. Le lendemain, il s'était ravisé ; il consentit à ce que la duchesse se retirât à Genève, dont l'évêque était son beau-frère. Charles prit congé d'elle fort courtoisement ; il l'embrassa même affectueusement. Rassérénée, Yolande se mit en route avec ses enfants. A deux lieues de Genève, un parti de cavaliers assaillit le modeste convoi. C'était Olivier de La Marche qui le commandait. Il exécuta cette mission avec répugnance, mais le Téméraire l'avait menacé de mort s'il s'y dérobait. Dans le tumulte, on parvint à soustraire aux ravisseurs le petit duc-héritier Philibert de Savoie, et son frère. Le coup était manqué ! Fureur du Téméraire qui comptait sur ce précieux otage pour maintenir la Savoie dans l'obédience bourguignonne ! La duchesse fut conduite dans la région de Dôle. A Genève, en Savoie, c'était l'effervescence. On traitait le duc de Bourgogne de Judas et de traître. Cet enlèvement achevait de le discréditer. Pour l'évêque de Genève, c'était une merveilleuse aubaine. Il pouvait affirmer dès lors que la Savoie n'était point l'alliée, mais la victime du Téméraire. Les Suisses n'en pillèrent pas moins la ville de Lausanne, sans même épargner les églises. Louis XI intervint. Il leur intima l'ordre de cesser leurs déprédations. Désormais, c'était lui qui protégeait la Savoie. Il sut rappeler aux délégués des Cantons que, sans son aide pécuniaire, ils n'auraient pu vaincre à Granson, ni à Morat. Les Suisses acceptèrent le principe d'un arbitrage. Ils démobilisèrent peu à peu. Hormis Berne et Fribourg, les autres cantons n'avaient pas l'esprit de conquête. Louis XI était désormais le maître de la situation ; il en tenait tous les fils. Le sire de Contay, envoyé par le Téméraire, se présenta à lui non sans anxiété. Son maître craignait une rupture de la trêve avec la France. Louis XI le rassura avec un sourire narquois. Mais, à tout hasard, il envoya Charles d'Amboise, avec 200 lances, au château de Rouvres, où Yolande avait été transférée. La belle duchesse fut conduite à Plessis-les-Tours, où résidait le roi. Il lui dit malicieusement :

— « Madame la Bourguignonne, vous soyez la très bien venue ! »

Elle répondit sur le même ton:

— « Sire, je suis bonne Française, et prête à vous obéir, en ce qu'il vous plaira de me commander. »

Comme le note Commynes: « Elle était très sage, et s'entre-connaissaient bien tous deux. » Louis XI obtint un traité d'alliance perpétuelle, c'est-à-dire en fait le protectorat de la Savoie. Ce gain s'ajoutait aux autres, en attendant l'agonie de l'État bourguignon.

Le Téméraire se débattait au milieu des pires difficultés, mais il ne renonçait pas et redoublait d'activité. Son excitation inquiétait ses familiers. Il parlait, riait, s'agitait, sans relâche. Cet homme aux abois, sans armée, sans argent, se vantait d'avoir bientôt 150000 hommes à lui, prêts à marcher vers les Suisses! Il en faisait le décompte. Il vantait les mérites respectifs de ces divisions fantômes. Ce délire appelait la compassion de ceux qui l'aimaient encore. Mais peu lui importait d'être aimé, il préférait être servi aveuglément! Par surcroît, il suspectait la trahison partout, voulait tout faire par lui-même. Nul ne l'empêcherait d'affronter ces misérables Suisses une troisième fois, et de les écraser enfin!

Le 8 juillet 1476, il présida les États de Bourgogne réunis à Salins et il prononça la plus noble harangue de sa vie. Il proclama, avec un accent extraordinaire, sa résolution de défendre la vie et les biens de ses sujets, et non de poursuivre une ambition personnelle. Il cita l'exemple d'Octave qui, battu par Pompée, n'en devint pas moins empereur de Rome, celui du vieux roi d'Aragon et du roi de Naples, dépossédés d'une partie de leurs royaumes, mais sauvés par leurs peuples et finalement vainqueurs. Il dit que le sort de la guerre dépendait de leur bon vouloir, de leur générosité, de leur esprit de sacrifice. Son éloquence emporta la décision des États. Ils accordèrent l'aide demandée. Mais les États de Flandre, convoqués par Marguerite d'York, refusèrent à nouveau leur aide: ils ne voulaient pas financer l'entretien d'une armée désormais inexistante. De mauvaises nouvelles arrivèrent de Lorraine. Le duc René II avait repris Épinal et Lunéville; il faisait mouvement vers Nancy. Le Téméraire ne pouvait perdre la Lorraine, trait d'union entre La Bourgogne et la Flandre. En toute hâte, il expédia un renfort de 5000 hommes au condottiere Campobasso qui occupait le duché. C'était tout ce qu'il avait pu ramasser en dégarnissant ses forteresses! Il fallait aller vite! Depuis le 2 août, René II assiégeait Nancy, sa capitale. Le Téméraire ordonna à Campobasso d'attaquer René sans retard. Le condottiere ne quitta pas ses positions. Mais qu'importait! Le mécanisme de l'histoire accélérait son rythme. Ses engrenages allaient broyer le Grand Duc d'Occident.

A Fribourg, la conférence voulue par Louis XI et présidée par l'amiral de Bourbon mettait le point final au conflit entre les Suisses et la Savoie, au mieux des intérêts de celle-ci et pour cause! En Lorraine, René II reprenait Nancy. Au camp de Rivière, le Téméraire parvenait à réunir une armée de 10000 hommes, passablement hétérogène. Il oubliait pour un temps les Suisses. Son objectif était désormais de ressaisir la Lorraine.

René II — que le Téméraire appelait avec dédain « l'Enfant » — tenta d'empêcher la jonction de l'armée du Téméraire et de celle de Campobasso. Il fut battu et se replia sur Nancy, qu'il abandonna pour se rendre en Suisse afin de recruter des mercenaires. Il ne restait dans la ville qu'une garnison de 2000 hommes. Le Téméraire en avait désormais 15 à 18000, mais nombre de places fortes étaient tenues par des partisans de René II...

Le 22 octobre, le siège de Nancy commence. Les défenseurs ont promis de résister jusqu'au retour de René II. Ils tiendront parole, malgré la disproportion des forces. Le Téméraire ne doute pas de la réussite. S'il recouvre la capitale, il tiendra toute la Lorraine. La garnison semble résolue, mais il a le meilleur matériel, les meilleurs soldats, et son génie personnel. La saison est tardive; ce n'est pas le mauvais temps qui le gêne; il est indifférent aux intempéries, infatigable et même d'une résistance quasi surhumaine. Il mène l'existence qu'il préfère: au milieu des tentes, des piques et des canons. Nul spectacle ne surpasse à ses yeux celui d'un camp illuminé par les torches ou sortant des brumes de l'aube! Il ne quitte son armure que pour dormir, brièvement. Il est sans cesse en alerte, en éveil. Cependant, avec l'or de Louis XI, « l'Enfant » parvient à recruter 10000 Suisses. Il a promis d'être de retour devant Nancy aux approches de Noël. Les tractations ont été longues. Il est en retard. Les défenseurs de Nancy en sont réduits à manger les chiens et les chats; pourtant ils tiennent bon. L'automne a pris fin brusquement, laissant place à un hiver rigoureux. Le froid est si intense que les Bourguignons ont les mains et les pieds gelés. Ils grelottent dans leurs tentes et manquent de vivres. Chaque nuit, des résistants lorrains attaquent le camp. Les fourrageurs sont égorgés. La maladie décime l'armée. Mais le Téméraire veut Nancy, coûte que coûte, comme il a voulu Morat ! Il donne l'exemple. On le voit surgir de jour et de nuit, implacable, inflexible. Il ne peut empêcher la démoralisation, les désertions de plus en plus nombreuses. Campobasso a pris sa décision. Il a envoyé un émissaire à Louis XI, offert de lui livrer le duc de Bourgogne pieds et poings liés. Louis XI en a prévenu le Téméraire. Ce fol a dédaigné l'avis, gardé sa confiance à Campobasso. Il a cru que, par ce moyen, Louis XI voulait lui faire perdre son meilleur lieutenant. Il accumule les erreurs. Son jugement s'égare. On a intercepté un certain Siffrein, noble originaire de Provence. Il essayait de franchir les lignes bourguignonnes. Le Téméraire ordonne de le pendre. Siffrein supplie qu'on le conduise au duc ; il veut lui communiquer une information de première importance : sans doute à propos de Campobasso. Le duc refuse de l'entendre et Campobasso fait brancher le malheureux. A la fin de décembre, survient un visiteur de marque. C'est le roi du Portugal, Alphonse V, cousin de Charles par sa mère, la défunte Isabelle. Il se pose en médiateur entre Louis XI et le duc de Bourgogne. Mais ce dernier n'est pas en guerre avec le roi de France ; chacun des deux partis respecte scrupuleusement la trêve. Charles n'a pas compris que le roi Louis le combat par personnes interposées, qu'il est derrière les Suisses et les Lorrains, invisible, agissant sans cesse. Le roi Louis n'est pas un chevalier ; il dédaigne les faits d'armes ; son seul honneur est de réussir. Le Téméraire ne peut comprendre un tel caractère d'homme. Il juge autrui d'après lui-même.

Dans la nuit du 31 décembre, Campobasso déserte avec ses deux fils et deux cents lances. Les jours suivants, l'approche de René de Lorraine est signalée. Le Grand Bâtard Antoine, les principaux capitaines s'émeuvent. Le péril les enhardit. Ils osent proposer au Téméraire de lever le siège, de se replier sur Pont-à-Mousson pour y reformer une armée. Ils affirment qu'il n'y a pas 3000 hommes valides à opposer aux mercenaires de René. Charles nie l'évidence. Il les traite de lâches. Il dit que, s'il le faut, il combattra seul contre les misérables Suisses de « l'Enfant » ! Puis il s'enferme dans son pavillon, en fait interdire l'entrée même à son demi-frère, même à ses intimes. Il reste seul en face de lui-même, en face de son étrange destin. Seul à ruminer ses sombres rêves. La mort est sa compagne. Son obsession, c'est alors de périr les armes à la main, à l'imitation des héros de naguère, ses modèles. A-t-il seulement une pensée pour la belle duchesse Marguerite, son épouse, qu'il n'a pas revue depuis des mois ? Ou pour Marie de Bourgogne ? En novembre, l'archiduc Maximilien lui a envoyé de riches présents. Au moins lui aura-t-il donné un protecteur... Elle portera un jour cette couronne impériale qu'il a convoitée. Car pour lui, et il le sait, il n'y a plus d'avenir, ou plutôt, l'avenir c'est demain. Les jours passent ainsi. Le Téméraire attend sa fin. Chez lui, le fatalisme a pris le dessus. Il ne se résigne pas, il accepte et rien ne le fera changer d'avis. Il souhaite en finir le plus vite possible, mais glorieusement, dans le fracas des lances et des épées. A-t-il jamais voulu autre chose, en fin de compte ?

Le 5 janvier 1477 tombe un dimanche. René de Lorraine marche vers Nancy. La croix de Lorraine barre sa cape dorée. Son armée est divisée en trois corps, quasi déjà en ordre de bataille. « L'Enfant » sait que le Téméraire ne refusera pas la bataille ; qu'il ne se laissera pas attaquer dans son camp. La neige continue à tomber. Elle recouvre les champs, les bois, les rives des étangs et des ruisseaux. Le Téméraire sort de sa tente. L'ennemi progresse lentement. Il est encore temps de se replier, d'échapper aux piques des Suisses. Le Téméraire endosse son armure, fait amener son cheval noir appelé Moro. A l'instant de coiffer son casque, le lion d'or qui l'ornait se détache et tombe à terre. Le duc dit à son demi-frère, en latin pour n'être pas compris :

— « Hoc est signum Dei. »

(Ceci est le signe de Dieu, autrement dit : voilà le présage ou l'avertissement !)

Charles divise lui aussi son armée en trois corps. Mais, pendant que l'ennemi simule une attaque frontale, ses deux ailes enveloppent les Bourguignons. Ceux-ci refluent, se débandent, fuient de toutes parts. Point de bataille, mais un tumulte de combats singuliers. Les Suisses tuent méthodiquement, comme à Morat. Pourtant les seigneurs sont mis à rançon, d'ordre de René ; on espère en tirer un bon prix. On a vu le Téméraire tourbillonner sur son noir destrier, l'épée haute. Il se battait avec la rage du désespoir. Il essayait de rameuter les fuyards. Il allait d'une mêlée à l'autre, hurlant, sanglant. Puis la neige s'est remise à tomber et on a perdu le Téméraire de vue. La nuit, la neige ensevelissent les morts. Le duc de Lorraine est inquiet. Il demande où est le Téméraire. Il craint extrêmement qu'il ait pu s'échapper, cette fois encore. Il entre dans Nancy en liesse. Les cloches sonnent à toute volée. Les habitants l'accueillent comme un sauveur. René se fait présenter les prisonniers de marque. Il y a là le Grand Bâtard Antoine, les capitaines survivants, Olivier de La Marche. Il les interroge avec insistance. Savent-ils ce qu'est devenu le duc de Bourgogne ? Ils l'ignorent, même son demi-frère qui a renoncé à le suivre pour sauver sa peau. Reste Campobasso qui n'est pas encore rentré. On l'a posté au nord de Nancy pour cueillir les fugitifs. Il fait de très bonnes prises, et n'est pas pressé d'arriver.

Le lendemain 6 janvier, les habitants de Nancy pillent le camp du Téméraire, s'emparent surtout des provisions. Les soldats de René ramassent les étendards et les armes, enlèvent les canons. Puis on se disperse sur le champ de bataille. On dépouille les morts. On identifie les chefs, les seigneurs. Le Téméraire reste introuvable. On a pourtant capturé Moro, son cheval noir, errant par les champs glacés, reniflant les cadavres. Déjà, les Suisses parlent de repartir ; ils ont vaincu les Bourguignons, donc rempli leur contrat. Peu leur chaut que le duc de Bourgogne soit vivant et revienne ! L'inquiétude de René s'explique. Le soir du même jour, on lui amène Baptiste Colonna, un page du Téméraire. C'est Campobasso qui l'envoie. Le jeune homme dira ce qu'il sait du Téméraire. Il déclare qu'il a vu le duc tomber près de l'étang de la Commanderie. Le 7, on mène le page Colonna à cet endroit. Les cadavres y sont nombreux, la plupart entièrement nus, qui sur le dos, qui sur le ventre. Une neige verglacée les recouvre à moitié. Le page va de l'un à l'autre, les retourne, les examine. Soudain, on l'entend s'exclamer :

— « Hélas ! voici mon bon seigneur et maître ! »

Autour du Téméraire gisent quatorze cadavres, dont celui de Jean de Rubempré, ci-devant gouverneur de Lorraine. Le visage est méconnaissable. Pendant la nuit, les loups l'ont en partie dévoré. Est-ce bien le Grand Duc d'Occident ? On le transporte à Nancy, avec Jean de Rubempré. Le duc de Lorraine hésite à croire le page Colonna. Il fait venir le Grand Bâtard Antoine de Bourgogne, Olivier de la Marche, d'autres familiers du Téméraire, parmi lesquels l'un de ses médecins, Mathieu Lupe. Ils reconnaissent tous le Téméraire. Mais Lupe l'identifie de façon quasi scientifique : la cicatrice de Montlhéry, celle d'un furoncle à l'épaule, celle d'une fistule aux génitoires (expliquant peut-être la chasteté de Charles), les dents manquantes, la longueur anormale des ongles, un ongle incarné à l'orteil. Aucun doute n'est possible : ce corps criblé de blessures est bien celui du Téméraire. On l'habille d'une tunique blanche, brodée d'écarlate. On l'étend sur un lit d'apparat. René de Lorraine vient alors, avec sa Maison, lui rendre les derniers devoirs. Il prend la main du mort, et dit :

— « A la mienne volonté, beau cousin, que votre malheur et le mien ne vous eût réduit en cet état. »

La légende veut qu'il ait ajouté à son vêtement de deuil la barbe de fils d'or dont on honorait jadis les preux morts au combat. C'est une enjolivure des chroniqueurs, sans doute aussi un hommage au Grand Duc d'Occident. Commynes écrit plus simplement : « Or sont finies toutes ces pensées ; et le tout a tourné à son préjudice et honte ; car ceux qui gagnent ont toujours l'honneur. Je ne saurais dire vers qui Notre-Seigneur s'est montré le plus courroucé, ou vers lui, qui mourut soudainement et, en ce champ, sans guère languir, ou vers ses sujets qui jamais depuis n'auront bien ni repos, mais continuelle guerre... »

Les circonstances de la mort du Téméraire sont restées mystérieuses. Mourut-il en combattant ou fut-il assassiné ? Ses blessures montraient que l'on s'était acharné sur son cadavre. On raconta qu'il avait été abattu par un chevalier lorrain, Claude de Bauzémont. Commynes, qui était ordinairement bien informé, suggère que le duc fût fait prisonnier et massacré par un grand nombre de gens, sans que les siens pussent le secourir. Alors, Campobasso et ses cavaliers Lombards ? C'eût été dans sa manière. René de Lorraine fit inhumer le défunt dans la collégiale Saint-Georges, et lui donna Jean de Rubempré pour compagnon. Ainsi finit, misérablement, celui qui avait été l'arbitre de l'Europe pendant tant d'années, la terreur des peuples et l'unique adversaire de Louis XI.

Le roi était à Montils-les-Tours, dans l'attente des nouvelles. Son service de renseignements fonctionnait fort bien ; cependant la distance de Nancy à Tours était grande pour les chevaucheurs. Un matin — il faisait à peine jour —, le seigneur de Lude qui couchait au Plessis, demanda à parler au roi. On venait d'apporter des lettres annonçant la défaite du Téméraire, non sa mort : on l'avait vu fuir du champ de bataille ; on croyait qu'il était prisonnier. Commynes : « Le roi, de prime face, fut tout surpris de la joie qu'il eût de cette nouvelle, qu'à grand-peine sut-il quelle contenance tenir. D'un côté, il doutait (craignait), s'il était prisonnier des Allemands, qu'ils ne s'accordassent à lui pour grande somme d'argent, qu'aisément le duc leur pourrait donner. D'autre côté, il était en souci, s'il (le duc) était échappé, ainsi déconfit une tierce fois, s'il prendrait ses seigneuries de Bourgogne ou non. » Il se disait que les Bourguignons avaient perdu la plupart de leurs guerriers à Granson, à Morat et à Nancy et qu'il serait facile de profiter de leur « grand épouvantement » pour occuper la Bourgogne. Les armées qu'il avait discrètement massées en Champagne et en Barrois pourraient aisément saisir le pays. Pourtant il hésitait, retenu par la prudence. A tout hasard, il convoqua les capitaines qui résidaient à Tours et plusieurs grands officiers. Il les invita à sa table et leur fit part de ses projets. Commynes note que tous ne mangèrent pas de bon appétit : certains craignaient pour leur avenir.

Le lendemain, Louis XI apprit la mort du Téméraire et, les jours suivants, l'identification du cadavre. La disparition de Charles ne le prenait pas au dépourvu. Il envisageait cette éventualité depuis des mois. Il y avait réfléchi, pesant le pour et le contre, se donnant si nécessaire plusieurs solutions, avant d'arrêter sa décision. Sa jubilation en recevant les nouvelles de Nancy — et dont témoigne Commynes non sans une pointe de malice — est l'un des traits de son caractère. Ce calculateur et quasi maniaque du secret ne peut dissimuler sa joie. Tout de suite il dévoile ses projets à ses capitaines et conseillers, sachant fort bien que tous n'éprouvent pas les mêmes sentiments. Ce besoin de paroles, irrépressible, le saisit toujours dans les mêmes circonstances : quand il vient de gagner une grosse partie. Mais il faut convenir qu'en ces jours de janvier 1477 son triomphe était éclatant. Les Suisses avaient sans doute sauvé leur indépendance et René de Lorraine, recouvré son duché, mais en fin de compte c'était le roi de France qui tirait les marrons du feu. Le trépas du Téméraire n'éveillait pas le moindre sentiment de miséricorde en lui . Il oubliait qu'en sa qualité de parrain de Marie de Bourgogne, il avait l'obligation de la protéger : dans son impitoyable logique il considérait que c'était le dauphin, non le roi de France, qui avait accepté ce parrainage au temps de l'exil de Genappe ! Tout ce qui comptait à ses yeux, c'était l'écroulement de la Maison de Bourgogne et, par suite, son inéluctable démembrement. Occasion unique de parfaire le « pré carré », d'en finir avec les nuisibles apanages ! Il envoya Commynes et l'amiral de Bourbon en Picardie, munis de pleins pouvoirs. Lui-même quitta Plessis-les-Tours le 18 janvier. La Bourgogne,la Franche-Comté, la Picardie allaient redevenir françaises, non sans difficultés.

X

MARIE DE BOURGOGNE

Pour les sujets du Téméraire, sa mort était plutôt un soulagement. « Il n'y eut guère pour le pleurer, écrit Basin, que ceux qui lui étaient attachés de plus près, ceux qui sous son gouvernement avaient exercé des fonctions lucratives ou qui avaient reçu de lui des faveurs, et ils étaient, à la vérité, peu nombreux en comparaison de ceux qui se réjouissaient de sa disparition. On aurait difficilement compté, en effet, les gens qui, dans presque tous ses domaines, mais surtout en Flandre, ou Brabant et dans ses autres seigneuries de langue germanique, se félicitaient d'être débarrassés d'un tel maître. Il leur semblait que c'était comme l'annonce du recouvrement de leur ancienne liberté et de la fin d'une dure servitude. Ils étaient heureux d'être délivrés de la terrible crainte dont ils se rappelaient avoir été frappés auparavant, terrifiés qu'ils étaient par les effroyables menaces auxquelles ils étaient en butte de sa part lorsqu'ils n'obéissaient pas aveuglément à ses ordres. Aussi accueillirent-ils, dit-on, l'annonce de la mort du duc, non certes avec douleur, mais plutôt avec joie.

On le vit bien quand on remarqua que même dans les villes principales de ses États il n'y eut ni services divins pour le repos de son âme ni obsèques solennelles comme on en célèbre en pareille occasion. Un merveilleux silence se fit là-dessus, comme si personne ne s'en souciait parmi les bourgeois et les sujets du défunt. Un espoir vivace animait, en effet, tous les esprits, celui qu'ils voyaient briller devant eux, de rester, lui mort, indemnes du poids très lourd des impôts de toute sorte et des taxes dont ils étaient grevés sous son gouvernement... »

Marie de Bourgogne, fille et unique héritière du Téméraire, avait vingt ans. Elle se trouvait dans une situation tragique et ce n'était pas sa mère, Marguerite d'York, qui pouvait la protéger ou la guider. Les Bourguignons connaissaient peu la duchesse veuve. Quant aux Flamands, ils récusaient par principe son autorité ; on a vu quelle avait été l'attitude réfractaire des États à son égard. Or, du jour au lendemain, le duché de Bourgogne se trouvait sans chef, sans défenseur, sans armée et sans argent ! D'abord, Marie ne voulut pas croire à la mort de son père. Mais il lui fallut se rendre à l'évidence, lorsque les détails de l'identification par le médecin portugais furent connus et que la dépouille du Téméraire fut solennellement inhumée dans la collégiale Saint-Georges de Nancy. La jeune duchesse résidait à Gand, à la garde de l'échevinage, c'est-à-dire sous la protection des habitants et, désormais, quasi leur prisonnière. Elle était néanmoins entourée par les conseillers choisis par le Téméraire, parmi lesquels Hugonet, chancelier de Bourgogne. Ils lui suggérèrent de demander la protection de Louis XI. Marie et sa mère envoyèrent donc cette lettre :

« Nous avons ferme croyance que votre bonté et vos clémences seront telles envers nos désolées personnes, que vous garderez de toute oppression cette maison de Bourgogne. Il ne nous pourrait venir une pensée que vous en voulussiez être le persécuteur, et surtout de moi, Marie, à qui vous avez fait tant d'honneur que vous m'avez levée des saints fonts du baptême... »

Ces lignes trahissaient « l'épouvantement » de Marie. Il n'était que trop justifié. La mort du Téméraire éveillait les convoitises. René II envahissait la Bourgogne. Sigismond d'Autriche et ses amis suisses s'intéressaient à la Franche-Comté. Les Wittelsbach de Bavière se souvenaient brusquement d'avoir possédé les Pays-Bas. Et l'Empereur Frédéric d'avoir obtenu du défunt duc son consentement au mariage de Marie et de Maximilien. Les grandes villes flamandes s'agitaient : Ypres, Mons, Bruges et Gand. On comprend que la jeune fille ait été désemparée. Pourtant, en écrivant à Louis XI, n'était-ce pas se jeter dans la gueule du loup ? Il est probable que l'or français n'était pas sans influence sur l'entourage de Marie.

Louis XI fit son profit de cette supplique. Il en tira le moyen de s'approprier légalement une partie de l'héritage ! Loin de refuser protection à sa filleule, il se déclara prêt à la défendre, tout en la dépouillant. Jamais il n'avait poussé le cynisme aussi loin ! car, ayant labouré et semé pendant des années, il tenait à engranger la récolte. La nouvelle du trépas du Téméraire lui était à peine connue, qu'il écrivait aux habitants de Chartres :

« Chers et bien aimés, POUR RÉUNIR, remettre, et réduire à la couronne et seigneurie de France LES COMTÉS DE FLANDRES, DE BOURGOGNE, PONTHIEU, ARTOIS, ET AUTRES TERRES ET SEIGNEURIES que naguère tenait et occupait feu Charles, en son vivant duc de Bourgogne... Nous vous prions et requérons sur tant que vous voulez et désirez nous complaire, si vous aimez le bien et recouvrement des pays dessus dits, qui tant sont utiles, honorables et profitables à notre royaume, et où chacun de nos bons sujets se doit libéralement employer de corps et de biens, que vous veuillez prêter la somme de quatre cents écus d'or. »

Beauvais, Compiègne, Langres, Laon, Meaux, Paris, Poitiers, Senlis et autres grosses villes furent pareillement imposées : mais il faut souligner que le roi remboursa par la suite ponctuellement ces emprunts obligatoires... Louis voulait faire de l'argent, et tout de suite ! Il se disait que le « recouvrement » simultané de tant de provinces n'irait pas sans mal ; qu'il serait probablement nécessaire d'assiéger plusieurs cités, surtout dans les Flandres, et, sinon, de désintéresser généreusement leurs défenseurs. Peut-être devrait-on même livrer bataille. C'est pourquoi il ne demandait pas seulement une contribution pécuniaire à ses bonnes villes. Il priait Compiègne de lui envoyer ses vingt meilleurs maçons avec leurs marteaux, pour tailler des boulets de canon. Ailleurs, c'étaient des charpentiers, des chevaux, des charrettes, des maillets, des pelles, des piques ou des boucliers. Il écrivait à Reims : « Pour ce que nous avons à besogner de poudres et de salpêtres pour le fait de notre artillerie, nous vous prions et néanmoins mandons et commandons que, incontinent ces lettres vues, vous fassiez mener en notre ville d'Amiens toutes les poudres et tout le salpêtre qui est en votre ville. »

Il importait en effet d'aller vite, d'exploiter l'affolement des sujets du feu duc et, surtout, de devancer la meute s'apprêtant à la curée ! Son action, foudroyante, s'exerça simultanément dans deux directions : en Bourgogne et dans les possessions septentrionales du Téméraire, Flandres et autres. Il convient, pour en donner une vue exacte, de les examiner séparément.

Louis XI, présageant la fin prochaine du Téméraire, s'était attaché ses principaux officiers, y compris son demi-frère, le Grand Bâtard Antoine. Il chargea l'un d'entre eux, Jean de Chalon, prince d'Orange, conjointement avec Charles de Chaumont d'Amboise et le sire de Craon, de soumettre la Bourgogne à son autorité, tout en prétendant « garder le droit » de Marie ! Les trois compères n'eurent pas de peine à convaincre les Bourguignons, eux aussi en plein désarroi. Charges, privilèges eurent raison des plus rétifs. Les États de Bourgogne, ceux de Charolais, puis ceux de Franche-Comté après quelque résistance, donnèrent leur agrément. Agissant ainsi et ne retenant que la fiction juridique proposée par Louis XI, ils croyaient, de bonne foi ou non, préserver les intérêts de « Mademoiselle de Bourgogne ». Mais le peuple l'entendit autrement. Il faut dire que les exactions du cupide Craon et la déception de Jean de Chalon, frustré dans ses espérances, furent pour beaucoup dans le mécontentement. Jean de Chalon, aidé par le fidèle Simon de Quingey, dirigea lui-même la révolte. Louis XI chargea Chaumont d'Amboise de la réprimer, ce que ce dernier fit avec vigueur. Quingey fut pris et enfermé dans une des célèbres « cages de fer ». Orange ne dut son salut qu'à la fuite, et fut exécuté en effigie. Seule, la Franche-Comté poursuivit la résistance avec acharnement. On était las de la tyrannie du Téméraire, mais on ne voulait point la troquer contre celle du roi de France. Quatre ans furent nécessaires pour venir à bout de la rébellion, qui se termina par la destruction de Dôle. Parallèlement, Louis XI devait écarter les prétentions de René de Lorraine, de Sigismond d'Autriche et de la Confédération helvétique. Il intima l'ordre à René de ramener ses troupes en Lorraine et de se tenir tranquille, à peine de se voir traiter en ennemi. Il acheta Sigismond d'Autriche toujours à court d'argent et désintéressa pareillement les Suisses qui lorgnaient la Franche-Comté. Cette province était terre d'empire et Frédéric III la revendiqua, pour la forme. Les juristes de Louis XI démontrèrent que la Franche-Comté, si elle avait été jadis terre d'empire, ne l'était plus, du fait que les ducs de Bourgogne se dispensaient de prêter hommage à l'empereur.

Au surplus, la thèse personnelle de Louis XI était parfaitement connue de ses familiers ; elle ne souffrait aucune équivoque. Selon lui, le royaume devait avoir pour frontière le Rhin, donc englober la Bourgogne, la Flandre et territoires annexes, et les Alpes, ce qui impliquait, à brève échéance, l'annexion de la Savoie : ce qui explique l'alliance contractée naguère par la duchesse Yolande avec le Téméraire !

En Picardie, c'étaient Commynes et l'amiral de Bourbon qui étaient chargés de soumettre les villes. Ils profitèrent du même désarroi qu'en Bourgogne, et des mêmes complaisances. Basin : « Il (Louis XI) s'empressa, en effet, d'entrer en Picardie à la tête d'une grande armée de cavaliers et de fantassins. Là, en peu de jours, il attira à son parti nombre de nobles de ces régions, même parmi ceux qui avaient été sous le gouvernement de Charles à la tête de formations militaires ou qui avaient rempli les fonctions de gouverneurs et capitaines de villes ou de citadelles. Il tentait tous ceux qu'il pouvait par des présents ou par les promesses de pensions ou de terres ; si bien qu'en peu de temps, il ramena sous son obéissance toutes ou presque toutes les places fortes des comtés d'Artois et de Ponthieu. De leur plein gré, d'ailleurs, des villes comme Abbeville, Montreuil, Hesdin, Péronne, Béthune et quelques autres places, se donnèrent à lui. Il venait, assurait-il, non en ennemi, pour occuper militairement le pays, mais pour le tenir en sa main comme protecteur naturel de sa filleule, afin de conserver et maintenir les droits de celle-ci... Par ce moyen, il alléchait et attirait dans son obéissance beaucoup de gens convaincus qu'il agissait de bonne foi. »

De fait, ce fut une conquête éclair, au moins dans sa première phase. Abbeville se rendit le 17 janvier (1477) ; Doullens fut évacué par Antoine de Crévecœur ; puis ce fut Montdidier où commandait Jean de Lannoy, puis Roye, Montreuil, Corbie, Bapaume, Bray et Landrecies ; puis les châteaux de Ham et de Bohain. Saint-Quentin ouvrit spontanément ses portes aux royaux. Hesdin se rendit le 8 avril. Boulogne capitula après une semaine de siège. Louis XI occupa ensuite Cambrai, ville impériale. Arras résista, pour moitié : Philippe de Crèvecœur livra la citadelle, mais la ville refusa l'entrée aux troupes royales. Louis XI accorda néanmoins une trêve aux habitants. Ils crurent le jouer en envoyant une délégation à Marie de

Bourgogne. Les malheureux députés n'allèrent pas loin. Surpris, capturés, amenés au camp du roi, ce dernier les envoya à l'échafaud. « Il y en avait un entre les autres (écrivait-il à l'un de ses familiers), maître Oudart de Bussy, à qui j'avais donné une seigneurie au Parlement, et, afin qu'on connût bien sa tête, je l'ai faite atourner d'un beau chaperon fourré ; elle est sur le marché d'Hesdin, où il préside... » Ce trait d'humour noir n'arrangeait guère les choses. Rien ne pouvait avoir raison de l'obstination des Arrageois. Ils se moquaient ouvertement du roi. « Quant les rats mangeront les chats, disaient-ils, le roi sera seigneur d'Arras ! » Il le fut, mais après les avoir expulsés en masse, et fait raser les remparts. La cité des tapisseries et des toiles changea de nom ; elle s'appela désormais « Franchise ». On la repeupla avec de pauvres gens tirés de plusieurs provinces. On essaya de relancer son économie. Ce fut un échec total. Peu à peu, les anciens habitants revinrent, mais leur ville était ruinée.

Commynes désapprouvait les nouvelles méthodes de Louis XI. Il crut pouvoir le dissuader d'imposer son autorité par la force. Il s'étonnait que le roi-diplomate préférât désormais la guerre à la négociation, rompant ainsi avec ses habitudes. Louis ne l'écouta pas. Il n'avait que faire des conseils. Il pensa que Commynes se souvenait un peu trop de ses origines flamandes et l'envoya en Poitou sous un prétexte fallacieux. Il faut lire dans ses *Mémoires* le récit discret, mais très clair, de la légère disgrâce de Commynes et le commentaire dont il l'assaisonne : « Quant au monde, il y avait grande apparence en ce que ledit seigneur disait : mais quant à la conscience, il me semblait le contraire. Toutefois le (bon) sens de notre roi était si grand que moi ni les autres n'eussions su voir si clair en ses affaires, comme lui-même faisait ; car, sans nul doute, il était un des plus sages hommes, et des plus subtils, qui aient régné en son temps. Mais, en ces grandes matières, Dieu dispose les cœurs des rois et des grands princes (lesquels il tient en sa main) à prendre les voies selon les œuvres qu'il veut conduire après... Je n'entends point blâmer notre roi, pour dire qu'il a failli en cette matière ; car, par aventure, d'autres qui savaient et qui connaissaient mieux que moi seraient et étaient de l'avis qu'il était. »

Parmi ceux qui partageaient l'avis du roi, il y avait le seigneur de Lude. Il se moquait de Commynes qui préparait son voyage en Poitou.

— « Or, disait-il en riant, vous en allez-vous, à l'heure que vous deviez faire vos besognes ou jamais, vu les grandes choses qui tombent entre les mains du roi, dont il peut agrandir ceux qu'il aime. Et au regard de moi, je m'attends d'être gouverneur de Flandre... »

Commynes lui répondit qu'il en serait « bien joyeux » et souhaitait que le roi ne l'oubliât pas dans la distribution des cadeaux. Il connaissait les projets de son maître, et de longtemps, mais il jugeait l'affaire mal engagée. Selon lui, le sage roi allait trop vite, avait eu tort de lancer son armée dans les provinces septentrionales. Certes, Louis XI guignait le riche comté de Flandre ; c'était même son principal objectif. Pour s'en emparer sans coup férir, il avait décidé de marier Marie de Bourgogne au dauphin : une fille de vingt ans à un garçon de huit ans ! Marie ne manquait pas de prétendants : le duc Jean de Clèves et son cousin Philippe, le comte d'Egmont, le duc de Clarence, frère d'Édouard IV d'Angleterre, sans parler de l'archiduc Maximilien d'Autriche. La mort du Téméraire les enhardissait. Pour écarter ces importuns, il convenait d'agir avec adresse et promptitude. Louis savait que Mademoiselle de Bourgogne avait été reconnue comtesse de Flandre, sous conditions, par les États de Gand. Ces conditions aboutissaient à l'abrogation du « Grand Privilège » : en d'autres termes, le pouvoir concédé à Marie n'était plus que nominal. Louis XI envoya Olivier le Daim, son chirurgien-barbier, à Gand. C'était un mauvais choix. Bien qu'il portât, non sans arrogance, le titre de comte de Meulan et qu'il fût d'origine flamande, Olivier était un trop mince personnage. Ces bourgeois âprement démocrates eussent préféré un grand seigneur ! Le roi avait chargé son barbier d'imposer le mariage français aux États et à Mademoiselle de Bourgogne ! Le Daim s'y prit mal et échoua. Cependant les États envoyèrent une ambassade au roi. Louis traita les députés flamands comme « de bons amis » qu'il était heureux de revoir. Il les couvrit de présents et de flatteries, bref déploya toute sa séduction pour les convaincre de la nécessité et des avantages de son projet. A sa manière inimitable, il les prenait par l'épaule et leur chuchotait à l'oreille qu'après le mariage il abdiquerait en faveur de son fils, car il était malade, fatigué du pouvoir, et n'espérait plus qu'à un repos bien gagné. Mais il avait fait jadis tant de promesses non tenues aux villes de Flandre, qu'ils se méfiaient de ses confidences. Pour les persuader de sa bonne foi, il osa trahir Marie. Il leur montra une lettre secrète que deux conseillers de celle-ci, le chancelier Hugonet et le sire de

Humbercourt, venaient de lui apporter. Dans cette lettre, Marie l'informait que, si son cher parrain l'estimait utile, elle ne tiendrait aucun compte de l'avis des États ! Cette traîtrise acheva de la déconsidérer aux yeux des députés. Ils rentrèrent à Gand, dénoncèrent les agissements de la duchesse et de ses conseillers. Elle dut avouer sa faute, s'humilier publiquement. Mais Hugonet et Humbercourt furent décapités, malgré ses supplications. Croyant la partie gagnée, Louis XI avait indirectement précipité le dénouement. Marie décida d'épouser Maximilien et le lui fit savoir. La jeune fille, accablée par la perte de son père, désemparée et comme écrasée par un destin trop vaste pour elle, vilipendée par les États, privée de ses meilleurs conseillers, en butte à la suspicion, retrouva soudain l'ardeur et la fierté de sa race. De son côté, l'indolent Frédéric III consentit à agir sans retard. Le 18 avril 1477, Louis de Veldenz, comte palatin, délégué par l'empereur, fit son Entrée à Bruges avec 300 lances. La foule admira les armures des chevaliers allemands. Le 21, le mariage fut conclu. Il ne restait plus à Maximilien qu'à venir à Gand. Il s'y employa de son mieux.

Apprenant que Marie n'épouserait pas le dauphin, que la proie lui échappait, Louis XI fut saisi d'une rage digne du Téméraire ! Mais ce n'était pas une rage faite de menaces et d'imprécations. C'était une colère glacée, aussitôt suivie d'effets. Il crut qu'il pourrait avoir « par horreur ce qu'il ne pouvait avoir par honneur ». Ses troupes déferlèrent sur le Hainaut et, sur son ordre, perpétrèrent les pires dévastations. Louis retrouvait son ardeur de Chateau-Landon, celle de sa jeunesse intrépide. On le vit conduire lui-même les assauts. Les villes tombaient, mais pas assez vite à son gré. Pour affamer Valenciennes et Douai, hâter leur capitulation, il fit venir une troupe nombreuse de faucheurs. Le 26 juin, il écrivait à Chabannes : « Je vous envoie trois ou quatre mille faucheurs, pour faire le dégât que vous savez. Je vous prie, mettez-les en besogne et ne plaignez pas (sacrifiez) cinq ou six pipes de vin à les faire bien boire et à les enivrer. » Il fit incendier la ville d'Avesnes et massacrer les habitants, coupables d'avoir trop longtemps résisté. On parlait des « bouchers français ». Mais, quand vint la mauvaise saison, la conquête du Hainaut n'était pas achevée. Louis XI consentit une trêve et rentra à Plessis-les-Tours, pour se reposer et faire le point. Son intelligence reprenait le dessus.

Le 18 août 1477, Marie de Bourgogne avait épousé le beau

Maximilien d'Autriche. Les Gantois étaient ivres de joie. Le peuple a toujours aimé les contes de fées. L'universelle aragne n'avait pu empêcher ce mariage aussi lourd de conséquences que celui de Ferdinand d'Aragon et d'Isabelle de Castille! Ce jour du 18 août, l'Histoire avait la peau neigeuse, les cheveux bruns, le petit nez et les lèvres pulpeuses de Mademoiselle de Bourgogne.

QUATRIÈME PARTIE

LE TRIOMPHE DE LOUIS

1477-1483

I

« SON CHEVAL PORTE TOUT SON CONSEIL »

Le règne de Louis XI est une succession de crises qu'il dénoua avec un art merveilleux : guerre du Bien public, coalition de Jean II, invasion anglaise. Ce ne sont que les phases de l'implacable lutte contre Charles de Bourgogne. Le Téméraire est mort. Il faudra quelques années encore pour que la question de sa succession soit tranchée et que le puissant État du Grand Duc d'Occident ne soit plus qu'un souvenir. Louis XI y mettra ses dernières forces, tout son savoir-faire. Il a maintenant cinquante-quatre ans. Il lui reste six ans à vivre. Observons-le dans son quotidien, tel que ses contemporains, ses familiers ont pu le voir, et tentons, comme Philippe de Commynes, de creuser un peu plus son caractère.

Tout d'abord, une constatation s'impose : c'est le prince le plus extraordinaire de notre histoire. Cette singularité absolue s'explique en grande partie par le fait que le XVe siècle finissant s'exprime dans sa plénitude à travers lui. Ce siècle est celui du Moyen Age à son déclin extrême ; il annonce déjà la Renaissance. Louis XI procède de l'un et de l'autre, mais il est plus une juxtaposition d'éléments contradictoires qu'un véritable amalgame. La France émerge avec peine de la guerre de Cent Ans, longue nuit de tumultes où elle a failli disparaître. Elle entre dans sa convalescence. Mais elle a encore trop de souvenirs d'humiliation, d'épouvante, pour sentir sa force revenue et sourire à l'existence. Son destin semble encore hésiter; il laisse cependant entrevoir des perspectives grandioses. Le peuple, la bourgeoisie en forment la dynamique, avec le roi, protecteur et novateur. Mais tout ce qui bénéficie de privilèges (le clergé, la noblesse) se raidit dans un archaïsme hors de saison. La trilogie du prêtre, du chevalier, du paysan, se défait. L'interminable guerre a abattu les cloisons sociales, modifié les esprits et détruit les valeurs traditionnelles. Le pessimisme envahit la pensée, et même un certain nihilisme, coloré d'ironie. La foi reste forte et générale, du moins pour l'essentiel, mais elle a perdu son éclat et son militantisme; elle n'est plus guère que pratiques dévotes et superstitions. La morale est devenue incertaine. On s'interroge, on se cherche, on transige. A cet égard, la littérature contemporaine est significative. Certes, dans les cours seigneuriales, les châteaux et les manoirs, on se délecte encore des vieux romans de chevalerie et l'on cultive l'amour courtois: qui n'est plus guère qu'un jeu de société, s'il a d'ailleurs jamais été autre chose! Les ouvrages écrits à l'époque de Louis XI rendent un son plus véridique. Presque tous sont empreints du même pessimisme et reflètent une immoralité fondamentale, aggravée d'ironie. *La Farce de Maître Pathelin* est sans doute la plus connue. Or qui met-elle en scène? Des fripons se dupant les uns les autres, au profit du plus sot d'entre eux. *Les Quinze Joies du mariage* sont une satire des femmes et de la famille. *Le Petit Jehan de Saintré* est une caricature de l'amour courtois et de la chevalerie, un *Don Quichotte* encore plus dérisoire: on y voit un croisé insulté et rossé à son retour par l'amant de sa femme: un moine paillard et rusé. Ecclésiastiques et nobles sont tombés de leur piédestal! La chronique latine de Thomas Basin n'est qu'une monumentale tartufferie, un portrait-charge de Louis qui discrédite l'ex-évêque de Lisieux. Dans ses *Mémoires,* Commynes découvre que les princes ne sont après tout que de simples mortels et que leur grandeur est éphémère: les pages qu'il écrit sur la misère des rois sont les premières du genre! Quant à François Villon, servi par son immense talent, il nous emmène dans la compagnie des voleurs, des assassins, des filles de joie, des souteneurs et des ivrognes : le gibet de Montfaucon fait constamment son ombre sur *le Grand Testament.* Mais il est vrai que, dans le même temps, Jean Fouquet, peintre officiel du roi, peint ses adorables miniatures dans la tradition même de nos vieux enlumineurs. Il s'essaie pourtant au réalisme dans ses tableaux de chevalet, partagé entre les influences flamande et italienne. L'admirable Guillaume Dufay fait chanter les anges, au milieu des somptueuses draperies sonores de ses messes : surtout la Messe *sine Nomine.* Le Tourangeau Michel Colombe (ou Columb) taille ses premières images, en attendant de sculpter les Vertus du tombeau de François II de Bretagne à Nantes. En Italie, les noms de Bellini, de Botticelli, de Verrocchio, de Léonard de Vinci, brillent déjà : sait-on que, cette même année 1477, Botticelli vient d'achever *l'Allégorie du Printemps*! Dans les Flandres, travaillent Van der Weyden, Peter Christus, Memling.

L'Europe ressemble alors à un arbre bourgeonnant. Il garde son aspect hivernal, mais il est chargé de promesses de fleurs. Cette époque est celle du roi Louis. L'âme « gothique » persiste en lui, mais l'esprit « moderne » la recouvre presque toute. Louis n'est plus un roi de majesté. Ce n'est plus un roi de cathédrale paré de fleurs de lys, au regard à demi extatique. Il est l'un de ces personnages vifs et narquois, bourgeois ou paysans, qui peuplent les chapelles, mais s'affairent comme s'ils étaient vivants. C'est un bourgeois couronné. Mais ce bourgeois royal est fascinant. C'est un prince selon l'esprit ou, si l'on préfère, selon Machiavel. Il se considère comme le premier « officier » du royaume. Sa règle d'or est la raison d'État. En son genre, il est le plus autocrate de nos rois, mais aussi le plus attentif à la sécurité du royaume, le plus à l'écoute de son peuple.

Et d'abord voilà sa maison, le lieu qu'il préfère entre tous : Plessis-les-Tours, au cœur de la Touraine, c'est-à-dire de la France. Plessis-les-Tours hante nos souvenirs scolaires. Les écrivains romantiques l'ont transformé à plaisir en repaire sinistre, environné de pendus. C'est un clair manoir de briques et de pierres, flanqué de deux tours et d'un clocheton, avec un corps principal et deux ailes formant un U. La façade est percée de larges fenêtres. Celles du rez-de-chaussée s'inscrivent dans des gâbles gothique flamboyant. Celles de l'étage sont quasi Renaissance. Les cheminées sont hautes et nombreuses. Un jardin, avec des parterres fleuris, des carrés de légumes, un verger, un chenil et des volières, précède le logis.

Pour y entrer, on franchit une poterne à pont-levis. On accède à la porte de la maison, après avoir traversé une vaste cour où se tiennent les gardes écossais. Un fossé, avec quatre guérites pour les arbalétriers, entoure le petit domaine. C'est là toute la forteresse où s'embusque l'universelle aragne! Une plaisante maison de campagne à peine fortifiée, un grand relais de chasse, et rien d'autre, ô Walter Scott![1] Les appartements sont clairs, bien aérés et aussi bien chauffés que possible. On ignore tout de l'ameublement, mais, puisque les ambassades s'y sont succédées, et les visiteurs illustres, on peut penser que le décor est digne d'un roi. On sait aussi que le bon peintre Jean Bourdichon l'a décoré. Il a peint une belle image de Notre Dame, ainsi que des anges avec cette inscription répétée: *Misericordiam Domini in aeternum cantabo.* On sait aussi que le roi a fait installer des cuves pour le bain, et commandé des tapisseries pour les salles d'apparat. Point de cris de suppliciés! Point de gémissements de captifs recroquevillés dans les cages de fer! Les prisonniers sont à Tours ou à Loches. A Plessis-les-Tours, on n'entend que les chants des oiseaux. Le parc est peuplé de lièvres, de cerfs et de sangliers, comme dans les tapisseries des Millefleurs. Louis XI aime la douceur, l'équilibre des paysages de Touraine, et la paisible lumière des cieux de cette contrée. Il aime la large Loire, entre ses rives sablonneuses, plantées de peupliers et de saules, et dont l'eau bleutée contourne les îles. Les villages de vignerons qui s'accrochent aux pentes des vallons ou se creusent dans le tuffau, il les connaît tous, comme il connaît les noms de presque tous leurs habitants. Il se sent à la fois berrichon et tourangeau, homme de la terre et marchand, mais il n'oublie pas pour autant que le sang capétien coule dans ses veines. Il a visité toute la région, goûté à tous les vins, à tous les mets. C'est un bon vivant et un connaisseur. Il sait parler aux humbles, les mettre à l'aise, quasi sur un pied d'égalité. Il perce à jour les ruses des marchands et, chemin faisant, il évalue la fortune du royaume. Sa curiosité ne se lasse jamais. Il n'est point pour lui de petites choses. Nul ne connaît mieux que lui la valeur du détail. Ses questions sont précises, nombreuses, enveloppées de cordialité, ou de bonhomie. Avec les petites gens, il est en confiance, volontiers rieur, salace parfois; il ne refuse point de vider le gobelet. Quand il a soif, il entre à la

1. D'ailleurs, l'aquarelle de la collection Gaignières, reproduite dans le présent volume, est assez convaincante.

taverne, sans façon, prend place au milieu des buveurs et plaisante avec eux. Sa faculté d'adaptation est exceptionnelle. Il s'agrège aux groupes, pour mieux entendre, pour mieux comprendre. Point d'écran entre son peuple et lui, mais le contact direct et fréquent ! Personne ne connaît le royaume aussi bien que lui. Sa mémoire est intacte et son intelligence s'est affinée.

Le voici dans sa chambre du Plessis, au milieu de ses chiens préférés : des lévriers blancs et de blonds épagneuls. Certes, la nature n'a pas été généreuse pour lui, et l'âge ne l'a pas embelli ! Avec son long nez pointu, ses pommettes osseuses, ses joues flasques, son lourd menton, encore épaissi par le double pli du cou, son regard à demi voilé par les paupières, sa bouche dédaigneuse, il n'a pas un profil de médaille. Mais, vu de face, il donne une impression de solidité, de puissance. Les mâchoires sont carnassières ; le regard filtrant est aigu comme une lame et le haut front, porteur de pensée. Une coiffe emboîte les tempes et la nuque ; elle dissimule la calvitie. Un bonnet de fourrure la recouvre à moitié. Inquiétant visage, parfois agité de tics nerveux, et dont on perçoit la mobilité extrême, mais aussi, dans les larges narines, la sensibilité. Le roi Louis est frileux. Il est emmitouflé dans une tunique de drap brun, fort épais et doublé de martre. Il porte en guise de parure un de ces colliers de bois vulgairement appelés patenôtres. Il réserve pour les cérémonies et les chapîtres son beau collier de l'Ordre de Saint-Michel, fait de coquilles d'or. Dans le fond de la pièce se dresse le grand ôte-vent (paravent), derrière lequel il a poussé naguère Commynes et le sire de Contay. Un bref sourire court sur ses lèvres. Il se lève et l'on voit que des jambes trop grêles, aux genoux disgracieux, supportent son corps épais. Il n'a vraiment pas l'air d'un roi, mais plutôt de l'un de ces boutiquiers que peignent les Flamands, pesant leur or ou faisant leurs comptes. Son chien favori se dresse contre lui, la queue battante, le fin museau levé. Il lui parle et le caresse. C'est « Cher-Ami », le plus beau de ses lévriers. Il lui donne ce nom qu'il refuse aux hommes, même à ses meilleurs serviteurs, même à ce Commynes qui est sans conteste le plus proche de lui par l'esprit.

Il s'habille toujours aussi modestement, sans tenir le moindre compte de la mode. Il déteste les velours, les soies, les broderies, les fourrures précieuses, les pierreries. Il ne recherche que la commodité, le confort ; d'où sa prédilection pour les gris et les bruns, et les bons gros draps solides et chauds. Le renard et le bièvre (le castor) font son bonheur. Il vit un jour l'évêque de Valence affublé d'un chapeau aussi large que ses épaules. Ce chapeau-parapluie l'a conquis. Il s'en est commandé un semblable, d'un pouce d'épaisseur, et qui vaut selon lui « pour le chaud une petite maison ». Il ne craint pas le ridicule. Commynes, malgré sa discrétion d'homme bien élevé et de diplomate, ne peut s'empêcher de souligner la bizarrerie des coiffures de Louis, de ses tenues. On porte des robes longues ; il arbore des tuniques courtes, « à l'italienne », commodes pour monter à cheval ! D'où les railleries de l'évêque Basin. Quand il était dauphin, Louis prétendait à l'élégance — une élégance toute relative ; il s'habillait convenablement. Ce goût lui passa vite. Il y reviendra à la fin de son règne, mais ce sera pour dissimuler les décrépitudes de l'âge et les méfaits de la maladie. Pourtant on l'a vu en tenue d'apparat : en damas blanc lors de son Entrée à Paris après le sacre, ou dans la livrée des rois, blanche et cramoisie. Mais il déteste les cérémonies, hormis celles qui peuvent être utiles. N'importe quel bourgeois ayant pignon sur rue possède plus de bijoux que lui : il n'a que sa chaîne de Saint-Michel et deux méchants anneaux sertis de petits rubis et de minces diamants. Ses seuls « joyaux » sont des médailles de plomb ou d'étain qu'il fait coudre à ses chapeaux, ou qu'il accroche à des lacs pendant de sa tunique. Il achète des gants noirs pour qu'on puisse les reteindre. Et il fait retailler ses boutons quand ils sont usés. Est-ce de l'avarice ? Bien plutôt la haine des dépenses inutiles, de l'ostentation, du surperflu. Il refuse d'engager un gentilhomme trop bien vêtu. Pour ne pas lui déplaire, ses familiers doivent adopter la même simplicité, au risque d'être mal jugés. Mais le même homme dépense de grosses sommes en fondations pieuses, en gratifications aux saints, en cadeaux somptueux aux ambassadeurs, à ceux qu'il veut séduire. Il récompense largement, royalement, ceux qui servent avec zèle, surtout ceux qui sont efficaces. A cet égard, nul ne se plaint de lui ; c'est un bon maître, exigeant mais juste. Mais il connaît le prix de l'argent. Il surveille les comptes de sa Maison comme ceux de l'État. Pourtant, ce n'est pas un rogneur de bouts de chandelle, quelque Harpagon couronné, certes non ! C'est au contraire un bon vivant. Il aime la bonne cuisine et les bons vins : ceux des pays de Loire, de Bourgogne et du Bordelais ont ses préférences. Il mange bien, avec une prédilection pour le gibier. On l'a vu naguère, dans une taverne de Rouen, un soir de goguette, emplir à ras bord la croûte d'un pâté et vider d'un trait ce récipient improvisé. L'histoire est venue aux oreilles de Basin qui, par la suite, a fait de Louis XI un royal ivrogne, au nez et aux joues vermillonnés. Le sombre tyran des Romantiques aime en réalité la compagnie. Il a toujours sept ou huit de ses familiers à sa table, souvent plus : c'est Commynes qui le dit et il en était ! Le roi Louis aime deviser ; après un bon repas, il se laisse aller à des confidences, s'il en provoque quelques-unes. Il sonde ses partenaires ; il étudie leurs réactions. Parfois son intempérance de langage lui joue des tours. Il ne peut résister au plaisir de faire un bon mot. Son esprit caustique s'exerce volontiers aux dépens des dames. Il lui échappe des traits d'esprit qu'il regrette aussitôt et qu'il essaie d'effacer par une bonne parole ou par un cadeau. Malgré sa prudence de loup, il n'a pu s'empêcher de rire d'Édouard IV : « J'ai chassé les Anglais avec du vin et du pâté de venaison, plus aisément que mon père, Charles septième ! » Il craint donc sa langue, mais ce roi que l'on dit tellement secret et dissimulé, adore la discussion ; c'est un bavard invétéré. Il parle vite, en grasseyant un peu comme un Berrichon. Mais il a le sens du mot qui porte. D'aventure, il sait convaincre et même séduire son interlocuteur. N'est-il pas étonnant que ses contemporains le comparent à « une sirène » ? Son habileté effraie ! Il donne parfois l'impression de se mettre dans un mauvais cas pour avoir le plaisir d'en sortir par quelque ingénieuse combinaison. Et, parfois, il se prend les pieds dans ses propres pièges. Son esprit est aussi réaliste que fertile en inventions, certaines d'une audace inouïe, et d'autres touchant à l'invraisemblable. Nul ne sait mieux que lui négocier avec les ambassadeurs, introduire dans les pactes assez de formules équivoques pour violer, légalement, ses engagements. Ce personnage est plein de contradictions. Il paie scrupuleusement ses dettes, mais il n'a aucun scrupule à ne pas tenir ses promesses, et nul ne sait mieux que lui interpréter les serments à son avantage. En tant qu'homme privé, il n'est pas sans vertus, mais, quand il y va de l'intérêt du royaume, tout lui semble permis et il n'a pour règle que la réussite. Il viole ses engagements, pratique la dissimulation et la fourberie avec un cynisme total. Le mensonge est chez lui monnaie courante ; il en recommande instamment l'emploi à ses collaborateurs ; sur ce point, il en remontre même aux Italiens. Il répète qu'il n'est pas un clerc, mais il sait le latin et l'italien. Sa bonhomie désarme son interlocuteur, mais son regard est, quand il le veut, insoutenable. Il use de plusieurs registres, comme un comédien, tour à tour cordial, bienveillant, glacial, ironique ou furieux. Toutefois, c'est un grand nerveux et son impulsivité dessert sa subtilité et son exemplaire prudence. Tout ce qu'il entreprend, il le prépare avec un soin infini ; il envisage le pire et se prémunit en conséquence ; mais, quand il passe à l'action, sa promptitude est foudroyante. Il s'exalte aisément, mais tombe aussi vite dans l'abattement. Cette tendance à la cyclothymie, il la tient de son père ; c'est l'héritage des Valois. On le dit cruel. Ce n'est pas lui qui a inventé les cages de fer. On y enferme certains prisonniers pour la nuit, car les évasions sont fréquentes. En réalité, Louis pardonne plus souvent qu'il ne châtie. Mais il est vrai qu'il applique d'âpres punitions aux traîtres invétérés, récidivistes. Éventuellement, il préfère les supprimer, les sachant irrécupérables, comme Saint-Pol, et nuisibles au royaume. Il ne fait pas bon lui résister, encore qu'il ait appris à maîtriser sa colère. Son attitude à l'égard des villes du Hainaut est inacceptable. Ce qu'il a condamné chez le Téméraire, il le pratique sous le coup de la déception. Il croit que les exécutions vont frapper les populations de terreur ; elles exacerbent leur volonté de n'être pas françaises. Il en veut aux grands de lui avoir infligé la guerre du Bien public, mais il est plein d'humanité envers les humbles. Il indemnise même une pauvre vieille dont la meute royale a tué le chat ! Sa charité s'apparente à sa dévotion. Car il est d'une piété démonstrative, estimant qu'en ce domaine il appartient aux princes de donner l'exemple. Mais il n'a rien d'un mystique. Ses prodigalités envers Notre Dame et les saints sont soigneusement calculées. Elles matérialisent des vœux précis. Il pense que Dieu a trop à faire pour s'occuper des hommes en particulier et qu'il est obligé de déléguer partie de ses pouvoirs. Il a donc dressé le catalogue des saints utiles, classés selon leur spécialité et leur efficacité. Croyant que tout s'achète et se négocie, il s'est ouvert un compte courant à la banque céleste. Que sa prière soit exaucée, il gratifie largement l'intercesseur, pour l'inciter à continuer ses bons offices. C'est sa façon de croire, coûteuse et singulière. Il a le culte des reliques et des pèlerinages, pour éviter que son nom figure à l'encre rouge dans les registres de là-haut. Mais il est vrai qu'il trouve auprès de Notre Dame un asile et une espérance. Il lui donne ce qu'il a d'amour et de tendresse. Il se confie à elle, aux heures d'abandon. C'est Notre-Dame de Cléry qu'il révère entre toutes les images de la mère du Christ, une statue très ancienne trouvée jadis par un paysan dans un labour. C'est à ses pieds qu'il voudra dormir son dernier sommeil, et non pas à Saint-Denis, au milieu des rois ses aïeux. Il révère aussi la croix de Saint-Laud d'Angers. Il a la dévotion matérielle, humblement humaine, proche parfois de la superstition. Il transforme l'église Notre-Dame de Cléry en somptueux reliquaire ; il offre des statues, des ex-voto, crée une multitude d'offices. Bref, il achète la miséricorde divine à coups de beaux deniers. Encore une fois, il a beau descendre de saint Louis, il appartient au XVe siècle.

C'est un lève-tôt, car il ne se donne pas le temps de paresser ; il ignore même ce qu'est l'oisiveté. Il récite ses oraisons, puis entend la messe. Il se rend au conseil et déjeune vers une heure. Il retourne aux affaires vers deux heures. Vers quatre heures, il fait une promenade à pied ou à cheval. Il soupe à cinq heures et travaille jusqu'à son coucher. De temps à autre, il s'offre une partie de chasse. Il pratique la fauconnerie, mais préfère la vénerie dont les péripéties l'enchantent. C'est un véritable expert ; il a lu tous les ouvrages et possède les meilleurs chiens. Il les paie fort cher, et sinon les acquiert par échanges, quand il ne se les fait pas offrir par leurs propriétaires. Ils portent de riches colliers, cloutés d'or ou d'argent, selon qu'ils sont plus ou moins chers au cœur du roi. Il veille à leur entretien, à leur santé, avec un soin jaloux. Il en est de même des oiseaux de ses volières : il collectionne les espèces rares. Il aime les animaux, peut-être parce que leur affection est sans détour. Il n'a pas oublié la petite lionne pendue, et demande qu'on lui envoie un léopard dressé à courre le lièvre. Il s'efforce de protéger le gibier. Il ne chasse pas pour tuer, mais parce que ce sport est pour lui un défoulement et un exercice de l'esprit. Il ruse avec la grosse bête comme avec les hommes.

C'est un cavalier, un voyageur infatigables. Il parcourt bon an mal an deux milliers de kilomètres, et il souffre d'hémorroïdes ! Il lui faut tout voir, tout contrôler par lui-même. Il ne fait confiance à personne ; il connaît trop bien les faiblesses humaines. L'appât du gain a surclassé les vieilles notions d'honneur ; la franchise, les serments sont passés de mode. L'époque est ainsi. On fait avec ce qu'on a. Louis XI n'a pas de ministres ; il a des conseillers et des agents d'exécution, interchangeables. Commynes note qu'avec lui il faut « charrier droit ». En réalité, si le roi écoute attentivement les avis, il décide seul, au risque de commettre de lourdes erreurs, comme à Péronne. C'est le plus absolu de nos rois ; son esprit est constamment en travail. On a dit de lui, pertinemment : « Son cheval porte tout son conseil. »

Tel est, je crois, au terme d'une longue pratique du personnage, le vrai Louis XI, maître fourbe par raison d'État, mais grand roi s'il en fût jamais ; pour le reste, un original fieffé !

II

« LE ROSIER DES GUERRES »

On ne peut accorder aucun crédit à Brantôme qui voudrait nous persuader que Louis XI changeait de femmes comme « de bonnets de nuit ». La liste de ses maîtresses est courte. Il n'eut pas de favorite. L'exemple de son père « assotté » d'Agnès Sorel l'incitait à la prudence. D'ailleurs il semble bien que l'amour ne tint guère de place dans sa vie tout entière commandée par la passion du pouvoir. Certes, il honora sa mère, la reine Marie d'Anjou, qui mourut en 1463, deux ans après Charles VII. Il augmenta sa dotation et lui manifesta quelque sollicitude, après son veuvage, mais éprouvait-il une grande affection pour elle ? On peut en douter. Sa première épouse, la dauphine Marguerite d'Écosse, lui avait été imposée. Il ne l'aima pas. Il la trouvait trop exquise, trop fragile et lui reprochait de s'adonner à la poésie. Il se fût pourtant accommodé de sa compagnie, si elle lui avait donné des enfants, mais elle était stérile et, très certainement, préférait les jeux de l'esprit à ceux de l'amour. Quand elle mourut, en 1445, emportée par la phtisie, il fut le seul à ne pas la pleurer.

Il vécut ensuite la vie de garçon et ne s'embarrassa guère de sentiments. Il préférait les filles faciles, rieuses, sans complications et sans exigences, cueillies au hasard des voyages ou des parties de chasse. On lui donne pourtant deux maîtresses attitrées : Phélise (ou Félise) Renard, dont il eut deux filles : Guyette, qu'il maria à l'un de ses secrétaires, Charles de Baillans, et Jeanne, qu'il légitima avant de la marier au bâtard de Bourbon, amiral de France ; et Marguerite de Sassenage, dame de Beaumont, qu'il paraît avoir préférée et dont il eut aussi deux filles : Marie, mariée au seigneur de Saint-Vallier, Aymar de Poitiers, et Isabeau, mariée au sire de Saint-Priest. Faut-il croire le chroniqueur Chastellain montrant le roi courant les maisons de débauche avec un certain Guillaume Biche, après les fêtes du couronnement ? Des noms de filles de joie émergent de l'anonymat : la Jacqueline de Dijon, la Gigonne de Lyon, ou cette Catherine de Vaucelle que cite François Villon. Ces femmes ne comptaient pas pour lui ; il ne leur demandait qu'un instant de plaisir et, peut-être, ne lui déplaisait-il pas de s'encanailler brièvement auprès d'elles, par simple curiosité. Hormis Félise et la belle Marguerite de Sassenage, il ne s'agit que de fredaines sans la moindre importance, à supposer toutefois qu'en ce domaine très particulier nos informations soient exactes et complètes. Louis n'était pas un sentimental. Le concret lui suffisait ; par ailleurs, il était sans illusion sur sa personne.

Il avait épousé Charlotte de Savoie en 1451, contre le gré de Charles VII et par intérêt. Elle était jeunette. Il ne la rendit femme qu'à Genappe, pendant son exil dans l'État bourguignon. L'aima-t-il d'amour ? Certainement pas, mais elle était prolifique et soumise, deux qualités primant toutes les autres aux yeux de Louis. Il respectait en elle la mère de ses enfants. Elle lui en donna six. Les deux premiers moururent en bas âge. Des quatre autres, le dernier (François, duc de Berry) vécut moins d'un an. Il ne restait donc que deux filles : Anne, qui devint Anne de Beaujeu, et Jeanne, surnommée « la Boiteuse », mariée au duc d'Orléans, et un fils, Charles, le futur Charles VIII. Louis XI fut-il un époux fidèle ? Non, si l'on en croit Commynes, qui écrit : « Des dames, il ne s'en est pas mêlé du temps que j'ai été avec lui ; car, à l'heure de mon arrivée, lui mourut un fils [1], dont il eut grand deuil, et fit lors vœu à Dieu, en ma présence, de ne toucher jamais à femme qu'à la

1. Il s'agit de François, mort en 1473.

reine sa femme. Et combien qu'ainsi il le devait faire, selon l'ordonnance de l'Église, ce ne fut pas rien, car il en voyait beaucoup à son commandement, de persévérer tant en cette promesse, vu que la reine n'était pas de celles où l'on devait prendre tant de plaisir, mais bonne dame. » Le mot est cruel ! La Bibliothèque Nationale conserve un dessin à la mine de plomb représentant Charlotte, alors qu'elle était encore dauphine. Elle porte un hennin de dimensions impressionnantes. La courbure de la robe suggère qu'elle était alors enceinte. Le visage aux traits réguliers manque un peu de caractère, mais il est empreint de douceur. En tout cas, ce n'est pas le visage d'un laideron et la reine Charlotte l'emportait certainement en beauté sur sa fille, Anne de Beaujeu, dont les traits lourds et le regard rappellent ceux de son père. On la connaît mal. Tout laisse cependant penser qu'elle ne manquait ni d'intelligence ni de finesse. Car elle sut admirablement se plier aux exigences de son seigneur et maître, lequel ne devait pas être facile, encore que l'on ignore tout de leur intimité. Il semble qu'elle ait gardé pour lui, tout au long de leur vie commune, son admiration de fillette pour un homme fait. Qu'elle l'ait aimé, nous en avons la preuve. Elle écrivait à sa mère : « Vu les bons termes qu'il a tenus et tient chaque jour, que je voudrais que vous sussiez, dont je me tiens pour la plus heureuse des femmes qui jamais fût. » Elle était assez futée pour ne pas se mêler de politique, pour se vouloir sans la moindre influence. Le roi ne l'associait pas aux affaires. Elle l'accompagnait par exception dans ses déplacements, il est vrai continuels. Elle vivait le plus souvent à Amboise, avec une petite cour fort triée. Elle élevait ses enfants avec une sollicitude de tous les instants, car ils étaient de santé fragile, surtout le petit Charles. Plutôt que reine, elle était la mère des Enfants de France et du futur roi ! Louis avait pour elle de l'affection et du respect. Quand il parlait d'elle, il disait « ma femme » ou « la reine ». Elle était, dans les actes officiels, sa « très chère et aimée compagne ». Il veillait sur son confort, sur sa santé, et séjournait assez fréquemment à Amboise. Il partageait ses soucis quant à la santé et à l'éducation de leurs enfants, surtout du dauphin. Mais était-il capable d'être un véritable père, de mener une vie de famille, occupé comme il l'était incessamment par les affaires de l'État ? Sa chancellerie, ses services, ses conseillers principaux le suivaient partout et les ambassadeurs des pays étrangers le poursuivaient ici et là, quand il ne les égarait pas par plaisir ou par tactique ! La sage reine Charlotte prenait son parti des « originalités » de son mari. Elle acceptait son effacement personnel. Elle était reconnaissante à Louis de sa fidélité... au moins depuis 1473. Il n'était point capable de tendresse, mais il devait montrer quelque prévenance envers une aussi « bonne dame ». D'ailleurs, et j'y insiste, on ignore tout de leurs rapports affectifs. Peut-être la sécheresse de cœur de Louis est-elle aussi légendaire que sa cruauté. Sa vie privée, s'il en eut une, reste un mystère.

On suppose, tout aussi gratuitement, qu'il n'aima guère ses enfants. Alors, pourquoi ressentait-il un si vif chagrin de leur perte ? Pourquoi prononça-t-il ce vœu à la mort de François ? Par hypocrisie pure ou par raison d'État ? Il est vrai qu'il se servit d'eux à des fins politiques. En quoi cela le distingue-t-il des princes de tous les temps ?

L'aînée des Enfants royaux était Anne, née en 1461. Elle avait le grand nez oblique de son père, la même bouche dédaigneuse, le même regard aigu filtrant sous de longues paupières, le même grand front pensif, rejetant en arrière les premières mèches de sa chevelure châtaine. Elle avait aussi une intelligence hors du commun et un sens politique très tôt décelé par le roi Louis. Il disait d'elle, plaisamment, qu'elle était « la moins folle femme de France qui fût, car de sages il n'en connaissait pas » ! Simple boutade, tout à fait dans sa manière, mais qui cache un grand compliment. Anne était sérieuse, appliquée, pénétrée de sa qualité de princesse des lys et de son rôle de fille aînée. Il faut croire qu'elle eut assez d'entretiens avec son père pour s'initier rapidement aux méthodes de gouvernement, aux affaires en suspens, aux périls à écarter, aux moyens d'y parvenir. Ce fut elle, et non la reine, que Louis désigna comme régente pendant la minorité de Charles VIII. Le dauphin n'avait que treize ans quand mourut son père. « La moins folle femme de France » sut affronter une situation difficile et, finalement, léguer un pouvoir intact à son frère. Pendant son enfance, elle avait été « fiancée », suivant l'usage, à divers grands personnages et, même, à Charles le Téméraire. En définitive, le choix de son père se porta sur le sire de Beaujeu, simple cadet de la Maison de Bourbon. Il voulait s'attacher à tout prix cette puissante lignée. Il savait qu'après la mort du duc régnant, Jean II, le duché de Bourbon reviendrait au sire de Beaujeu. Anne était fort éprise de son beau cousin Louis, duc d'Orléans, mais on ne lui demanda pas son avis et, en 1474, elle épousa Beaujeu, son aîné de vingt-trois ans. Il était présentable et exempt de maladies. Elle eut pour lui de l'affection, mais ne put oublier le beau duc, son ancien compagnon de jeux.

Sa sœur Jeanne naquit en 1464. Elle était boiteuse et bossue, mais elle avait un visage angélique et une âme ailée. Son père la destina à Louis d'Orléans, dans un but fort précis : il voulait que l'apanage d'Orléans fît retour à la Couronne. On dissimulait alors les malformations de la petite Jeanne. Elles s'accentuaient à mesure que la fillette grandissait. Louis et sa mère, la belle et sensuelle Marie de Clèves, regimbèrent. Le terrible roi menaça l'un d'en faire un moine et de renvoyer l'autre dans son pays. Or Marie était violemment éprise du jeune seigneur de Rodobange, qu'elle finira d'ailleurs par épouser. Elle eut vite choisi entre son bel amant et son fils. Le mariage fut donc célébré en 1473. Louis d'Orléans avait onze ans et Jeanne, neuf ans. Louis XI écrivait cyniquement à Chabannes : « Il semble que les enfants qu'ils auront ensemble ne leur coûteront guère à nourrir. » La pauvrette s'éprit de son mari, mais lui ne put surmonter la répulsion qu'elle lui inspirait. Menant la vie à grandes guides, il allait d'une maîtresse à l'autre. L'épouse délaissée menait une existence quasi claustrale. Lorsque la régente Anne de Beaujeu fit emprisonner le volage époux — par jalousie de femme — la timide Jeanne obtint sa libération. Elle connut une brève période d'illusion, puis fut renvoyée à ses prières. A force de ruminer son chagrin, elle finit par trouver un autre amour, celui de Jésus. Après la mort de Charles VIII, qui n'avait pas eu d'enfant, le duc Louis hérita de la couronne et devint Louis XII. Il fit annuler son mariage avec Jeanne pour non-consommation, afin d'épouser Anne de Bretagne (veuve de Charles VIII). Les juges ecclésiastiques furent assez complaisants pour rejeter les protestations de Jeanne, car elle soutenait que son mari l'avait bel et bien rendue femme ! Humiliée mais non désespérée, Jeanne devint une mystique, fonda l'Ordre de l'Annonciade et mourut en odeur de sainteté. Louis XII fit faire à « sa cousine » des obsèques royales, ce qui était à la fois un hommage tardif et le comble de la dérision. Jeanne fut canonisée en 1950.

Le dauphin Charles, futur Charles VIII, né en 1470, n'avait pas de santé. Son corps malingre, sujet aux accès de fièvre, donnait des inquiétudes sérieuses. Il n'était point aussi bossu que sa sœur Jeanne, mais il avait une difformité des épaules. Son esprit s'éveillait lentement. Louis XI se préoccupait sans cesse de sa santé, de son sommeil, de son appétit. Il multipliait les recommandations : défense de le contrarier, de le fatiguer, de l'exposer aux intempéries. Il l'avait confié au fidèle Jean Bourré, le compagnon de sa jeunesse, et lui avait donné les meilleurs maîtres : Gauguin, Pot, le juriste Cousinot. Ce n'était pas une sinécure pour Bourré, car le roi contrôlait tout, tremblait à la moindre alerte, et les billets impératifs se succédaient. Chaque maladie du dauphin le mettait en transe, fût-ce une quinte de toux ou un simple malaise. Il n'avait que ce débile enfant pour successeur et savait que, s'il mourait, Louis d'Orléans serait roi. Or il n'avait que mépris pour le volage garçon, produit du vieux duc-poète et d'une trop belle et jeune femme connue pour ses ardeurs amoureuses. Par la suite, il fit composer pour Charles un recueil de pensées politiques par le médecin Choisnet. S'il n'a pas écrit lui-même ce petit manuel de morale politique, intitulé *Le Rosier des guerres,* il l'a fortement inspiré et l'on peut être certain que nombre de maximes sont de lui. Il le préfaça de sa main, sous forme d'envoi :

— « Je t'envoie ce présent Rosier touchant la garde et la défense de la chose politique. Duquel Rosier, quand tu seras venu à l'âge de florissante jeunesse, tu sentiras chaque jour une rose et trouveras plus de délectation et de confort qu'en toutes les roses du monde. ».

On y trouve des conseils de piété, mais aussi une véritable éthique :

« Chacun, s'il regarde et considère tout le temps de sa vie, trouvera qu'il aura eu plus de peine que de repos. »

« Le monde se dérobe incontinent à qui trop se fie. »

« Plus grande chose est de savoir seigneurier (dominer) sa volonté que seigneurier le monde. »

« Si l'orgueil chemine devant, honte et dommage suivent de près. »

Mais aussi des conseils, voire des recettes de gouvernement :

« Car le roi ressemble à un grand fleuve, duquel sortent petites rivières et petits ruisseaux, et, s'il est doux et net, les petites rivières et les petits ruisseaux seront nets et doux et, s'il est rude et sale, ils seront rudes et sales. »

« Le roi doit penser à l'état de son peuple et le visiter aussi souvent comme un bon jardinier fait de son jardin. »

« Si guerre était commencée du temps de ses ancêtres, il serait encore mieux de chercher paix ou trêves. Car en guerre ni en procès il n'y a jamais un denier de profit. »

« Toutes les ententes et œuvres du prince doivent être en subtilités, cautèles (prudences) et agais (ingéniosité), pour décevoir ses ennemis, et feindre vouloir faire par une matière, et faire par une autre. »

« Subtilité vaut mieux que force. »

« Nulle nation, tant soit petite, ne peut être entièrement déconfite, si elle-même ne se gâte par ses discordes. »

« Batailler est la plus périlleuse chose qui soit au monde... Car, quand on a à faire en une autre chose, on le peut bien amender après, mais quand on a mépris en bataille, on ne le peut amender. »

Tout le recueil, ou presque, serait à citer. Est-ce un testament politique, ou l'homme à nu, au soir de sa vie ? ou quelque ultime marque de tendresse pour l'enfant-roi, sorti de sa chair, mais qui était encore trop jeune pour comprendre ces réflexions, fruits d'une périlleuse expérience ? Quoi qu'on en pense, on doit convenir que la sécheresse de cœur de Louis XI était très relative. La sollicitude est aussi une forme de l'amour, non la moins délicate.

Des nombreux frères et sœurs du roi Louis, ne survivaient plus que la duchesse de Savoie, Yolande, Jeanne qui était mariée au duc Jean II de Bourbon et Madeleine, mariée au comte de Foix. Charles de Guyenne était mort en 1472, après avoir eu l'existence néfaste que l'on sait. Louis avait toujours eu une dilection pour Yolande, mais il n'avait pu l'empêcher de tourner « bourguignonne » ; pourtant, la chute du Téméraire les avait réconciliés et leurs relations étaient désormais sans nuages. Il lui écrivait des lettres charmantes. Pour autant, Yolande n'en veillait pas moins à préserver l'indépendance de la Savoie. Elle connaissait si bien son frère, et ce qu'il entendait par « protection », mais elle avait l'esprit aussi retors que le sien !

Dans la vie courante, c'étaient ses familiers et ses principaux serviteurs qui formaient toute sa famille. Il n'en voulait point d'autre, et pourtant, y comptait-il un seul véritable ami ? Certains avaient été très proches de sa pensée, comme Imbert de Batarnay, seigneur du Bouchage, l'Italien Boffile de Juge ou Philippe de Commynes ; aucun d'eux n'avait pu, ou su, conserver sa faveur. Certains de ses plus vieux compagnons étaient morts, dont Tanguy du Chastel. D'autres s'étaient usés à son service — car c'était un terrible maître — et s'acheminaient vers la vieillesse, comme le Grand Maître Chabannes, ou le seigneur de Lude qu'il surnommait « Jean des Habiletés ». De nouveaux venus provenaient de l'équipe du Téméraire : par exemple, le Grand Bâtard Antoine, ou le sire de Crèvecœur. En cette année 1477, Louis ne pouvait se passer de la compagnie de Jean Doyat, juriste éminent et procureur général du Parlement, auquel cette faveur tardive coûtera cher ! Au fond, ses vrais intimes restaient Olivier Le Daim et Tristan L'Hermite. La postérité s'est acharnée sur les deux compères. Louis XI aimait tirer ses serviteurs du néant, pour mieux les y rejeter en cas de faute grave. Chirurgien-barbier, Olivier Le Daim devint une sorte d'intendant. Il tenait les comptes de la maison, donnait au roi son argent de poche, organisait les voyages, surveillait les bagages et préparait les étapes, tout en continuant à raser son maître. Le roi en fit un ambassadeur et l'envoya à Gand. Il le chargera en 1480 de recevoir un cardinal-légat du pape. Il l'a gratifié de deux importantes capitaineries, de charges lucratives. Il l'a anobli et lui a donné le comté de Meulan. Le Daim veille sur sa sécurité, comme un chien fidèle. Mais sa mentalité de parvenu l'a rendu insupportable. On lui prête une importance qu'il n'a pas. Le cas de Tristan L'Hermite est différent. Ce n'est pas Louis XI qui l'a nommé prévôt des maréchaux de France ; il occupait déjà cette charge sous Charles VII. Chargé de la haute police et de la justice, il maintenait l'ordre avec fermeté, mais sans rigueur excessive. Aucun document ne permet de créditer la fable selon laquelle il jalonnait de pendus les itinéraires du roi Louis.

On en sait assez sur la personne de celui-ci pour admettre que ses chiens favoris et les oiseaux de ses volières faisaient aussi partie de sa famille. Sans doute même tenaient-ils une grande place dans ce cœur réputé ingrat.

III

LE JARDIN DU ROI LOUIS

Dans *Le Rosier des guerres*, Louis XI se compare au bon jardinier qui visite souvent son jardin pour en vérifier la tenue et le débarrasser des parasites. Plaisante image, et qui rend admirablement compte des activités et des desseins de Louis. Ce qu'il voulait, dès son avènement, c'était à la fois donner au jardin France ses limites naturelles, en supprimer les enclaves, le tenir, « de tout son cœur et pouvoir », en union et en paix, afin d'en améliorer l'économie et que, dès lors, « chacun pût profiter selon son état et vacation ». Programme ambitieux et qui ne put être entièrement réalisé. Car enfin il ne faut pas oublier que, sur vingt-deux ans de règne, la lutte contre la Bourgogne en absorba seize!

Les enclaves furent pour ainsi dire toutes supprimées. C'étaient ces territoires, d'inégale superficie, sur lesquels s'exerçait l'autorité des grands féodaux, apanagistes et autres, et qui jouissaient d'une autonomie de fait en dépit de l'hommage. Certains d'entre eux s'intitulaient « duc ou comtes par la grâce de Dieu », signifiant ainsi qu'ils ne tenaient point leurs seigneuries du roi, mais qu'ils se considéraient eux-mêmes comme des rois en leur petit État. Malgré les progrès du pouvoir central, ils persistaient à avoir leur propre diplomatie, leurs institutions, leurs forces armées, une politique distincte. Affirmer cependant que Louis XI était a priori l'adversaire des féodaux et qu'il les abattit systématiquement, paraît être une contre-vérité, au surplus démentie par les faits. Ce furent les féodaux qui, par leur attitude et par leurs trahisons successives, le contraignirent à réduire leur puissance ou à les supprimer. Qu'ils se fussent pliés à la loi commune et qu'ils eussent servi loyalement, leur traitement n'eût pas été le même. Mais qu'il s'agît de Louis XI ou d'un autre roi, était-il tolérable que les Armagnac, les Bretagne, les Alençon recherchassent l'alliance du roi d'Angleterre ? Qu'ils se donnassent pour chef le duc de Bourgogne, au risque de démanteler le royaume ? On a dit, répété, que Louis XI était plein de haine à leur endroit. Il est pourtant clair que ce sont les féodaux qui se sont attiré cette haine. Les motifs qui inspiraient leurs entreprises (révoltes individuelles, complots, coalitions, trahisons) attestent l'absence de sens national et la méconnaissance de l'évolution sociale. Ils se référaient à des temps révolus, à des valeurs dépassées : jadis, le système féodal avait été un facteur de progrès ; le monde émergeait à peine des grandes invasions ; une civilisation renaissait, difficilement, des ruines de l'empire romain et de l'anarchie barbare. Sans doute les services rendus par les féodaux avaient-ils été considérables, mais, au XVe siècle, les royaumes, les principautés, étaient déjà devenus des États, dans leur acception moderne. Les nationalités se dessinaient d'un trait plus affirmé. Les juristes séparaient nettement la personne royale du pouvoir qu'elle détenait, fût-ce par voie d'hérédité. La notion toute latine de *res publica* (la chose publique) s'affirmait. Ducs et comtes ne pouvaient plus être des princes indépendants, mais les délégués du roi. Et c'était bien ainsi que Louis XI concevait leur rôle, d'autant que les uns et les autres étaient issus du tronc capétien et tenaient aux lys soit par l'ascendance soit par les mariages. Mais, stimulés par l'exemple de Philippe le Bon et du Téméraire, ils se croyaient revenus au temps d'Hugues Capet et des premiers rois. A cet égard, la boutade du Téméraire, déclarant qu'il aimait tant la France qu'il lui souhaitait six rois, est riche de sens. Or, comme de raison, Louis XI entendait être le seul à gouverner. Initialement, il était si peu hostile aux féodaux qu'il apanagea son frère

Charles du Berry, restitua leurs biens au duc d'Alençon et au comte d'Armagnac rebelles à Charles VII. Il donna le comté de Beaufort au roi René et le comté de Comminges à Jean de Lescun, bâtard d'Armagnac. Il fit Jacques d'Armagnac duc de Nemours, comte de Pardiac, de Castres et de La Marche. Il croyait par là s'attacher ces hauts seigneurs. La guerre du Bien public l'obligea à changer de politique et, pour défendre sa couronne et sa vie, à punir les ennemis de l'intérieur, la plupart coupables de trahison.

On a vu qu'en 1470 le comte Jean V d'Armagnac avait été décrété de prise de corps. Il s'enfuit en Espagne. Son frère cadet, Charles de Fezansaguet, fut jeté en prison. Jean V revint d'Espagne et s'enferma dans Lectoure, où il périt assassiné au cours d'une rixe en 1473.

Le duc de Nemours, Jacques d'Armagnac, terrorisé par l'exécution du connétable de Saint-Pol avec lequel il avait intrigué, crut se mettre à l'abri de la justice royale dans sa forteresse de Carlat. On le captura. Transféré à la Bastille, il fut jugé et condamné à mort. Ce fut en vain qu'il implora la clémence de Louis XI. Le bourreau le décapita aux Halles, en juillet 1477, et ses biens furent confisqués. La puissante Maison d'Armagnac était réduite à néant, ou presque. Le procès de Nemours appelle une remarque particulière. Certains des juges, appartenant au parlement de Paris, crurent devoir nuancer la sentence. Une lettre cinglante du roi les rappela à leur devoir: « Je pensais, vu que vous êtes sujets de la Couronne de France et lui devez votre loyauté, que vous ne voulussiez pas approuver qu'on fît si bon marché de ma peau... D'après ce que je vois par vos lettres, je connais clairement qu'il y en a encore parmi vous qui volontiers seraient machineurs contre ma personne; et, afin de se garantir de la punition, ils veulent abolir l'horrible peine qui y est. Par quoi sera bon que je mette remède à deux choses: la première, expurger la cour de telles gens; la seconde, faire que nul dorénavant ne puisse alléger les peines pour crimes de lèse-majesté. » L'exécution de Nemours suscita en outre une légende, selon laquelle les deux jeunes fils du condamné eussent été placés si près de l'échafaud qu'ils furent éclaboussés par le sang de leur père. Ce fut Brantôme qui inventa cette sinistre anecdote, ou qui la reprit à son compte, dans le but de noircir Louis XI et d'exalter d'autant son successeur Charles VIII, procédé littéraire fort banal!

En 1472, Jean d'Alençon, parrain du roi, avait été arrêté à la suite de nouvelles conspirations, jugé et condamné à mort. Louis commua sa peine en détention perpétuelle. En 1482, le comte du Perche (fils du précédent) fut convaincu d'attentat et de complot, et s'en fut goûter aux cages de Chinon.

Toutes ces condamnations assorties de la confiscation des biens, profitaient à la couronne. Vis-à-vis de la Maison d'Anjou, au loyalisme fluctuant, la politique du roi fut moins brutale, mais, en fin de compte, tout aussi efficace. A son avènement, les Anjou semblaient promis à un brillant avenir. Ils occupaient même le devant de la scène européenne. Si le roi René, chef de la tribu, renonçait à ses chimères de royaume napolitain et préférait à la politique le commerce des arts, il n'en était pas de même de son fils, le bouillant et superbe Jean de Calabre, ni de sa fille, l'impétueuse Marie d'Anjou, ni de son frère, le remuant Charles du Maine. Jean de Calabre tenta vainement de reconquérir le royaume de Naples et Marie de défendre les Lancastre contre les York pour sauvegarder les droits de son fils, le prince de Galles. Elle fut vaincue par Édouard IV et perdit son fils à la bataille de Tewkesburg en 1471. Les Catalans rebelles ayant élu le roi René pour prince, Jean de Calabre s'en fut les défendre contre le roi d'Aragon. Il périt d'apoplexie en 1470. Son fils, Nicolas de Pont-à-Mousson mourut en 1473 sans postérité. Ses biens passèrent entre les mains de Charles du Maine, dont le fils mourut bientôt lui aussi sans postérité. La lignée angevine s'éteignait et son héritier naturel n'était autre que Louis XI. Le vieux roi René n'avait guère à se louer de son appui. Il s'était mis en tête de le spolier de l'héritage en léguant ses biens, notamment la Provence et Marseille, à Charles le Téméraire alors au faîte de sa puissance. Le désastre de Granson le fit changer d'avis. Des lettres furent interceptées par les agents du roi. Louis XI convoqua aussitôt son bon oncle, en assaisonnant l'invitation de menaces. Fort troublé, le bon roi René accourut à Lyon, où résidait alors Louis. Ce dernier se déclara prêt à le déférer devant le Parlement pour haute trahison. Le vieux roi perdit pied, confessa son erreur, tout en spécifiant qu'il n'avait point réellement l'intention de léguer la Provence au duc de Bourgogne. Le roi prit acte de ces bonnes dispositions. On se réconcilia comme de bons parents séparés par une brouille passagère. Louis XI devint légataire universel du roi René, en bonne et due forme. Il lui en coûta 60000 écus de pension. Mais l'Anjou, la Provence et le port de Marseille valaient bien ce petit geste ! Entre-temps, Louis XI, ayant payé la rançon de

Marie d'Anjou, s'était fait céder par celle-ci sa part d'héritage du roi René, son père, et d'Isabelle de Lorraine, sa mère. Le roi René et Charles du Maine trépassèrent la même année 1480 et l'ex-reine d'Angleterre en 1482. Il n'y avait plus de Maison d'Anjou, mais la Couronne s'était agrandie de l'Anjou, du Maine, de la Provence et du duché de Bar. Elle détenait aussi les droits sur le royaume de Naples et de Sicile. Elle contrôlait enfin la vallée du Rhône.

Le mariage de Jeanne la Boiteuse avec Louis d'Orléans lui assurait la vallée de la Loire, puisque le malheureux couple n'aurait pas d'héritier. Quant au duché de Bourbon, son avenir se trouvait fixé par le mariage d'Anne de France avec le sire de Beaujeu. Cependant deux grands fiefs subsistaient en tant que tels : le duché de Bretagne et le comté de Foix. Le duc François II vieillissait ; il n'avait que deux filles : Anne et Isabelle. A tout hasard, Louis XI acquit les droits des Penthièvre. Il savait que la succession du duc François II ferait problème. Lorsque, plus tard, la régente Anne de Beaujeu mariera son frère Charles VIII à la duchesse Anne de Bretagne, elle ne fera que reprendre la pensée de son père : agréger cette province au royaume des lys. Naguère les comtes de Foix — qui sortaient d'Aragon — s'étaient flattés de se tailler un royaume dans les Pyrénées, aux dépens de la France. Ils s'étaient exténués dans une lutte perpétuelle contre leurs rivaux, les comtes d'Armagnac. Finalement, le dernier Foix avait été trop heureux d'épouser, avec l'appui de Louis XI, l'héritière du petit royaume de Navarre. Le roi Louis trouva tout naturel de donner sa sœur Madeleine à leur fils, Gaston de Foix, prince de Viane, maintenant par ce moyen l'influence française dans cette région, au détriment de la Castille. La possession virtuelle de la Cerdagne et du Roussillon assurait la frontière dans les Pyrénées orientales. A vrai dire, Louis XI ne détenait pas ces deux comtés en pleine propriété. Après la mort de Jean de Calabre, Perpignan s'était libérée des Français. Louis XI avait envoyé une armée pour reconquérir le Roussillon. Le traité signé à Perpignan en 1473 laissait à Jean II la faculté de recouvrer les deux comtés, en versant les 300000 écus qui restaient dus à Louis XI. Ce dernier croyait que le vieux roi ne pourrait jamais acquitter cette dette.

L'État de Bourgogne restait à conquérir pour parfaire le pré carré. En 1477, Louis XI avait déjà annexé la Bourgogne, la Franche-Comté et la Picardie. Il voulait le Hainaut, la Flandre, la totalité des territoires naguère assujettis au Téméraire.

Nous verrons dans le chapitre de « Guinegatte » ce qu'il advint de ses projets, déjà remis en cause par le mariage de Marie de Bourgogne avec Maximilien d'Autriche. Mais enfin tout ne pouvait toujours réussir à la royale araignée. L'énumération qui précède montre que le Grand Duc d'Occident ne fut pas le seul gros insecte à se prendre dans la toile et à y périr, sans même parler des mouches de moindre importance ! Quels progrès réalisés depuis 1461, modifiant la topographie du « jardin » et dilatant celui-ci ! Reste à dire comment le jardinier le cultiva.

IV

LE JARDINIER

L'idée-force de son règne tient en ces mots : « A cause de notre souveraineté et majesté royale, à nous seul compette (est de notre compétence) et appartient le général gouvernement et administration de notre royaume. » On ne saurait être plus clair. Louis voulait être le maître, et le maître absolu ! Il n'entendait point partager le pouvoir ni les responsabilités qui en découlent, ni recevoir « les remontrances » des États généraux, encore moins les critiques des parlements. Non pas qu'il se crût infaillible ou omnipotent ; nul plus que lui n'aima débattre des affaires avec ses conseillers ou autres, mais il se réservait toujours la décision. C'était un autocrate, dans toute l'acception du terme, mais ouvert à l'opinion et d'une application sans pareille, tant il avait à cœur d'assurer la sécurité et la prospérité de ses sujets. Au surplus, son réalisme freinait nécessairement les excès qu'il aurait pu commettre.

Par exemple, lors de son avénement, fort de son expérience en Dauphiné, il était décidé à réformer complètement les institutions du royaume. Mais le Dauphiné n'était pas la France.

Louis n'avait eu aucun mal à abolir son archaïsme administratif. Il en allait différemment du royaume des lys, et de ses structures. Elles offraient au monarque des moyens plus que suffisants pour gouverner. Après quelques expériences malheureuses et la sévère leçon de la guerre du Bien public, Louis changea de tactique. Il renonça aux innovations et se servit des institutions existantes. Elles étaient le fruit d'une évolution séculaire, de la sagesse des rois ses prédécesseurs, et de leurs conseillers. Il se contenta d'en améliorer le fonctionnement et les effets. D'où cette prodigieuse correspondance dont la partie connue ne forme pas moins de onze gros volumes! Car le roi Louis voulait tout savoir, tout contrôler, avait avis sur tout et tranchait de la moindre chose. D'où sa sévérité, ses exigences incessantes, ses reproches assortis de menaces, ses mesures de révocation ou de mutation à l'encontre des baillis, des sénéchaux, des agents du fisc et autres officiers. Cependant un point faible: il fermait les yeux sur les concussions lorsque le coupable servait avec zèle!

Il ne supprima point le Conseil, où siégeaient naguère les prélats et les grands seigneurs, mais il le peupla d'hommes à lui, petits gentilshommes et bourgeois, dont il faisait la fortune, mais qu'il pouvait chasser à son gré. Ces derniers formaient une sorte de conseil restreint, où l'on examinait les questions importantes et où l'on préparait les décisions.

Certains de ces conseillers pouvaient exercer quelque influence, voire passer pour des ministres, mais ce n'était qu'un leurre! Ils étaient, comme les plus humbles de leurs confrères, soumis à la volonté royale. A la moindre erreur, à la première défaillance grave, ils encouraient la disgrâce du maître: Commynes en fit l'expérience dans les circonstances que l'on a dites. En réalité, si les conseillers étaient associés au gouvernement, ils se devaient d'être les inconditionnels du roi, les agents les plus zélés du pouvoir.

Louis XI ne supprima pas davantage les Parlements. Il en créa même trois supplémentaires, à Bordeaux, à Perpignan, puis à Dijon, pour la commodité des justiciables. Mais les conflits avec ces juridictions furent nombreux, parfois violents. Ils heurtent évidemment nos conceptions modernes. En effet, le roi Louis voulait avoir des juges à sa dévotion. Or les parlementaires s'opposaient parfois à ses actes, en particulier quand il aliénait une portion du domaine royal. Dans les procès politiques, qui ne manquèrent point, ils tentaient de prolonger ou de fausser la procédure, pour soustraire les coupables à la vindicte du roi. Louis XI recourut à des commissions spéciales, nommées par ses soins, mais dans lesquelles il incluait par nécessité des membres du Parlement. On a vu quelle avait été l'attitude de ceux-ci au procès de Nemours, et quelle mercuriale ils s'étaient attirée! Il finit par retirer nombre d'affaires aux Parlements: elles étaient alors évoquées devant son Conseil, et jugées sans appel. Il en fut ainsi des procès intéressant la Couronne et les bénéfices ecclésiastiques, mais aussi l'ordre public. La même justice expéditive s'appliquait aux soulèvements populaires. On voit quel parti les détracteurs de Louis XI ont pu en tirer et quelle est la source de sa triste réputation! Il y eut sous son règne une timide, mais tenace fronde parlementaire, plus ou moins inspirée par la fronde féodale.

C'est que ces hauts magistrats ne pardonnaient au roi ni les épurations, ni les sanctions, ni certaines nominations. Ils se croyaient eux aussi au-dessus du pouvoir, et ce n'était pas le souci de l'intérêt général qui dictait leur conduite.

Les États subsistèrent, et se réunirent autant qu'ils pouvaient être utiles. Les États généraux de 1468 approuvèrent, avec une unanimité touchante, l'action du roi contre les féodaux et le prince Charles. L'Assemblée des notables de 1470 le délia du traité de Péronne, avec le même empressement. Les États provinciaux se contentèrent de voter les impôts prescrits, recevant les ordres du roi « en bien grande humilité, joie et révérence ».

Charles VII lui avait légué une armée permanente. Louis maintint le système, déjà fort élaboré, que son père avait institué. Il apporta des modifications de détails dans le recrutement, dans l'organisation de l'infanterie et surtout de l'artillerie. Sa grande innovation fut de créer des ateliers d'armement travaillant sur des modèles rigoureusement identiques, des fonderies de canons et des fabriques de poudre. Il tenta de créer un service d'intendance; du moins, il améliora l'approvisionnement, pour éviter les pillages et les réquisitions abusives. Les progrès considérables de l'artillerie l'amenèrent à transformer les fortifications: on arasa les murs, on élargit les fossés, on éleva des remblais de terre. A la fin du règne, l'armée comptait presque 4000 lances et 20000 fantassins, artilleurs et pionniers. Pour qu'elle fût pleinement efficace, et non pas laissée à l'initiative de ses chefs, il fallait assurer des liaisons correctes avec le pouvoir central. Dès 1464, Louis XI mit sur pied un service de « chevaucheurs » et de relais placés sous la responsabilité d'un « conseiller-grand maître des coureurs de France ». Ce service fut perfectionné en 1477 et en 1479. Il fonctionnait jour et nuit, suivant des itinéraires précis : Tours-Paris, par Blois et Orléans ; Tours-Dijon, par Villefranche, Mennetou, Vierzon et Bourges ; Tours-Bordeaux, par Châtellerault, Poitiers et Vivonne ; Tours-Bressuire, par Thouars ; Paris-Arras, par Luzarches, Amiens et Doullens. Entre certaines étapes et dans les zones frontières, les chevaucheurs avaient une escorte militaire. Un tel service permettait de couvrir des distances de 300 kilomètres au minimum par jour. Sans doute était-il réservé aux missives royales. On pouvait cependant l'utiliser après autorisation. Telle est l'origine de la poste.

Dans l'ensemble, Louis XI continua la politique de son père, en l'accentuant. Pendant son delphinat, il l'avait dénoncée sans vergogne. Devenu roi, il comprit que l'exercice du pouvoir s'accommodait mal des théories, mais procédait du pragmatisme le plus étroit, sinon même de l'empirisme. Recherchant avant tout l'efficacité, insoucieux de se contredire, voire de perdre la face, il abandonna ses rêveries pour ne considérer plus que le réel. Il est cependant un domaine où la rupture avec la politique de Charles VII est manifeste : celui de l'Église. Charles VII avait édicté la Pragmatique Sanction de Bourges en 1438. Elle assurait à l'Église gallicane une indépendance de fait, sauf en matière de dogme, et restreignait donc l'autorité du Saint-Siège. Louis XI l'abolit dans les premiers mois de son règne. Il osa même qualifier l'Église gallicane de « temple de licence », et cet outrage était bien entendu excessif. Mal lui en prit, car il s'aliéna le clergé français et l'Université. De plus, le pape Pie II, après lui avoir décerné les plus grands éloges, s'abstint de tenir ses promesses. Louis XI brandit la menace d'un concile général. L'attitude déloyale de quelques prélats pendant la guerre du Bien public (Thomas Basin notamment) le retint de rétablir entièrement la Pragmatique. Dès lors, et jusqu'en 1472, l'attitude de Louis se modifia selon les circonstances. Avait-il besoin de l'appui du pape (pour empêcher le mariage de Charles de Guyenne avec la fille du Téméraire, par exemple), il assouplissait sa position. Jamais pourtant l'abolition de la Pragmatique ne fut effective ; le roi gardait la mainmise sur les évêchés et les grandes abbayes. 1472 vit la signature d'un concordat ménageant les intérêts des deux partis. Louis XI se dispensa de l'appliquer. Le pape Sixte IV protesta. Son pontificat n'étant pas exempt de critiques, le roi reparla d'un concile général ; sans annexer juridiquement le Comtat Venaissin, il feignit de le considérer comme un fief français. Sixte IV ne céda point. Il nomma son neveu, Julien de La Rovère (futur pape Jules II), légat d'Avignon. La Rovère fut assez adroit pour apaiser Louis XI. L'attitude de Sixte IV dans les affaires italiennes et bourguignonnes, ses prises de position hostiles à la France, provoquèrent une nouvelle rupture. Louis XI réunit l'Église gallicane à Orléans, en 1478. L'épiscopat français, les docteurs de l'Université, élevèrent une protestation solennelle contre les abus pratiqués à Rome et contre l'hémorragie pécuniaire en résultant pour la France. Ils demandaient la réunion d'un concile général. La Pragmatique se trouva dès lors rétablie de facto. Nouveau revirement pendant les dernières années du règne ! Louis XI craignait trop la mort pour aventurer son salut et irriter le Saint-Siège. Ses relations avec Sixte IV furent alors sans nuages et l'on se partagea aimablement la collation des bénéfices. En réalité, pendant toute la durée de son règne, Louis XI tint l'Église gallicane en étroite subordination. Malheur aux évêques qui desservaient la politique royale : leur temporel était saisi ! Certains tâtèrent même de la Bastille, sans parler de Balue et de l'évêque de Verdun. Mais ceux qui se montraient complaisants, voire serviles, étaient comblés de faveurs. Il faut tout de même souligner que l'énorme fortune territoriale de l'Église gallicane lui conférait une place à part. Elle représentait une force considérable. Ses prélats avaient rang de grands seigneurs ; ils en avaient aussi les revenus et l'influence. Louis XI ne pouvait tolérer leur insubordination, même discrète. Il leur déniait le droit d'invoquer les privilèges ecclésiastiques pour se soustraire à son autorité. Mais cet esprit paradoxal ne pouvait, en même temps, s'empêcher de railler le zèle intempestif de certains « bons diables d'évêques ». L'Université de Paris lui était pareillement soumise, malgré les humiliations qu'il lui avait infligées et les contrôles dont elle était l'objet. Voulant une Église à sa dévotion, il « recommandait » de telle manière ses candidats aux évêchés et aux abbayes qu'il ne restait plus aux chapitres qu'à les élire promptement et aveuglément. Il osa même supprimer l'Inquisition ! Les procès d'hérésie furent jugés par le Conseil royal. Jamais peut-être l'Église gallicane n'avait été traitée aussi cavalièrement. Jamais elle n'avait joui d'aussi peu de liberté. Mais Louis XI voulait qu'elle devînt un instrument du pouvoir : de quelque façon, c'était un retour aux sources capétiennes et même carolingiennes. On le constate, le roi Louis faisait feu de tout bois.

Ce qui distingue absolument son règne des précédents, c'est sa politique en matière d'économie. C'est en cela que son modernisme se manifeste, car il sut mieux que tout autre souverain de son temps lier l'idée de prospérité à celle de puissance, le bien-être du peuple à la grandeur de son roi. On ne peut évidemment écrire qu'il fut un économiste, mais il en eut les préoccupations et les méthodes, toutes proportions gardées. Pendant ses voyages incessants et ses séjours dans les villes, il interrogeait les habitants, ouvriers ou bourgeois, artisans ou marchands ; il voulait tout voir, tout savoir ; sa curiosité s'exerçait sans relâche. Nul ne connaissait mieux que lui les ressources du royaume, ne saisissait mieux les perspectives qui s'offraient.

La guerre de Cent Ans avait saigné et ruiné la France. Le redressement ne faisait que commencer à la fin du règne de Charles VII. Certaines régions avaient été relativement épargnées, qui recouvraient assez vite leur prospérité d'antan. Mais d'autres faisaient pitié, où les domaines restaient à l'abandon, les villages sans habitants. De façon générale, on souffrait du manque de main-d'œuvre et de la pénurie monétaire. La plupart des seigneurs n'avaient plus assez d'argent pour remettre leurs terres en culture. Les villes avaient de l'argent, mais trop peu d'ouvriers pour développer leurs ateliers. Louis XI prit un grand nombre de mesures pour résoudre ces problèmes. Nécessairement empiriques, elles varièrent d'une région à l'autre, et selon la conjoncture. Toutes, loin s'en faut, ne furent pas couronnées de succès. Si, dans leur ensemble, elles contribuèrent à accroître la fortune française, elles ne profitèrent pas également à tous les sujets. Louis XI partageait, un peu trop peut-être, le réalisme des bourgeois, leur goût du concret et leur amour du gain. Il les avantagea systématiquement ; il aida à les promouvoir, tout en leur imposant de lourds sacrifices en contrepartie. Il s'appuya sur les villes, qui l'avaient soutenu pendant la guerre du Bien public. Ayant étudié les communes flamandes, l'organisation de leur commerce et le fonctionnement de leur administration, il avait parfaitement compris que les ducs de Bourgogne leur devaient leur richesse et que leur puissance tarirait avec celle-ci. Aussi sa lutte contre le Téméraire ne fut point seulement militaire et diplomatique, mais revêtit l'aspect alors tout nouveau de guerre économique. Les Flamands avaient une industrie et un commerce florissants, mais leurs cultures ne suffisaient pas à nourrir la population. Louis XI leur infligea un blocus progressif ; il interdit notamment l'exportation des grains, provoquant ainsi la disette et par suite un mécontentement croissant contre le Téméraire. Nos corsaires interceptaient les navires marchands transportant les blés d'Espagne et d'Italie. Bientôt le Téméraire, dont les revenus baissaient dangereusement et ne permettaient plus de solder les mercenaires et de payer le matériel de guerre, ne trouva plus à emprunter. Les Florentins, les Napolitains lui fermèrent leurs banques, sur les instances de Louis XI. Ce ne fut donc pas seulement son acharnement contre les bouviers suisses, ou sa folie morbide, qui provoqua la chute du dernier Grand Duc d'Occident...

Un volume serait nécessaire pour exposer la politique économique de Louis XI. On ne peut ici qu'en tracer l'esquisse. A son avènement, il trouva la Normandie, la Champagne, l'Orléanais et la Brie en net recul par rapport aux autres provinces. Elles avaient trop longtemps et trop constamment subi les dévastations de la guerre de Cent Ans. Une énorme superficie de terres cultivables était en friche, faute de bras et d'outillage. Louis XI contribua, dans la mesure de ses possibilités, à remettre ces terres en culture. Il revendiqua les héritages ab intestat[1]. Il incita le clergé, principal détenteur des biens fonciers, à entreprendre les défrichements, en lui accordant des exemptions fiscales. Il subventionna les rééquipements, imposa la révision des contrats et des baux dont les clauses abusives décourageaient les tenanciers. Il confirma l'insaisissabilité de l'outillage agricole. Il interdit la vente du blé en herbe et protégea les forêts. Il réglementa l'exportation des grains laissée jusqu'ici à la discrétion des baillis. Il autorisa même leur libre circulation en cas de disette. Montrant l'exemple dans ses domaines, il incita les seigneurs à l'imiter. Nombre d'entre eux entreprirent des travaux d'assainissement, en particulier le drainage des étangs et des marais. Ce ne fut pourtant pas sur l'agriculture que porta le principal effort de Louis. Les paysans travaillaient avec des outils et selon des techniques qui n'avaient guère évolué depuis un millénaire. Faute de connaissances scientifiques, on ne pouvait révolutionner leurs méthodes, doubler le rendement. Ils faisaient rendre à la terre son maximum. Il n'empêche que le

1. Sans testament.

royaume de France, où l'on pratiquait avec le même bonheur la polyculture et l'élevage, était le plus fertile d'Europe.

La sollicitude — intéressée — de Louis profita surtout aux villes. Pour les repeupler et pour augmenter la main-d'œuvre, il eut recours à l'immigration, accélérée par des exonérations d'impôts et par une protection particulière. Il appuya son action politique sur une oligarchie de marchands. Il accorda à la bourgeoisie le droit d'acquérir des fiefs nobles. Il facilita l'érection des métiers en jurandes (dont le résultat fut, il est vrai, d'assujettir plus étroitement la classe ouvrière aux patrons !). Jamais il n'hésitait à consulter les gens de commerce ou de métier, mais il ne suivait point toujours leurs avis et, sous son règne, les pouvoirs municipaux ne progressèrent point. Pour assurer la balance des échanges, il introduisit les industries de luxe, en particulier les fabriques de soieries. Il réglementa sévèrement la draperie, de manière à concurrencer l'étranger. S'inspirant de l'expérience de Jacques Cœur, il réglementa aussi l'industrie minière. Il comprit de même l'importance de l'imprimerie, dont Charles VII s'était lui-même préoccupé avant sa mort. Il fit venir des typographes et l'on installa un premier atelier à la Sorbonne. D'autres suivirent. Louis XI, qui aimait l'histoire, fit imprimer la célèbre *Chronique de Saint-Denis* retraçant la vie des rois de France des origines à Charles VII.

Il développa les grandes foires : Lyon contre Genève, Caen et Rouen contre Anvers et Bruges. Pour faciliter le trafic commercial, il abolit les péages abusifs, améliora le réseau routier, fit construire des ponts, rendre plus navigable le cours de la Loire, de la Seine et de plusieurs rivières d'importance locale. Il veilla de même à l'entretien des ports et, quand il posséda Marseille, il racheta la flotte marchande de Jean de Villages, ancien associé de Jacques Cœur. La France devint une puissance maritime dans le bassin méditerranéen. Quasi tous les traités qu'il signait avec les puisssances étrangères comportaient des clauses très élaborées touchant au commerce. Et nul ne s'intéressa plus que lui au marché de l'argent.

En 1478, il songeait à confier le monopole du commerce extérieur à une grande compagnie d'actionnaires ; l'idée fera fortune. Le protectionnisme, le dirigisme colbertien, était en germe dans toutes ces innovations dont on constatera les bienfaits au siècle suivant. Ce que voulait Louis XI est très clair : réunir dans la même main le faisceau de ressources économiques du royaume, afin de les moduler au mieux de l'intérêt général. Sans doute ses choix aboutirent à l'instauration de puissantes oligarchies marchandes et financières, mais il ne les laissa pas prendre l'importance des banquiers florentins ou vénitiens : elles prospéraient sous son contrôle, en proportion de leur docilité. Peut-être se fût-il servi d'autres hommes que les marchands, s'il avait pu trouver chez ceux-là la même intelligence des réalités, le même dynamisme et la même soumission. Ce fut en vain qu'il autorisa les nobles « à marchander » sans déroger à leurs privilèges. Il n'y eut guère que les officiers royaux à profiter de cette autorisation. Le Rochelais Pierre Doriole avait épousé la veuve de Guillaume de Varye, autre agent de Jacques Cœur ; il appartenait au très haut négoce. Quand il devint Chancelier de France en 1472, il n'abandonna point ses affaires.

A la mort de Charles VII, le montant global des impôts était de 1 800 000 livres. A la fin du règne de Louis XI, il oscillait entre 4 700 000 et 4 900 000 livres. Bien entendu, les chroniqueurs font état de la misère du peuple et déplorent cette fiscalité galopante. Qu'en était-il en réalité, tous les règnes s'achevant sur le même concert de lamentations ? Certes l'augmentation était spectaculaire. Elle appelle cependant deux remarques. D'une part, la superficie du royaume s'était considérablement accrue. D'autre part, la diminution de nombreuses charges locales (par exemple, l'entretien des francs-archers) compensait en partie l'accroissement des impôts. En outre, l'économie française se redressait d'année en année. Si, comme le dirent les députés des États de 1484, le fisc avait ruiné le royaume, comment expliquer la vitalité et la richesse qui marquèrent le règne de Charles VIII ? Simplement, la politique de Louis XI donnait enfin ses fruits ; la France avait cessé d'être tributaire de l'étranger.

V

GUINEGATTE

La période 1478-1482 fut fertile en événements, surtout diplomatiques. Jamais Louis ne soutint pareil effort, ne fit preuve d'autant d'adresse et d'obstination, bien que sa santé donnât des inquiétudes. Rien n'était encore tranché relativement à l'héritage du Téméraire. La France occupait la Bourgogne, la Franche-Comté et la Picardie, mais nos armées piétinaient en Hainaut. Les Flamands s'étaient engoués de Maximilien d'Autriche, véritable prince charmant, brillant, élégant et gracieux. Son mariage avec Marie de Bourgogne avait été un échec fort rude pour Louis XI. Maximilien se déclarait résolu à défendre les armes à la main l'héritage de sa femme. Les États flamands, récusant le principe d'une domination française, promettaient de l'aider. La duchesse douairière, Marguerite d'York, veuve du Téméraire, poussait son frère Édouard IV à la guerre. Elle était peut-être l'ennemi le plus acharné de Louis XI. Pour ce dernier, le problème était donc double : empêcher Édouard IV de rompre la trêve de Picquigny et poursuivre la progression française dans les Flandres.

Édouard IV se souciait assez peu de Marie de Bourgogne et de Maximilien d'Autriche. Il était toujours égal à lui-même, épicurien, nonchalant, sensuellement dominé par la reine. Il s'accommodait fort bien de la rente de 50000 écus que lui servait Louis XI et dont il n'avait pas à rendre compte au Parlement. Par surcroît de précaution, Louis XI pensionnait aussi ses principaux conseillers, les Howard, Morton et Montgomery, et même lord Hastings, le grand chambellan et le favori. Commynes relate une plaisante anecdote au sujet de ce dernier. Lord Hastings acceptait volontiers d'être stipendié par le roi de France, mais refusait de donner quittance de l'argent perçu :

— « S'il vous plaît que je le prenne, disait-il à l'envoyé de Louis XI, mettez-le dans ma manche et n'en aurez ni lettre ni témoin. Car je ne veux point qu'on dise de moi que le grand chambellan d'Angleterre ait été pensionnaire du roi de France, ni que mes quittances soient trouvées en sa chambre des comptes. »

Louis XI se contenta de rire. L'engagement moral de lord Hastings lui suffisait. Il avait alors conçu le projet hardi d'amener Édouard IV à contracter un traité d'alliance contre Maximilien. Il offrait la Hollande en contrepartie. Toutefois la négociation s'avérait épineuse. A cette époque, l'habitude des rois était encore d'envoyer une ambassade pour traiter de chaque affaire. Louis XI, imitant les princes italiens, ouvrit une ambassade permanente à Londres. Son ambassadeur fut l'évêque d'Elne, Charles de Martigny, diplomate de talent. Sa mission était difficile, malgré les bonnes relations franco-anglaises, et d'autant que les envoyés de Maximilien et de Marguerite d'York l'avaient précédé. On peut voir ici l'ébauche de ce que sera le camp du Drap d'or, où François 1er tenta d'obtenir l'alliance d'Henry VIII d'Angleterre contre Charles Quint. Édouard IV n'aspirait nullement à sortir de sa fructueuse neutralité. Mais, il devait ménager la fraction belliciste de l'opinion anglaise. La requête de Louis XI, les admonestations de Marguerite d'York, les demandes de secours de Maximilien, la nécessité d'une alliance commerciale avec les Flamands, l'incitèrent à pratiquer un chantage sans grandeur, mais d'une efficacité qui lui paraissait certaine. Malgré la pension (ou le tribut) de 50000 écus, il éleva la voix. Il reprocha à Martigny l'occupation du domaine de Marguerite d'York par les troupes françaises et, dans son principe même, l'action de Louis XI en Hainaut. Il rappela que l'État de Bourgogne se trouvait inclus dans la trêve de Picquigny et soutint que Louis XI l'avait rompue de sa propre initiative en s'appropriant l'héritage du Téméraire. Il rappela également qu'à Picquigny on était convenu de marier le dauphin avec Élisabeth d'Angleterre. Celle-ci venait d'avoir treize ans. Édouard exigeait que les fiançailles fussent conclues officiellement. Martigny rétorqua que rien ne pressait, le dauphin n'ayant encore que huit ans. Il dit que la trêve de Picquigny obligeait le roi d'Angleterre à aider son bon frère de France à combattre toute rébellion. Or le Téméraire n'avait-il pas été déclaré coupable de lèse-majesté ? C'était donc à bon droit que Louis XI confisquait ses biens. La trêve de Picquigny faisait obligation à Édouard IV de l'aider à évincer Marie de Bourgogne qui se prétendait, indûment, héritière du défunt. Cette argumentation subtile n'emporta point l'adhésion d'Édouard IV. Pour gagner du temps, il demanda que le « tribut » annuel fût payé en écus à la couronne, et non plus en écus au soleil, ce qui se traduisait par une augmentation substantielle. Martigny atermoyait. Il ne put empêcher Édouard de renouveler les traités de commerce (et d'alliance) avec Maximilien et Marie de Bourgogne. Il était clair qu'avant de s'engager davantage, il attendrait la suite des événements. Non sans malice, il tolérait les manifestations antifrançaises. Martigny était hué dans les rues, insulté quand il entrait à Westminster, ou en sortait, menacé dans sa vie. L'ambassade fut envahie par la foule, pillée et saccagée. Le bruit courait à Paris qu'Édouard IV ferait décapiter l'ambassadeur-évêque et qu'il enverrait sa tête à Louis XI. Ce dernier laissait dire. Quant à Martigny, il avait assez de courage et de zèle pour rester à son poste et poursuivre les négociations.

Les choses en étaient là, lorsque survint un événement dont les conséquences pouvaient être désastreuses pour Louis XI. Plein de fougue, Maximilien d'Autriche avait résolu de livrer une grande bataille, afin de stopper l'avance des Français et de reconquérir ensuite les territoires perdus. Il avait pu réunir à Saint-Omer une armée de 27000 hommes, en majorité composée de Flamands dont l'enthousiasme était prometteur. Maximilien avait conscience de jouer sa réputation et son avenir. Connaissant la versatilité des Flamands, il sentait combien il lui était nécessaire de vaincre pour imposer son autorité. Le 25 juillet 1479, son armée quitta Saint-Omer et se dirigea vers Thérouanne. Il avait décidé d'assiéger cette place défendue par le sire de Saint-André, avec 400 lances et

1500 arbalétriers. Son objectif était en réalité d'attirer les Français. Ces derniers étaient commandés par le sire d'Esquerdes. Ils comptaient 1800 lances, 14000 archers et une forte artillerie. Leur cavalerie était numériquement très supérieure à celle de Maximilien ; elle était aussi mieux entraînée. Esquerdes marcha résolument vers Thérouanne. On conseilla à Maximilien d'éviter le combat. Mais lui, n'écoutant que sa jeunesse et son ardeur belliqueuse, au surplus encouragé par les Flamands, se porta au-devant de l'adversaire. Il disposa ses troupes, non sans habileté, sur la colline de Guinegatte. Il plaça son infanterie au centre, sous une couverture d'arquebusiers et d'archers disposés en herse, la cavalerie occupant les ailes. Pour les Français, la bataille commença par une marche, à l'aube du 7 août 1479. Ils descendirent de la colline d'Enghien, sur laquelle ils avaient installé leur camp pour y passer la nuit et qui faisait face à celle de Guinegatte. Ils traversèrent lentement la plaine qui séparait les deux hauteurs. Ils y laissèrent leurs chariots. Vers deux heures de l'après-midi, ils étaient à pied d'œuvre. Le sire d'Esquerdes avisant le dispositif de Maximilien ne s'embarrassa pas de stratégie. Il laissa la piétaille affronter la piétaille et, à la tête de ses cavaliers, chargea les deux escadrons bourguignons. En quelques minutes, ceux-ci furent bousculés, disloqués, réduits à fuir. Selon la coutume, Esquerdes et ses chevaliers se lancèrent à leur poursuite. Il s'agissait pour eux de faire des prisonniers aussi nombreux que possible pour les mettre à rançon. Ils en capturèrent ainsi presque un millier sur les routes de Saint-Omer et d'Aize. Quelle fortune amassée en un jour ! Avait-on jamais vu un combat aussi bref ? Mais le duc Maximilien était resté sur la colline au milieu de ses piquiers. L'infanterie française n'avait plus que de simples capitaines pour la commander, point de chef supérieur pour manœuvrer l'ensemble. Elle avait beaucoup souffert, quand elle se heurta, vaillamment, aux milices flamandes. En même temps, le sire de Saint-André, croyant la victoire assurée, sortait de Thérouanne avec la garnison. Il projetait de prendre les Flamands à revers. Il y eût réussi, si ses hommes n'avaient préféré piller les bagages des Flamands. De l'autre côté de la colline, l'infanterie française commençait à plier. Elle fut bientôt en complète déroute. Les Flamands se lancèrent alors à sa poursuite, mais, rencontrant les bagages français, ils ne purent s'empêcher de les piller. Au crépuscule, Esquerdes et ses cavaliers réapparurent. Ils furent stupéfaits de ne plus voir leur infanterie. Trop fourbus pour recommencer le combat et trop désireux de garder leurs prisonniers, ils se retirèrent vers Blangy. Maximilien, occupant toujours le champ de bataille, put se proclamer vainqueur: comme le Téméraire à Montlhéry. Il était néanmoins heureux de voir la cavalerie d'Esquerdes s'éloigner et n'osa rien faire pour délivrer les prisonniers. Cette journée-là, Français et Bourguignons perdirent, dit-on, quelque 14000 des leurs, à parts égales. Les exploits de Maximilien s'arrêtèrent là. Il n'avait plus les moyens d'exploiter sa demi-victoire. Quant à Louis XI, il prit fort mal les choses. « J'étais avec lui, dit Commynes, quand les nouvelles lui en vinrent, et en fut très dolent, CAR IL N'AVAIT POINT ACCOUTUME DE PERDRE... Il eut effroi de prime face (abord) de cette bataille, croyant qu'on ne lui eût dit la vérité et qu'elle fût du tout perdue, car il savait bien que, si elle eût été perdue, il aurait perdu tout ce qu'il avait conquis sur cette maison de Bourgogne et en ces marches-là, et le reste en gros hasard. Toutefois, quand il sut la vérité, il eut patience et délibéra d'y donner ordre, de façon que l'on n'entreprendrait plus de telles choses sans qu'il le sût. » Étrange bataille en effet, où la cavalerie française avait été victorieuse, l'infanterie vaincue et les bagages des deux partis copieusement pillés ! Mais Esquerdes et ses cavaliers reçurent leur récompense. Louis XI ordonna que les prisonniers de Guinegatte fussent joints au reste du butin et que l'on partageât le produit de la vente. Il écrivit au Grand Sénéchal : « ... que ces prisonniers, même les plus gros, se vendent pour un rien, c'est ce que je demande, afin qu'une autre fois ils tuent tout et ne prennent plus ni prisonniers, ni chevaux, ni pillages ; alors nous ne perdrons jamais de bataille... Mais gardez (prenez garde) qu'il ne reste un seul prisonnier dans Thérouanne. M. le Grand Sénéchal, si M. de Saint-André fait mine de vous désobéir, mettez-lui vous-même la main au cou, et lui ôtez de force les prisonniers et je vous assure que je lui ôterai bientôt la tête de dessus les épaules. » La journée de Guinegatte ne fut donc pas aussi bonne que l'espéraient Esquerdes et ses chevaliers. Il en était de même pour Maximilien qui ne pourrait de longtemps reconstituer son armée. Quand à Louis XI, bien qu'il disposât d'une écrasante supériorité, Guinegatte accrut sa méfiance à l'égard des militaires. Se sentant trop vieux et trop fatigué pour prendre la tête de ses troupes, il préféra recourir à son arme préférée : la diplomatie.

Les Anglais avaient applaudi à la « victoire » de Maximilien.

Édouard IV se montrait de plus en plus hostile à la France, du moins en paroles. Martigny, d'accord avec Louis XI, feignit de céder à la panique. Pour éviter la rupture, il souscrivit à toutes les exigences d'Édouard, et signa en hâte les préliminaires du traité, réserve faite de la ratification de Louis XI. Puis, sous couleur d'accélérer la ratification, il quitta l'Angleterre. Fureur de Louis XI en prenant connaissance du projet. Toutefois, il ne repoussait pas le principe des fiançailles du dauphin avec la princesse Élisabeth, à laquelle il octroya une pension ! Mais il déféra Martigny devant le Parlement, pour crime de haute trahison. Selon lui, l'évêque avait gravement outrepassé ses instructions. Martigny était un bon élève : il plaida la terreur que lui inspiraient les Anglais. On le condamna pour la forme. Après une brève disgrâce, il s'en fut couler des jours paisibles dans son évêché d'Elne. L'ambassade, le traité, le procès n'avaient été qu'une comédie diplomatique. Mais le but était atteint, le cap difficile, franchi ! Édouard IV n'était pas intervenu en Flandre et, désormais, Maximilien était aux prises avec les pires difficultés. Il n'avait point réussi à reconquérir les territoires perdus. Les Flamands ne croyaient plus guère à ses talents. La guerre se traînait, sans résultats. Louis XI avait intensifié le blocus économique des Pays-Bas. Ses corsaires détruisaient leurs flottes commerciales et leurs bâtiments de pêche. Les populations souffraient. Elles aspiraient à la paix. Il va sans dire que Louis XI avait refusé de ratifier le projet de traité avec l'Angleterre. Il avait répondu aux protestations d'Édouard IV en lui coupant les vivres. Ce dernier avait trop besoin de sa pension de 50000 écus pour mettre ses menaces à exécution. Assuré de la neutralité anglaise, Louis XI pouvait poursuivre ses négociations. Il était à peu près décidé à laisser une partie de la Flandre à Marie de Bourgogne, et à conserver les territoires occupés par nos armées. Il écrivait alors à Louis de Forbin et au sieur du Bouchage, ses émissaires auprès de Maximilien :

« A l'égard de ce que vous m'écrivez, que vous avez accordé d'aller à Thérouanne, de peur de rupture, n'accordez rien pour un tel motif. Vous êtes bien bêtes si vous croyez qu'à cette grande assemblée ils veulent conclure quelque chose de raisonnable, car la douairière y est, et pas pour autre chose que tout troubler. D'ailleurs, où il y a beaucoup de gens, on se tient toujours en grande fierté et en grandes demandes, et l'on a honte de confesser sa contrainte devant tant de personnes. »

La douairière, c'était évidemment Marguerite d'York qui s'obstinait à miser sur l'aide militaire des Anglais et poussait son gendre à résister, sans se rendre compte de l'incapacité où il se trouvait, faute d'argent, de lever des troupes. Cinq jours après, les ambassadeurs de Louis XI recevaient cette semonce :

« M. de Genthod et les gens du duc d'Autriche (Maximilien) ne vous ont jamais dit deux fois la même chose, mais autant de fois que vous m'avez écrit, ç'a été de nouveaux propos. Si vous êtes si fous d'ajouter foi à chose que vous dit M. de Genthod, parce qu'il est de Savoie et se dit mon serviteur, je vous réponds que ce n'est qu'un allez-y voir... Ils mentent bien, mentez bien aussi... Vous voyez donc bien, sanglantes bêtes que vous êtes, qu'il ne s'agit que de savoir le prier, et de n'ajouter foi qu'à ce que vous verrez... »

L'âge, la maladie aggravant sa défiance, il doutait des capacités de ses ambassadeurs comme de celles de ses généraux. D'ailleurs, il n'était nullement pressé de conclure la paix, estimant que le temps travaillait pour lui. Ses agents intriguaient dans les cités flamandes. L'hostilité contre Maximilien croissait. Bientôt une guerre civile déchira la Hollande. Le jeune duc filait le parfait amour avec Marie de Bourgogne. Le spectacle de leur tendresse réciproque réjouissait le bon peuple. Il ne suffisait pas à faire oublier l'imprévoyance et l'incapacité de Maximilien. Ce dernier dissipait ses ressources en fêtes et en prodigalités de toutes sortes ; il ne put mettre sur pied une armée suffisante pour couvrir la frontière du Luxembourg. Louis XI n'ignorait rien de ce comportement. Il attendait que le fruit fût mûr, pour le cueillir sans bruit. L'imbroglio flamand excitait sa verve et le divertissait.

Le 6 mars 1482, Marie de Bourgogne fit une chute de cheval, dans les environs de Bruges. Elle partageait avec son époux la passion de la chasse. Ce jour-là, elle allait au galop, le faucon au poing. Son cheval trébucha et la jeta à terre. On la transporta dans son palais. Elle souffrait cruellement, mais ses jours ne semblaient pas en danger. Elle était probablement enceinte. Les médecins ne surent pas diagnostiquer son mal. Elle mourut au bout de trois semaines, après avoir pris congé des chevaliers de la Toison d'or et de son mari. Elle laissait deux enfants : Philippe, né en 1478 (le futur Philippe le Beau, père de Charles Quint) et Marguerite, née en 1480. Maximilien était fou de douleur. A peine Marie de Bourgogne reposait-elle à Notre-Dame de Bruges que les États de Flandre se dressèrent contre lui. Ils lui contestèrent la régence, lui refusèrent la tutelle de ses enfants, l'obligèrent à traiter avec le roi de France.

Apprenant la mort de Marie de Bourgogne, Louis XI, selon Commynes, « en eut très grande joie, et aussi que les deux enfants fussent demeurés à la garde des Gantois ». Puisque ces deux enfants étaient les héritiers de leur mère, pourquoi ne pas partager immédiatement l'héritage ? Ne pas fiancer le dauphin avec la petite Marguerite de Bourgogne ? Il expédia à Gand ses meilleurs limiers. Les Gantois se montrèrent favorables au projet. Sur ces entrefaites, Guillaume de La Marck, surnommé « Le sanglier des Ardennes », exilé de Liège pour ses méfaits, et retiré en France, surprit l'évêque de cette ville et lui coupa la gorge. Cette horrible vengeance redoubla les désirs de paix des Flamands. Leurs députés, réunis à Alost, exigèrent de Maximilien qu'il acceptât les propositions de Louis. La paix fut signée à Arras, le 23 décembre 1482. Elle stipulait que le dauphin épouserait Marguerite. Celle-ci serait élevée en France. Elle apporterait en dot l'Artois et la Franche-Comté, qui seraient désormais gouvernés par le dauphin, mais rendus à Maximilien au cas où le mariage ne se ferait pas. La France conservait le duché de Bourgogne et la Picardie en pleine propriété. Édouard IV comprit enfin qu'il avait été joué ; il pouvait chercher un autre mari pour sa fille aînée.

Ce fut le dernier triomphe de la royale aragne.

VI

LE RETOUR D'ITALIE

Pendant tout son règne, Louis XI avait suivi avec attention la politique italienne. Il avait soutenu quelque temps les revendications de la Maison d'Anjou sur le royaume de Naples, mais les affaires d'Aragon et surtout la lutte qu'il avait du soutenir contre les féodaux rebelles et contre Charles le Téméraire avaient absorbé ses efforts. On a dit l'amitié admirative qui le liait au duc de Milan, Francesco Sforza, auquel il céda la seigneurie sur Gênes. Amitié qu'il continua à son fils, Galeazzo-Maria, encore que celui-ci se fût brièvement allié au duc de Bourgogne. Il n'avait pas moins d'amitié pour les Florentins et la famille des Médicis. Il se trouvait donc, par la force des choses, indirectement mêlé aux querelles qui divisaient l'Italie et opposaient ses potentats. Au lieu d'intervenir militairement, il se contenta d'intriguer, mais avec un art si consommé qu'il devint bientôt, sans qu'il y parût, l'arbitre de la situation ! Il ne cherchait point à conquérir, ni à faire valoir les droits de la France sur Naples, mais à apaiser les discordes et à rétablir la paix, en sorte qu'il finissait par être une sorte de roi de toute l'Italie, au-dessus de tous les princes, sans en porter le titre. Aussi n'est-il pas exagéré d'écrire que, sans lui, les convulsions internes, les luttes entre les cités rivales, eussent retardé le merveilleux épanouissement de la Renaissance italienne, peut-être même du génie artistique des Italiens. Mais aussi l'arbitrage du roi Louis assurait, de façon constante et sans qu'il en coûtât une seule vie humaine, la sécurité de nos frontières sur les Alpes. Plût au Ciel que ses successeurs eussent montré la même sagesse!

Or, le pape Sixte IV haïssait les Médicis, pour des raisons obscures. Il exploita l'inimitié des Pazzi, famille rivale des Médicis. Le 26 avril 1478, dans la cathédrale de Florence, au moment du *Sanctus*, Julien de Médicis fut assassiné par les Pazzi. Son frère Laurent, grièvement blessé, put se réfugier dans la sacristie. Les partisans des Médicis réagirent avec vigueur. Les meurtriers furent abattus. On pourchassa ensuite les principaux conjurés et on les pendit haut et court : parmi lesquels Pazzi, l'archevêque Salviati et plusieurs agents du pape. Outré de fureur, Sixte IV excommunia les Médicis et lança contre Florence deux de ses condottieres les plus fameux (le duc d'Urbin et Malatesta, seigneur de Rimini), ainsi qu'une armée fournie par le roi Ferrante de Naples. Florence implora le secours de la France. Louis XI lui envoya Commynes. La mission était délicate et l'on peut mesurer par là la confiance du roi dans les talents de son ambassadeur. Il s'agissait d'inciter le duc de Milan à fournir des troupes aux Médicis, afin de rétablir la situation, puis de réconcilier le roi de Naples avec les Florentins, afin d'isoler le pape et de l'obliger à lâcher prise. Commynes passa par Milan et resta plus d'un an à Florence. Il demandait l'envoi de renforts, mais en vain : Louis XI le soutenait par ses directives et par ses conseils, mais il ne voulait pas envoyer un seul de ses soldats. Commynes finit, après quelles laborieuses négociations, par obtenir gain de cause! La paix étant faite, il quitta Florence, fort honoré, et, passant par Milan où il reçut l'hommage du duc pour la seigneurie de Gênes, il se dirigea vers la Savoie. C'était une terre presque française. La duchesse Yolande y régnait encore, sous la protection de son frère Louis. Commynes était heureux de son succès. Il admirait la profonde science politique de son roi, pensant « qu'il était si sage qu'on ne pouvait faillir avec lui, mais qu'on lui obéît seulement à ce qu'il commandait, sans y rien ajouter du sien ».

A son retour d'Italie, il trouva Louis « envieilli » et souffreteux. Cependant le roi l'accueillit chaleureusement. Le soir, il le garda près de lui et le fit coucher dans sa chambre, suprême faveur ! Il voulait tout savoir des affaires italiennes, mais aussi parler de l'Angleterre et de la Bourgogne. Commynes put constater que, si son maître avait mauvaise mine et semblait amaigri, il conservait toutes ses facultés et ce qu'il appelle si plaisamment son « grand sens ». Ensuite, redevenu son confident, il partagea avec lui ses déconvenues et ses soucis au moment de Guinegatte, et connut mieux que quiconque son désir d'aboutir à un partage des États de Bourgogne avec Maximilien. Il n'était plus si bien portant que naguère, encore qu'il s'efforçât de le paraître. La fatigue des déplacements innombrables, l'usure nerveuse, une concentration intellectuelle trop soutenue ajoutaient aux infirmités de l'âge. Mais il ne se donnait pas le temps de se reposer. Il avait encore trop à faire. Les conseils de ses médecins ne servaient à rien. Tant que l'affaire bourguignonne resterait en suspens, il n'aurait pas un instant de détente. Il fallait, coûte que coûte, en finir avec la succession du Téméraire ! Cependant Commynes et les autres familiers de Louis constataient les progrès de la maladie. Depuis longtemps le roi se plaignait de « fumosités [1] » à la tête et les attribuait aux hémorroïdes. Ces « fumosités » s'étaient aggravées, mais Louis allait toujours du même train, dictant ses lettres, dépouillant ses rapports, recevant les ambassadeurs, endoctrinant ses émissaires, échafaudant des projets, les discutant, mangeant de bon appétit et buvant bien.

En mars 1480, il résidait au manoir des Forges, près de Chinon. Au cours du déjeuner « lui vint comme une percussion, et perdit la parole ». On le porta près du feu et, croyant bien faire, on ferma les fenêtres. Il avait perdu connaissance. Le médecin de service, Angelo Catho [2], accourut. Il fit ouvrir aussitôt la fenêtre, administrer un clystère au malade ! Louis reprit connaissance. La parole lui revint quelque peu. Il demanda un confesseur, mais aussi Commynes qui se trouvait alors dans son château d'Argenton, à dix lieues de là. Commynes le trouva à table, en compagnie d'Adam Fumée et de Claude de Moulins. Le premier avait été médecin de

1. Des vertiges ou des éblouissements.
2. Angelo Catho, Italien, médecin-astrologue, avait prédit la mort du Téméraire, son ancien maître. Il devint archevêque de Vienne en Dauphiné. Commynes, qui était son ami, lui dédia ses *Mémoires*.

Charles VII. Soupçonné, certainement à tort, d'avoir empoisonné son maître, il était devenu maître des requêtes, tout en continuant la médecine. Le second était surtout médecin du dauphin. Le roi ne souffrait pas, mais il bredouillait et se faisait comprendre par signes. Ayant confiance en Commynes, il voulut l'avoir près de lui nuit et jour. Le seigneur d'Argenton dormit donc dans sa chambre et le servit à table pendant une quinzaine, tenant lieu de valet, sensible à cet honneur. Au bout de deux ou trois jours, la parole revint au roi, mais il avait peine à former ses mots et seul Commynes le comprenait. Louis se confessa à l'Official de Tours : il avait peu de choses à dire, car « il s'était confessé peu de jours auparavant », avant de toucher les écrouelles. C'était la coutume de nos rois. Louis XI s'y conformait, une fois par semaine.

Dès qu'il alla un peu mieux, il demanda les noms de ceux qui avaient été témoins de son évanouissement et qui avaient fermé les fenêtres au risque de le faire périr. Tous perdirent leur office ou furent congédiés sans ménagements. Ils se défendirent en vain, déclarant qu'ils avaient cru bien faire. Il se montra inflexible ; cette attitude déconcerta Commynes. Louis XI lui dit qu'il s'était souvenu de son père et de ceux qui, pendant sa dernière maladie, l'avaient fait manger de force. Il ajouta, malignement, que Charles VII craignait d'être empoisonné et qu'après qu'on lui eût fait avaler certain coulis, il était mort presque aussitôt. Commynes n'était pas dupe. Il avait compris que Louis craignait surtout que l'on profitât de sa maladie pour lui ravir son autorité et prendre quelque initiative funeste. La méfiance, la volonté précédaient chez lui la guérison.

Commynes : « Quand il eut fait cet épouvantement à ceux dont j'ai parlé, il s'enquit de l'expédition du conseil et des dépêches qu'on avait faites en dix ou douze jours qu'il avait été malade. » Il fallut lui montrer les « lettres closes » qui étaient arrivées et qui devaient être nombreuses, car elles se succédaient d'heure en heure. On les lui montrait et Commynes les lisait : « Il faisait semblant de les entendre, et les prenait en sa main, et faisait semblant de les lire, combien qu'il n'eût nulle connaissance, et disait quelque mot, ou faisait signe des réponses qu'il voulait qui fussent faites. » Ceux qui l'avaient cru perdu, déchantaient. Nul n'osait prendre une décision. La crainte qu'il inspirait les paralysait. Tout malade qu'il fût, il restait le roi et le réveil risquait d'être fracassant ! Au bout de quinze jours, il était guéri, mais demeurait très faible. La peur de subir une nouvelle attaque l'obsédait, malgré les propos rassurants de ses médecins. Il avait toujours douté de leur science, au point d'avoir emprunté le Livre de Rhazès à la Faculté, pour étudier lui-même la médecine !

On ne put l'empêcher de reprendre son existence fébrile. En 1481, il s'en fut à Pont-de-l'Arche, en Normandie, passer 6000 mercenaires suisses en revue, puis rentra à Tours. Là, il fut terrassé par une seconde attaque. On l'étendit sur une paillasse, dans une galerie, et, pendant deux heures, on le tint pour mort. En désespoir de cause, Commynes et le sire du Bouchage le vouèrent à saint Claude. Ce vœu a suscité nombre de commentaires, et des plus savants, car saint Claude avait la réputation de guérir les épileptiques. Il est probable qu'au cours de cette crise, le roi Louis avait le visage convulsé, voire complètement déformé, et que l'on pensa à l'épilepsie. Les médecins avaient alors des connaissances si fragmentaires et superficielles qu'ils confondaient allégrement les causes et les effets. Ce n'étaient guère plus que des empiriques, parfois dénués de bon sens. Louis XI se rétablit encore, mais la parole tardait à lui revenir. Il se retira chez Commynes, au château d'Argenton, pendant un mois. Il voulut regagner ensuite Plessis-les-Tours, mais dut s'arrêter à Thouars.

Il reprit son service de roi, à force de volonté. La paix avec Maximilien était proche. Si faible qu'il se sentît après « ses fumosités », et bien qu'une maladie de peau ajoutât à son anxiété, il ne pouvait lâcher la barre. Alors, chaque fois qu'il était nécessaire, il rassemblait ce qui lui restait de forces et chassait les idées noires. Il avait encore à réaliser de grandes choses. Cette conviction le gardait en vie. En 1482, il crut de son devoir d'accomplir le vœu fait à saint Claude par du Bouchage et Commynes. Il en espérait sans doute beaucoup, ses médecins l'ayant persuadé qu'il souffrait d'épilepsie. Il avait envoyé Commynes en Savoie : la duchesse Yolande étant morte, il importait de réorganiser la régence. Commynes rencontra Louis XI à Beaujeu. « Je fus ébahi, dit-il, de le voir tant maigre et défait, et m'ébahissais comme il pouvait aller par pays ; mais SON GRAND CŒUR LE PORTAIT. » C'était la dernière chevauchée de l'infatigable cavalier de naguère. Cette fois, il n'en pouvait plus ! Ce fut à Beaujeu qu'il apprit la mort brutale de Marie de Bourgogne et qu'il lança sa dernière offensive diplomatique contre Maximilien. On sait qu'elle devait aboutir à la signature du traité d'Arras, aux fiançailles du dauphin, au partage de l'État de Bourgogne dont avait tant rêvé le vieux roi.

Pendant que ses ambassadeurs entamaient les ultimes négociations, il se dirigeait vers la Loire, à petites étapes, car il se sentait fort las. Il s'arrêta à Notre-Dame de Cléry pour y prendre quelque repos. Il s'était fait construire une modeste maison à proximité de cette église qu'il chérissait entre toutes. Il se trouva si bien qu'il y passa l'été, comptant sur la bonté de l'air et la protection de la statue miraculeuse de Notre-Dame.

Le 21 septembre 1482, il se rendit à Amboise, pour y rencontrer le futur Charles VIII. Il était accompagné du sire de Beaujeu et de ses principaux conseillers. L'enfant avait près de lui le fidèle Jean Bourré et ses serviteurs. L'entrevue entre le père et le fils fut plus solennelle qu'attendrissante. Louis XI avait longuement médité les paroles qu'il prononça. Elles étaient à la fois une prière et une confession. Il dit qu'ayant eu la grâce de recevoir le plus beau royaume du monde en héritage, il n'avait cessé de le fortifier et de l'agrandir, malgré les entreprises des grands seigneurs. Ceux-ci ne lui avaient épargné ni les complots ni les rébellions armées ni les trahisons et, si peu que son autorité faiblît, ils étaient prêts à recommencer. Aussi, que le futur Charles VIII prît garde, à son avènement, de ne pas les écouter, car ils chercheraient à le perdre en divisant le royaume ! Et, surtout, de ne pas imiter son père, en se privant de serviteurs loyaux et de conseillers éprouvés, mais, au contraire, qu'il veillât bien à les conserver. Il rappela qu'à la mort de Charles VII il avait révoqué ses officiers et dignitaires et, par là même, failli perdre le royaume. Il dit combien il regrettait cette attitude et combien il s'en était repenti. Il adjurait donc son fils de ne pas tomber dans les mêmes erreurs. Puis il lui demanda de débattre de la question avec les conseillers, comme s'il était déjà roi, en sorte que son acceptation eût encore plus de poids. A la suite de cette délibération, Charles s'engagea à suivre ponctuellement les conseils paternels. Mais Louis XI voulait davantage :

— « Charles, puisque, par amour pour nous, le voulez, levez la main ! »

L'enfant s'exécuta volontiers. Aussitôt, un notaire royal établit procès-verbal du serment. Louis désigna les bons serviteurs du royaume, ceux sur lesquels on pouvait faire fond et ceux qu'il serait prudent de tenir en suspicion, mais aussi les ennemis secrets, irréductibles, et les traîtres en puissance. Il donna ses ultimes conseils quant au maintien de la paix, surtout avec l'Angleterre. On ne sait si, dans un aparté, il trouva les mots propres à éveiller chez son fils autre chose qu'une crainte admirative. S'il manifesta quelque tendresse... Il n'avait cessé de trembler pour sa vie. Désormais, il tremblait pour sa sécurité, imaginant cet Éliacin traqué par la meute des princes et des grands seigneurs. C'étaient leur rapacité et leur cynisme qui l'effrayaient. Par avance, en dotant son fils d'un gouvernement expérimenté, il croyait leur rogner les griffes.

Ce devoir accompli, il regagna son repaire.

VII

LE SERMENT DE LA MAIN GAUCHE

Enfermé dans Plessis-les-Tours, Louis XI fit, selon Commynes, « de bien étranges choses ». Il avait peur de mourir, peur de perdre son autorité, peur d'être victime d'un coup de force ou d'un attentat, et honte de sa déchéance physique. « Il savait n'être point aimé de grands personnages de ce royaume, ni de beaucoup de menus : aussi il avait plus chargé le peuple que jamais roi ne fît. » Mais par quel moyen eût-il diminué les impôts et rempli « la boîte à l'enchanteur » (le trésor), continué à payer les « pensions » et maintenu son armée sur pied de guerre ? On le croyait « diminué de sens », parce qu'il suspectait tout le monde et craignait la trahison. Il craignait surtout que le bruit de sa maladie fût divulgué. Peu de gens le voyaient. Ses familiers eux-mêmes n'avaient plus accès à sa chambre. Sans leur retirer leurs charges, il les tenait à l'écart et gouvernait presque seul. Il s'entourait « de gens de petite condition et assez mal renommés », très peu nombreux. Il se disait qu'après sa mort, ils perdraient tout, en sorte qu'ils avaient intérêt à veiller sur lui. Il changeait fréquemment de valets de chambre et autres serviteurs, prétendant « que la nature se réjouit en choses nouvelles » (aime la nouveauté). Nul seigneur ni grand du royaume ne logeaient plus au Plessis. Nul n'avait l'autorisation de l'approcher, sinon son gendre, le sire de Beaujeu. Quatre cents archers gardaient le manoir, les uns faisant le guet à l'extérieur, les autres surveillant la cour et les portes. Louis XI, par surcroît de précaution, avait fait entourer le domaine d'un treillis de fer. Il avait fait planter des broches à plusieurs pointes dans les murailles du château et construire quatre tourelles de fer, où quarante arbalétriers s'apostaient : ils avaient l'ordre d'abattre quiconque approcherait du fossé pendant la nuit. Était-ce utile ? Commynes : « A la vérité, il fut quelques paroles entre certains, pour entrer au Plessis, et dépêcher les choses... mais ils ne l'osèrent entreprendre. » Si quelque suspect était signalé dans les environs ou dans la ville de Tours toute proche, des archers les expulsaient et les conduisaient à bonne distance. L'aimable manoir était devenu une place forte en état d'alerte perpétuelle. On imagine aisément les rumeurs qui couraient en Touraine et par le royaume, d'où naquirent les calomnies et les légendes que l'on sait ! Il faut admettre que le Plessis avait alors à peu près l'aspect du repaire si complaisamment décrit par Walter Scott, les pendus et les vols de corbeaux exceptés ! Mais le roi ne se promenait plus dans les allées forestières en compagnie d'Olivier Le Daim. Il luttait contre la mort, ou plutôt rusait avec elle. Deux médecins avaient alors sa préférence : Angelo Catho déjà nommé et Jean Coitier, ou Coictier. Ce dernier mérite une mention spéciale. C'était un Franc-Comtois. On ignore s'il fit réellement des études de médecine ou s'il était autodidacte, car son nom ne figure dans aucun registre de la Faculté. Quoi qu'il en soit, il devint médecin ordinaire de Louis XI en 1470 et le resta jusqu'à sa mort. Ce qui le distingue de ses confrères, c'est une incroyable cupidité. Il se fit nommer vice-président de la Chambre des comptes, charge qu'il était dispensé d'exercer, mais dont il percevait les confortables appointements. Il obtint de son royal malade le don des châtellenies de Brassan et de Saint-Jean-de-Losne, puis de Saint-Germain-en-Laye et de Triel, la charge de bailli du palais et enfin, en 1482, celle de président de la Chambre des Comptes. Commynes assure qu'en cinq mois Coitier reçut du roi 54000 écus, plus l'évêché d'Amiens pour son neveu. Ce cynique personnage abusait sans vergogne de la faiblesse de Louis, de sa crédulité, et pratiquait le plus ignoble chantage. Mais je laisse la parole à Commynes:

« Ledit Coitier était si rude au roi que l'on ne dirait point à un valet les outrageuses et rudes paroles qu'il lui disait. Aussi ledit seigneur le craignait tant qu'il ne l'eût renvoyé, et s'en plaignait à ceux à qui il en parlait. Mais il ne l'eût osé changer comme il faisait de tous autres serviteurs, parce que ledit médecin lui disait audacieusement ces mots: Je sais bien qu'un matin vous me renverrez comme vous faites des autres, mais, par la mort Dieu, vous ne vivrez pas huit jours après. De ce mot-là il s'épouvantait tant qu'après ne le faisait que flatter et lui donner, ce qui lui était un grand purgatoire en ce monde, vu la grande obéissance qu'il avait eue de tant de gens de bien et de grands hommes... »

Mais Coitier ne pouvait le guérir. Ses vantardises, ses promesses, ses menaces ne servaient à rien. Or, comme toute créature, Louis XI avait envie de vivre; en tant que roi, cinq ou six ans lui étaient nécessaire pour achever sa besogne. Trop de graves questions restaient en suspens et le dauphin était encore si jeune! Le malade redoutait pour lui les troubles de la régence, malgré la sagesse d'Anne de Beaujeu et de son mari. Puisque la médecine s'avérait incapable de lui rendre la santé, pourquoi ne pas s'adresser au Ciel? Il avait entendu parler d'un saint ermite de Calabre, nommé François de Paule. Il le fit venir. Cet ermite vivait dans une grotte depuis l'âge de douze ans. Il accéda à la demande du roi, passa par Naples, où il rencontra le légat apostolique, et de là se rendit à Rome. Le pape lui fit grand accueil et l'autorisa à fonder un ordre: celui des Ermites de saint François. Il arriva enfin à Plessis-les-Tours. Louis XI le reçut à genoux, l'honora comme s'il avait été le souverain pontife en personne. Il le logea superbement, près de la chapelle du château. Le pauvre ermite ne voulait qu'une cellule. Il dormait à même le plancher. Il ne mangeait ni chair, ni poisson, ni laitages, ni œufs, mais se nourrissait de plantes et de fruits, et buvait de l'eau. Commynes ne manqua pas de le visiter: « Je ne pense point avoir vu homme vivant de si sainte vie, ni où il semblât mieux que le Saint-Esprit parlât par sa bouche: car il était lettré et n'apprit jamais rien. Il est vrai que sa langue italienne l'aidait... » Que pouvait François de Paule pour Louis XI, sinon le préparer à une autre vie? Lui-même n'appartenait plus à la terre. Néanmoins le malade ne cessait de le révérer, escomptant peut-être un miracle. Certains se moquaient, discrètement, de sa crédulité et de son adoration intéressée pour l'ermite.

Commynes : « Il semblait à le voir mieux homme mort que vif, tant il était maigre. » Pour donner le change, le vieux roi portait désormais des tuniques de satin cramoisi, fourrées de belles fourrures. Il se montrait plus tyrannique que jamais, afin d'être craint. Il cassait les capitaines de son armée pour une peccadille, changeait les officiers, rognait ou supprimait les pensions, faisait et défaisait les gens, infligeait d'âpres punitions. De peur qu'on le tînt pour mort, il redoublait d'activité ; jamais il ne fit tant parler de lui. Ses chevaucheurs couraient les routes du royaume. Ses émissaires paraissaient dans toutes les cours étrangères, porteurs de riches présents et de paroles d'amitié. Il bombardait de missives incessantes ses négociateurs auprès de Maximilien et l'on a vu le ton qu'il employait ! Il faisait acheter des chevaux. Il envoyait chercher des chiens en Espagne et en Bretagne, des mules en Sicile, mais aussi, pour sa ménagerie, de petits lions en Barbarie, des rennes et des daims en Suède et au Danemark, et les payait fort cher ! « Quand toutes ces choses lui étaient amenées, il n'en tenait compte et, la plupart des fois, ne parlait point à ceux qui les amenaient. » Mais ainsi il restait conforme à son image de collectionneur d'animaux rares et de chasseur invétéré ! Ceux qui le croyaient malade, ne savaient que penser.

Cependant, quelque soin qu'il apportât à dissimuler son mal et à ne point se montrer, il ne pouvait se dérober à certaines audiences, repousser tous les visiteurs. Force lui fut par exemple de recevoir les plénipotentiaires flamands qui se présentèrent au Plessis pour la ratification du traité d'Arras avec Maximilien. Ce n'était qu'une formalité, mais le roi Louis ne pouvait s'y dérober, malgré sa décrépitude. Il en régla soigneusement le décor et le déroulement. Cela nous a valu l'une des pages les plus atroces de Thomas Basin. Elle montre comment, à partir de faits précis, le charitable évêque écrivit son *Histoire* :

« Peu de mois avant sa mort, une solennelle ambassade lui fut envoyée de Flandre, dont faisaient partie plusieurs nobles, et aussi l'abbé de Saint-Pierre de Gand. Il s'agissait de recevoir du roi le serment par lequel il devait confirmer le traité conclu avec le duc Maximilien et ses États. Les ambassadeurs furent introduits la nuit dans une petite chambre, dans un coin de laquelle le roi était assis, si bien que c'est à peine si on pouvait l'apercevoir. Il les accueillit en les saluant de façon si grotesque qu'on aurait pu difficilement ne pas éclater de rire en l'entendant demander pardon à l'abbé de ne pouvoir se lever ni se découvrir. Certes, on aurait pu prendre cette attitude comme un signe d'humilité. N'empêche que de telles paroles, prononcées par lui de façon si ridicule que les assistants ne pouvaient les écouter qu'en se tordant de rire, ne convenaient guère à la majesté d'un souverain. Ayant donc à prêter serment sur les saints Évangiles, et portant le bras droit en bandoulière sur la poitrine, du fait que c'était le côté où il avait été frappé de paralysie, il s'excusa d'être obligé de toucher le livre de la main gauche et le toucha aussi grotesquement du coude droit, si bien que les assistants éclatèrent de rire, le considérant en quelque sorte comme privé de raison. »

Jamais Louis XI n'eut tant de raison ! Jamais traité ne fut attendu davantage ! Était-ce sa faute s'il avait le bras droit paralysé, retenu par une écharpe ? Si sa maigreur devenait effrayante ? Si la couperose fardait horriblement son visage émacié et pâli ? Faute de pouvoir mieux faire, il reçut les Flamands dans une petite chambre, éclairée par une méchante chandelle. Mais la face qui émergeait à peine de l'ombre était celle d'un grand roi. Sans doute, parce que c'était dans sa manière d'être, plaisanta-t-il sur son infirmité. Mais il est peu probable que les envoyés de Maximilien et des États « se tordirent de rire », car il en imposait assez par ses victoires. Il leva la main gauche pour prêter serment sur les Évangiles, mais afin qu'on ne l'accusât pas de tricherie, il toucha le saint Livre de son coude droit, d'un geste malhabile, mais combien émouvant ! Non, personne n'eut envie de rire, car cette main levée accordait la paix aux pauvres gens, aux tisserands et aux pêcheurs de Flandre, comme aux paysans et aux marchands du royaume. César sans lauriers, monarque sans majesté, celui qui était assis dans ce coin de chambre dominait l'Europe de son souffle de vie. Il fallait être l'évêque Thomas pour ne point percevoir la grandeur de cet instant !

Le peuple ne s'y trompa pas. Il salua la paix par des explosions de joie, des processions, des Te Deum. Loin du monde, invisible, le roi Louis méditait sur son existence et faisait encore des projets. Il respirait la poudre de violettes dont on parfumait sa chambre. Il écoutait, pour ne pas somnoler, des concerts de flûtes et de hautbois. Cent-vingt musiciens jouaient dans la cour. C'étaient pour la plupart des bergers qu'il avait fait venir du Poitou. Ils logeaient dans le prieuré

Saint-Cosme-les-Tours. Louis aimait ces airs rustiques, ces pastorales naïves. Ils apaisaient ses angoisses. Car la maladie progressait inexorablement, compliquée d'éruptions cutanées qui laissaient craindre la lèpre.

Quelle était cette maladie aux phénomènes apparemment complexes ? Elle a suscité diverses études, assez contradictoires, variant bien entendu avec les époques et les maladies en vogue. La plus sérieuse, la plus complète, date d'une cinquantaine d'années et s'intitule : *Louis XI et ses médecins.* Son auteur — le docteur Ludovic Ipcar tente d'y établir un diagnostic précis et objectif. Tout ce que je puis dire est qu'il a puisé aux sources les plus sérieuses et que son érudition ne présente aucune faille. Il écrit en conclusion : « En résumé, nous dirons que Louis XI fut de souche et de tempérament neuro-arthritique, ce dont témoignent les antécédents familiaux, les hémorroïdes et la goutte. Sur ce terrain s'est développée une hypertension artérielle. Cette hypertension a-t-elle fait partie d'une néphrite chronique ? Il nous est permis de le supposer. Une néphrite chronique azotémique et hypertensive, tel est le diagnostic qu'on peut mettre en avant. » La recherche médicale ayant accompli des progrès considérables, il est possible que, de nos jours, ce diagnostic serait formulé différemment. Mais enfin l'on peut risquer l'hypothèse selon laquelle, à l'âge de cinquante-sept ans, Louis XI subit les atteintes d'une hypertension artérielle déterminant plusieurs ictus, dont le dernier devait entraîner la mort.

VIII

EN PLUS ÉTROITE PRISON

Quand Édouard IV apprit la signature du traité d'Arras, les fiançailles du dauphin et de la petite Marguerite de Bourgogne, il proféra les pires menaces. Mais, empêtré dans une guerre contre les Écossais, physiquement incapable de prendre la tête de l'armée, privé de l'appui de Maximilien, que pouvait-il faire contre la France ? Commynes prétend que ce fut le traité d'Arras qui le tua. En réalité, il mourut d'apoplexie, au sortir de table, le 9 avril 1483. Il était si glouton qu'il avalait un émétique pour avoir le plaisir de remplir une seconde fois son estomac, comme les Romains de la décadence. À la nouvelle de sa mort, Louis XI ne manifesta «aucune joie» (selon Commynes). Peut-être songeait-il à son propre trépas et regrettait-il d'avoir si bien dupé le défunt en lui laissant sa fille sur les bras. Il reçut ensuite des lettres de Richard, duc de Glocester. Édouard IV l'avait nommé Protecteur d'Angleterre pendant la minorité de son fils aîné. En lutte avec le clan de la reine et des Woodville, il s'était approprié la couronne. Non seulement il avait proclamé la bâtardise des enfants d'Édouard, mais il les avait enfermés dans la Tour de Londres et fait disparaître. Il s'intitulait désormais Richard III et sollicitait les bonnes grâces du roi de France, ainsi que la continuation de la pension de 50000 écus allouée à son frère! Louis XI refusa de lui répondre et de recevoir son envoyé. Il n'admettait ni la violation du serment prêté par Richard, ni le crime perpétré sur la personne de ses neveux. Les détracteurs de Louis répandirent le bruit qu'Édouard IV était mort en buvant du vin de Challuau que lui avait offert le roi!

En juin, Marguerite de Bourgogne (ou de Flandre), que l'on appelait désormais Madame la Dauphine, fit son Entrée à Paris. Anne de Beaujeu avait été la chercher en Picardie, avec un superbe cortège. La dauphine était encore si petite qu'on la portait dans les bras, mais elle représentait tant de villes et de riches provinces! Elle était surtout l'ange de la paix. Les Parisiens s'en donnaient à cœur joie; ils dressèrent leurs échafauds tendus de soieries, leurs écussons rutilants, leurs guirlandes, et préparèrent leurs tableaux vivants. Quelques jours après, c'était la consternation; un terrible orage « enflamba » la toiture de Sainte-Geneviève-du-Mont: cent mille livres perdues, la foudre ayant fondu les cloches et le plomb! Etait-ce un présage?

Puis la petite princesse fut conduite à Amboise, où l'on célébra ses fiançailles avec le dauphin. Tout ce qui comptait dans le royaume assistait à la cérémonie, y compris les délégués des villes les plus importantes. Mais le roi était absent. Ne pouvant se déplacer, il convia les députés des villes à Plessis-les-Tours, pour y débattre des réformes qu'il envisageait de promouvoir. Pour cette ultime entrevue (le 10 juillet 1483), Louis XI voulut paraître à son avantage, presque en majesté. Etait-ce une coquetterie de vieillard, ou le désir obsessionnel de paraître en bonne santé? Il portait une grande robe de velours cramoisi et un chaperon de même étoffe. Il l'enleva, lorsque les députés entrèrent, et chacun put voir son crâne presque chauve, son visage ravagé mais souriant. Il dit, de sa meilleure voix:

— « Messieurs, soyez les bienvenus, et merci de m'être venus voir. Et vous couvrez tous. »

Mais lui, il garda son chaperon à la main devant ces bourgeois ébahis. Le chancelier étant présent, on attendait qu'il prît la parole au nom du roi: c'était d'ailleurs l'usage. Le roi Louis, à force de volonté, prononça lui-même un remarquable discours. On admira la force et la clarté de sa pensée. C'était un programme de rénovation économique dont il exposait les grandes lignes, avec la conviction d'un jeune monarque. Il voulait réformer la justice, trop lourde et trop complexe pour ne pas entraver l'essor qu'il envisageait, unifier les monnaies, les poids et mesures pour faciliter les échanges commerciaux, simplifier les lois et les rendre accessibles à tous pour la rédaction d'un code. C'était une tâche immense et il réclamait le concours de ses bonnes villes. Qu'elles lui envoient donc leurs représentants les plus qualifiés. Ainsi, aux portes de la mort, ne renonçait-il à rien, poursuivant sans défaillir son métier de roi, montrant en tout cas la route qu'il convenait de suivre.

Il avait l'espoir tellement chevillé au cœur que, peut-être, il ne se rendait pas compte de son état, ou, s'il s'en rendait compte, il refusait de croire à sa mort prochaine. Ce fut pourtant la dernière fois qu'on le vit en public. En recevant ces braves bougres des villes, il prenait congé de son royaume, mais à sa manière. N'avait-il pas été, tout le long de son règne, le roi du Tiers État? N'avait-il pas toujours préféré la rude simplicité des bourgeois à la cautèle des seigneurs? La députation partie, il revint à ses reliques, à ses entretiens avec François de Paule, qu'il appelait « le saint homme ». Il restait persuadé que l'ermite détenait, ou recevrait tôt ou tard du Ciel, le pouvoir d'allonger sa vie. Son humble compagnon avait beau lui répéter qu'il fallait songer au Salut, il ne le croyait qu'à demi et comptait sur l'effet des prières. Il ordonnait des processions, multipliait les dons aux établissements pieux, afin d'aider François de Paule à fléchir le Ciel, et de se rédimer s'il fallait absolument mourir. Ses présents aux églises confinaient à la prodigalité, sinon même à l'extravagance. Ils furent bien entendu tenus pour nuls par son successeur. Quant aux reliques, il en demandait partout. Le pape lui envoya le corporal de saint-Pierre; Laurent de Médicis, l'anneau pastoral de l'évêque Zénobius, patron de Florence. Louis fit venir les reliques les plus précieuses que l'on conservait à la Sainte-Chapelle et, finalement, la Sainte Ampoule, qui servait, depuis Clovis, au sacre des rois de France. On la lui apporta de Reims et ce fut, dans toute l'histoire de la monarchie, la seule fois que l'abbé de Saint-Rémy s'en dessaisit. Pourquoi Louis XI l'avait-il demandée? Il y a là un mystère difficile à éclaircir. La Sainte Ampoule contenait une huile qui, mélangée au chrême, consacrait le pouvoir des rois. Louis XI croyait sans doute qu'elle pourrait prolonger sa vie.

La fiole de cristal dans son reliquaire restait exposée en permanence sur un buffet de la chambre royale, où Commynes la vit. Le malade la contemplait, et méditait sur le destin des rois. Les pensées qui lui venaient à l'esprit, nous ne les connaissons pas. Ce n'était pas un mystique ; il n'avait que la foi du charbonnier. Le Ciel n'était pour lui qu'un autre royaume, intemporel certes, mais doté de hiérarchies et dans lequel il s'était préparé une place de choix par ses dons et ses bonnes œuvres. Chacun croit comme il peut. Regrettait-il certains de ses actes ? Seulement d'avoir fait exécuter Nemours, lequel avait en vain imploré sa pitié et signé d'un « Pauvre Jacques » son ultime confession. Mais les autres méritaient la mort. C'étaient des bêtes venimeuses qu'il avait écrasées pour le bien du royaume.

Son état s'aggravait. Sa dermatose le tourmentait. Les médecins commençaient à croire qu'il avait réellement la lèpre. On pensait alors que le sang de tortue guérissait cette maladie. Deux navires furent envoyés au Cap-Vert, avec Georges de Bissipat, dit Georges le Grec, pour en rapporter des tortues, mais peut-être avait-il une autre mission : l'ère des voyages de découverte commençait et Louis XI n'ignorait pas les exploits des navigateurs portugais. Il mourut avant le retour du Grec. On osa dire qu'il prenait des bains de sang humain, pour se guérir. Jean de Troye évoque, à mots couverts, « les terribles et merveilleuses médecines » prescrites par les physiciens. On commençait à murmurer que le roi était déjà mort.

Il vivait, mais Plessis-les-Tours ressemblait de plus en plus à une forteresse. Pendant la nuit, on relevait le pont-levis. Il ne s'abaissait qu'à huit heures du matin, pour laisser entrer les officiers. Les capitaines disposaient aussitôt leurs archers et leurs arbalétriers devant la porte et dans la cour. Les hommes assuraient non seulement le guet ordinaire, mais un véritable service de place frontière. Nul ne franchissait le guichet que le roi n'en fût averti, hormis le maître d'hôtel et les serviteurs habituels. Malgré ces précautions, le Plessis n'eût pu soutenir un siège. Le roi s'en rendait compte. Ce qu'il redoutait chaque jour davantage, c'était qu'une poignée de seigneurs tentassent un coup de main. L'idée de tomber sous leur tutelle le terrorisait. Il en arrivait à suspecter tout le monde, même son gendre Beaujeu, même sa fille Anne. Il faisait fouiller ses visiteurs de crainte qu'ils fussent armés ou portassent une brigandine sous leur tunique. Tout excitait sa défiance, la moindre parole, l'incident le plus minime. Il abrégea une réunion du Conseil présidée par Beaujeu, sur son ordre, car elle durait trop à son gré. « Quelle douleur était à ce roi, s'écrie Commynes, d'avoir cette peur et ces passions ! » Et, plus loin : « Est-il donc possible de tenir un roi, pour le garder plus honnêtement, en plus étroite prison où lui-même se tenait ? Les cages, où il avait tenu les autres avaient quelque huit pieds carrés ; et lui qui était si grand roi, avait une bien petite cour de château pour se promener : encore n'y venait-il guère, mais il se tenait dans la galerie, sans partir de là, sinon que par les chambres il allait à la messe, sans passer par ladite cour. Voudrait-on dire que ce roi ne souffrit pas aussi bien que les autres, qui ainsi s'enfermait et se faisait garder, qui était ainsi en peur de ses enfants et de tous ses proches parents, qui changeait et muait de jour en jour ses serviteurs, n'osait se fier à aucun d'eux, et s'enchaînait ainsi de si étranges chaînes et clôtures ? Si le lieu était plus grand qu'une prison commune, aussi était-il plus grand que prisonniers communs. »

L'araignée qui va mourir, replie convulsivement ses pattes Mais on ne peut savoir si elle expire ou si elle guette, embusquée à l'extrême bord de sa toile. Ainsi de Louis XI rencoigné dans sa galerie, immobile, attentif aux mouvements de la cour, scrutant le visage du visiteur qui approchait. Son seul plaisir, sa seule détente, c'était d'écouter le chant des oiseaux, les pipeaux des bergers poitevins, le murmure des litanies récitées par « les bigots, bigotes et autres gens de grande dévotion », qu'il avait fait venir au Plessis, afin de prier pour lui avec « le saint homme ». Aperçoit-on sa stratégie ? Il faisait l'impossible pour guérir, mais prenait ses assurances du côté du Ciel. Identique à lui-même, il mettait ainsi tous les atouts dans son jeu.

Mais aux heures de mélancolie, lorsque les soleils d'été n'en finissent pas de s'éteindre, conférant aux créatures et aux choses une éphémère beauté, lui arrivait-il de revivre le passé ? S'attendrissait-il sur lui-même en revoyant l'enfant du château de Loches galopant dans les sentiers champêtres avec les garçons de son âge, si pauvre et mal vêtu que personne ne l'eût pris pour un prince, fils aîné du roi de France ! Songeait-il à sa mère, la douce et pieuse Marie d'Anjou, qu'un jour de beuverie il avait traitée de catin par manière de plaisanterie et parce que les bons compagnons coquetaient les femmes ? Ou à son père, Charles le Victorieux, le Bien Servi, envers lequel il s'était montré si injuste et dont, finalement, il avait achevé la besogne en reprenant les mêmes hommes ? Revivait-il les temps heureux où il était roi dans son Dauphiné et s'essayait à gouverner ? Ou l'exil à Genappe, quand il réconciliait Philippe le Bon et Charles de Charolais, cependant qu'il étudiait leurs points faibles ? Ou la journée du Sacre, illuminée par le mystère de la Sainte Ampoule : n'avait-il pas bien tenu son serment de défendre son royaume ? La journée de Montlhéry où il avait sauvé sa couronne, et celle de Péronne où il avait sauvé sa vie d'extrême justesse, au prix de quelles humiliations ? Ou les péripéties de sa lutte contre la Maison de Bourgogne, qui avait cessé d'être ? Ou la naissance de son fils Charles, si longtemps attendue ? Eut-il une pensée pour la reine Charlotte, si timide, si appliquée à ne pas lui déplaire ? Les vieillards, les moribonds aiment à retrouver l'empreinte de leurs pas dans les sentiers qu'ils ont parcourus jadis. Le souvenir est l'ultime façon de vivre. Si les pensées de Louis furent telles, il n'en reste aucune trace. D'ailleurs sa nature ne le portait pas au recueillement, aux évocations superflues, mais à la réflexion constructive. C'était surtout l'avenir qui le préoccupait. Il n'est pourtant pas interdit de croire qu'il lui arrivait de faire un retour sur lui-même, ne fût-ce que pour se rassurer. Mais il est probable que pour lui les examens de conscience ressemblaient fort à des bilans.

Le lundi 25 août (1483), il eut une dernière attaque, si violente qu'on le crut mort. Dès qu'il eut recouvré l'usage de la parole, il demanda le sire de Beaujeu. Malgré son extrême faiblesse, il lui ordonna d'aller à Amboise, auprès du roi son fils, afin de lui porter ses dernières recommandations, qui étaient celles-ci : conserver les personnes en place, ne pas essayer de prendre Calais pour ne pas inquiéter l'Angleterre, laisser le duc de Bretagne en paix, éviter la guerre pendant cinq ou six ans, pour que le royaume puisse se refaire. Son intelligence était intacte. Il ne bredouillait point, mais, selon Commynes, « parlait aussi sec comme si jamais n'eût été malade ». Par la suite, il envoya le chancelier à Amboise, avec les sceaux de France. Puis ce fut une partie de la garde écossaise avec ses capitaines. Enfin ses veneurs, ses fauconniers et sa meute. Ainsi donnait-il à comprendre que son règne avait pris fin ; que le roi, c'était désormais Charles, huitième du nom. D'ailleurs, il ne disait plus « le dauphin », mais « le roi, mon fils ».

Et pourtant il lui restait une lueur d'espérance. Il s'obstinait à croire que « le saint homme » pouvait encore, s'il le voulait, lui allonger la vie. Il le faisait souvent appeler. François de Paule s'efforçait de lui enlever ses illusions. Il lui répétait qu'il ne pouvait rien et l'exhortait de son mieux à ne plus attendre que la miséricorde divine. Ce fut alors que « Maître Jacques » (le médecin Jacques Coitier), Jean d'Arly, théologien, et quelques autres dont Commynes n'indique pas les noms, prirent sur eux d'avertir le moribond. Il avait toujours refusé qu'on lui parlât de la mort, « car il lui semblait n'avoir jamais le cœur pour ouïr une si cruelle sentence ». Il voulait qu'on l'incitât simplement à se confesser, par prudence, à tout hasard... Maître Jacques et ses compères, parmi lesquels se trouvait peut-être Olivier Le Daim, le vinrent donc trouver. Ils lui déclarèrent sans ménagements :

— « Sire, il faut que nous nous acquittions (de notre devoir) ; n'ayez plus d'espérance en ce saint homme ni en autres choses, car sûrement il en est fait de vous et, pour cela, pensez à votre conscience ; car il n'y a nul remède. »

Il eut la force de répondre :

— « J'ai espérance en Dieu qu'il m'aidera, car, par aventure, je ne suis pas si malade que vous pensez. »

Commynes : « Quelle douleur lui fut d'ouïr cette nouvelle ! Car jamais homme ne craignit tant la mort, ni ne fit tant de choses en croyant y mettre remède. » Mais il ajoute qu'ensuite le roi endura courageusement la mort, « et plus que nul homme que j'aie jamais vu mourir ». Après avoir tant lutté pour prolonger sa vie, le roi Louis acceptait l'arrêt. Il se détachait du monde, et les vieilles ferveurs se rallumaient dans son âme. Il se confessa, d'une voix claire, pria longuement, reçut les sacrements avec les plus grandes marques de piété. S'il souffrait, il ne laissait pas échapper une plainte. Il donna posément ses ordres pour ses funérailles, nomma ceux qui accompagneraient sa dépouille à Notre-Dame de Cléry. Sa mémoire, la justesse de ses propos stupéfiaient les témoins. Il souhaitait mourir un samedi et croyait que Notre-Dame lui accorderait cette grâce, parce qu'il avait toujours eu grande dévotion pour elle. Commynes dit qu'il parla de la sorte « jusqu'à une patenôtre avant sa mort », mais il ne rapporte aucune de ses paroles et cette omission est regrettable.

Comme il entrait en agonie et que François de Paule, agenouillé à son chevet, récitait la prière des morts, le roi Louis murmura :

— « O Notre-Dame d'Embrun, ma bonne maîtresse, aidez-moi ! »

Notre-Dame d'Embrun était la patronne du Dauphiné, celle qu'il priait au temps de sa jeunesse rebelle.

Puis on l'entendit répéter l'invocation du roi David, qu'il avait fait peindre par Jean Bourdichon dans la chapelle et les salles du Plessis :

— « En toi, seigneur, j'ai espéré ; je ne serai pas confondu pour l'éternité, mais je chanterai éternellement ta miséricorde. »

Il mourut le samedi 30 août 1483, comme le soleil se couchait sur la Loire. Il avait soixante ans et un mois. En décembre de la même année, l'humble reine Charlotte le rejoignit à Cléry. Au moins, dans toute sa vie, fut-il aimé par une femme !

IX

L'ÉPITAPHE

Depuis le 7 septembre 1483, Louis XI repose à Notre-Dame de Cléry, selon ses dernières volontés. Il avait commandé son tombeau à Jean Fouquet et à Michel Colombe. La statue, supportée par quatre colonnes, avait été fondue pour 1000 écus d'or, par deux Allemands: Conrad de Cologne et Laurent Wrine. Elle était en bronze doré, épais de deux doigts, émaillé de rouge et de bleu, le visage au naturel, encadré de longs cheveux. Le roi n'était pas représenté en gisant, drapé dans une longue tunique aux plis savants, tenant le sceptre et la main de justice, le chef couronné. Il était en orant et en costume de chasse, botté, éperonné, la dague et le huchet pendant à la ceinture. Il n'était pas endormi, mais priait avec ferveur, en regardant l'image de Notre-Dame. Il paraissait vivant. Combien de fois, forçant le cerf, le loup ou le sanglier, ne s'était-il pas arrêté pour s'agenouiller pareillement devant une croix de carrefour ou dans un ermitage! C'était ainsi qu'il avait voulu paraître aux yeux des générations futures, non sous l'aspect d'un roi, mais d'un chasseur, non dormant mais vivant et priant ! Il rompait, une fois de plus, avec la tradition. Une fois de plus, il se singularisait, en gardant son originalité jusque dans la mort. Son tombeau ne ressemblait à aucun autre. Nul n'a jamais su pourquoi il ne voulait pas aller à Saint-Denis aux côtés de ses pères. Ni pourquoi il avait choisi d'être représenté en veneur. Suggérait-il, malicieusement, que sa vie n'avait été qu'une course perpétuelle après le gros gibier, une chasse pleine de rumeurs et de péripéties ? Ou bien que, mort, il n'était plus qu'un homme parmi les autres, privé de la majesté royale, autrement dit délivré de toute vanité ? Et, sinon, que cette effigie exprimait sa passion dominante et, plus encore, sa nature profonde ? Commynes, dont l'esprit était si pénétrant qu'il comprenait son maître à demi-mot, est muet sur ce point. La dévotion de Louis XI pour Notre-Dame de Cléry, le vœu qu'il avait fait avant la prise de Dieppe, expliquent sans doute le choix de ce sanctuaire. Mais la statue du chasseur reste mystérieuse. Ce n'est pas celle que l'on peut voir de nos jours. Les huguenots l'ont détruite pendant les guerres de Religion. Elle fut refaite par Michel Bourdin, sur ordre de Louis XIII, puis brisée par les Révolutionnaires et refaite au XIXe siècle à partir des fragments que l'on avait conservés. Mais les crânes de Louis XI et de la reine Charlotte, que l'on montre dans la crypte, eux sont authentiques !...

Ainsi, à la fin de l'été 1483, l'un des plus grands règnes de notre histoire prit-il fin. Commynes pouvait écrire les superbes pages dans lesquelles il évoque la solitude et la misère des rois, et conclure : « C'est peu de chose que l'homme et que cette vie est misérable et brève, et ce n'est rien des grands ni des petits dès qu'ils sont morts... » Et Thomas Basin pouvait clore son *Histoire de Louis XI* par cette épitaphe, où il lance son dernier venin :

> *Perfidia insignis hinc usque ad Tartara potus*
> *Formosi oppressor pecoris nequissimus ipse.*
> *(Fourbe insigne connu d'ici jusqu'aux Enfers,*
> *Abominable tyran d'un peuple admirable).*

Après tout, l'évêque ne faisait qu'emboîter le pas à l'opinion. Le roi Louis ne fut ni regretté ni pleuré par son peuple. A peine était-il arrivé à Cléry que son discrédit commençait, les légendes noires, les fables les plus ridicules recouvrant la vérité. Jean de Troye, jusque-là si laudatif, change de ton dans les dernières pages de sa *Chronique.* Il reproche à Louis d'avoir distribué les biens de la couronne à des serviteurs indignes : Olivier Le Daim et Doyat. D'avoir saigné son peuple pour enrichir les gens d'église. D'avoir opprimé les nobles et même les princes du sang, au point qu'ils ne se sentaient pas en sécurité dans leur propre maison... Si incroyable que cela paraisse, il ne se trouva personne pour défendre sa mémoire et attirer l'attention sur ses bienfaits, Commynes excepté. On ne voyait que l'aspect négatif de son règne. On ne se souvenait que des sacrifices consentis et des âpres punitions infligées aux ennemis de l'intérieur. Naguère on avait applaudi à l'exécution de Saint-Pol. Voilà qu'on le plaignait, que l'on s'apitoyait sur l'infortune de Nemours, que l'on soupirait sur la disparition des féodaux. Ceux mêmes qui avaient le plus longtemps opprimé les humbles, tenté de démanteler le royaume à leur seul profit, combattu et trahi le roi afin de pérenniser un système révolu, devenaient des victimes. Cependant ils étaient condamnés à disparaître de façon ou d'autre, en raison de leur inadaptation à leur époque, de leurs traditions et de leurs prétentions dépassées. Somme toute, Louis XI n'avait fait que précipiter l'évolution des choses. Encore lui avaient-ils fourni tous les prétextes pour sévir, avaient-ils accumulé toutes les erreurs ! Pour un peu, l'on eût déploré la mort du Téméraire dans les neiges de Nancy ! On reprochait au roi sa cruauté, en oubliant les massacres de Liège et de Nesle. Louis n'était certes pas exempt de reproches, mais, en maintes circonstances et pour l'ensemble de son règne, il se montra moins cruel que la plupart des princes de son époque. S'il châtiait parfois sans pitié, ce n'étaient que les traîtres et les responsables, non les simples agents d'exécution, non le peuple. On ne comprenait pas davantage qu'il eût entretenu une si grande armée et pendant si longtemps, pour s'en servir si peu. On tenait pour rien les vies humaines, les destructions épargnées par la négociation, par la paix avec l'Angleterre et Maximilien. La prédilection de Louis pour le Tiers État, ses faveurs octroyées à la bourgeoisie marchande, n'entraient plus en ligne de compte. Depuis qu'il était mort et que l'on n'avait plus à craindre ses réactions, on ne voyait que les charges pécuniaires qu'il avait imposées, afin de réaliser une œuvre dont on ne percevait ni l'ampleur ni les prolongements. Cependant, à Picquigny, il avait mis le point final à la guerre de Cent Ans, obtenu la renonciation d'Édouard IV à l'empire des Plantagenêts. Il avait renversé l'arrogante Maison de Bourgogne, empêché le Téméraire de se tailler un royaume aux dépens de la France. Il avait donné à notre pays ses frontières actuelles, ou presque, en l'agrandissant de la Picardie, de la Bourgogne, de la Franche-Comté, du duché de Bar, de la Provence et de Marseille, de la Cerdagne et du Roussillon. La Navarre était rentrée dans l'obédience française : il l'avait soustraite à l'Aragon et à la Castille. Son influence s'étendait à la Savoie et à l'Italie. Il avait écarté définitivement le péril des apanages et des grands fiefs. Il léguait à son fils une économie pleine de promesses, des instruments de gouvernement si solides qu'ils survivront aux fautes de ses successeurs. Il avait hérité d'un royaume médiéval ; il laissait un État déjà moderne. Après lui, la nation française, unifiée, prendra conscience d'exister en tant que telle ; en politique, la raison d'État se substituera aux intérêts personnels des princes et de leur parenté ; le droit deviendra science ; la diplomatie prendra le pas sur la guerre ; grâce à l'imprimerie, la pensée, la culture connaîtront un essor qu'elles n'avaient jamais eu. Tout cela qui formait la texture du règne, et le justifiait, comptait pour rien. On ne jugeait que les années passées et le présent. On ne retenait que les sacrifices, les abus de certains officiers et, en oubliant trahisons et complots, l'inflexible rigueur ; pour un peu, on eût tenu Louis pour responsable des mauvaises récoltes ! D'où le tressaillement d'allégresse courant sur le royaume à l'annonce de son trépas !

Il y eut dans l'histoire de nos rois trois points forts : les règnes de saint Louis, de Louis XI et de Louis XIV. Au cours de ces trois périodes, le prestige, le rayonnement de la France étaient au zénith. On célèbre avec raison la Jérusalem terrestre de Louis IX et le Siècle de Louis XIV, mais on reste circonspect sur le règne de Louis XI. La mort héroïque du saint roi dans les sables de Carthage émeut toujours. Celle du vieux César édenté, brisé par les malheurs familiaux, touche encore les amoureux de Versailles. Mais celle du spectre couperosé de Plessis-les-Tours n'éveille aucun sentiment de compassion. Louis XI n'était pas un héros de Chanson de geste, ni un martyr. Il n'avait pas non plus le sens du panache, si cher aux Français, bien qu'ils s'en défendent. Il haïssait les aventures exaltantes, mais stériles, en dépit de sa hardiesse et de son imagination. Pourtant, s'il trébucha par deux fois, ensuite il ne cessa de vaincre, non dans les batailles, mais par la diplomatie, accumulant les gains, finissant par atteindre son but, c'est-à-dire par être le maître d'un royaume fort, à l'abri des périls extérieurs et intérieurs. Il s'était usé à cette tâche surhumaine, puisque, en fait, il n'avait point de ministres et voyait tout par lui-même. Un autocrate? Certes, mais tempéré par la raison. C'est à croire qu'on lui en voulait d'avoir réussi!

Écoutons plutôt Commynes, qui, pendant des années, fut son confident sans cesser d'être un observateur objectif et dont l'admiration n'est pas sans réserves. Parlant des autres princes d'Europe, il écrit qu'en tous « il y avait du bien et du mal, car ils étaient hommes, mais, sans user de nulle flatterie, il y avait en lui trop plus (infiniment plus) de choses appartenant à l'office de roi et de prince qu'en aucun des autres. Je les ai presque tous vus, et su ce qu'ils savaient faire. » À propos de la tyrannie et de la cruauté, tellement répandues en cette fin du XVe siècle qu'elles étaient monnaie courante, il a cette parole surprenante: « Celui-ci (le roi) n'a fait mal à personne qui ne lui eût fait quelque offense. »

Commynes reste à mes yeux le meilleur juge de ce roi qui fut unique en son genre. UN ROI DONT L'ESPRIT TRAVAILLAIT NUIT ET JOUR A TRACER LES ROUTES DE L'AVENIR.

NOTICES BIOGRAPHIQUES

ALENÇON (Jean II, duc d'), né en 1415, mort en 1474. Prisonnier des Anglais de 1424 à 1429, le « gentil duc » de Jeanne d'Arc trahit Charles VII, fut condamné en 1458, rentra en grâce sous Louis XI, qu'il trahit au profit de Charles le Téméraire, et mourut en prison. Son fils, René d'Alençon, comte du Perche, mourut en 1494.

ALLEMAGNE (empereur d') pendant le règne de Louis XI : Frédéric III, empereur de 1440 à 1493.

ALPHONSE V L'AFRICAIN, né en 1432, roi de Portugal de 1438 à 1481. Il se distingua par ses succès contre les Maures d'Afrique et par la prise d'Arzile et de Tanger. Sa lutte contre Ferdinand d'Aragon et Isabelle de Castille, en faveur de sa nièce Jeanne la Beltranéja, se solda par un échec.

AMBOISE (cardinal Georges d'), né en 1460, mort en 1510. Evêque de Montauban à quatorze ans, il devint aumônier de Louis XI, puis archevêque de Narbonne et de Rouen. Principal ministre de Louis XII, il inspira de sages mesures, mais aussi la politique italienne de ce roi. Promu cardinal, il essaya vainement d'être élu pape.

ANGLETERRE (roi d') pendant le règne de Louis XI :
— Maison de Lancastre : Henri VI, roi de 1422 à 1461.
— Maison d'York : Edouard IV, roi de 1461 à 1483 ; Edouard V, roi en 1483 ; Richard III, roi de 1483 à 1485.

ANJOU (la Maison d') pendant le règne de Louis XI :
— RENÉ Ier, duc d'Anjou, de Bar et de Lorraine, comte de Provence, roi nominal de Naples, né en 1409, mort en 1480. En défendant ses droits sur le duché de Lorraine, il fut vaincu et capturé par le duc de Bourgogne. Il tenta en vain de conquérir son royaume de Naples. Après avoir loyalement servi Charles VII, il finit par se fixer en Provence, où il s'entoura d'artistes, étant lui-même assez bon poète.
— JEAN D'ANJOU, son fils, duc de Calabre et de Lorraine, né en 1424, mort en 1470. Son petit-fils, Nicolas d'Anjou, né en 1448, marquis de Pont-à-Mousson, puis duc de Calabre et de Lorraine, mort en 1473.

— CHARLES Ier D'ANJOU (frère de René Ier), comte du Maine, né en 1414, mort en 1472.
— CHARLES II D'ANJOU, son fils, mort en 1481.
— RENÉ II D'ANJOU, né en 1451, mort en 1508, duc de Bar et de Lorraine.
— MARGUERITE D'ANJOU, fille du roi René, née en 1429, reine d'Angleterre, épouse d'Henry VI, morte en 1482.

ARAGON (rois d') pendant le règne de Louis XI :
— JEAN II, roi de 1458 à 1479.
— FERDINAND LE CATHOLIQUE, roi de 1479 à 1516.

ARMAGNAC (Maison d') :
— JEAN V, COMTE D'ARMAGNAC, né en 1450, mort assassiné au cours d'une rixe sans doute provoquée, en 1473.
— JACQUES D'ARMAGNAC, duc de Nemours, comte de La Marche, né en 1437, exécuté en 1477.
— JEAN, BÂTARD D'ARMAGNAC, légitimé, comte de Comminges et maréchal de France, mort en 1473.

AYDIE (Odet d'), seigneur de Lescun, conseiller et chambellan de Louis XI, amiral de France, comte de Comminges, conseiller de Charles VIII, mort en 1498.

BAJAZET II, sultan ottoman, succéda à son père Mahomet II en 1481. Il soumit la Bosnie et la Croatie, combattit Venise, prit Lépante, Coron, Modon et Navarin, mais fut renversé par une révolte de janissaires et périt empoisonné par un de ses fils, en 1512.

BALUE, ou de LA BALUE (Jean), né vers 1421, mort en 1491, fils d'un meunier poitevin, ou d'un tailleur, il s'attacha à Jacques Juvénal des Ursins, évêque de Poitiers. Aumônier de Louis XI et évêque d'Evreux, il soutint le roi pendant la guerre du Bien public et devint cardinal en 1467. Ayant trahi son maître, dont il livrait les secrets à Charles le Téméraire, il fut emprisonné (non dans une cage de fer comme le prétend la légende). Il dut sa libération au pape Sixte IV, en 1480, et se retira en Italie. La régente Anne de Beaujeu le nomma ambassadeur auprès du Saint-Siège.

BATARNAY (Imbert de), seigneur du Bouchage, né en 1438, mort en 1523. Conseiller de Louis XI et de ses successeurs.

BEAUJEU (Anne de France, dame de), née en 1462, morte en 1522. Fille aînée de Louis XI et de Charlotte de Savoie, elle épousa Pierre II, sire de Beaujeu (ci-dessous). Désignée par son père comme régente pendant la minorité de Charles VIII, elle justifia ce choix par son habileté et son énergie. Elle combattit les prétentions des Grands (notamment du duc d'Orléans, futur Louis XII, qu'elle tint prisonnier pendant deux ans après la défaite de Saint-Aubin-du-Cormier). Elle prépara l'annexion de la Bretagne en mariant Charles VIII à la duchesse Anne.

BEAUJEU (Pierre II, sire de), né en 1439, mort en 1503. Il épousa en 1473 Anne de France, fille de Louis XI et devint duc de Bourbon en 1488, après la mort de Jean II de BOURBON, son frère.

BEAUMONT (Jacques de), seigneur de Bressuire, chambellan et lieutenant de Louis XI en Poitou, mort en 1492.

BOUCHAGE (du), voir BATARNAY.

BOURBON (Jean II, duc de), né en 1427, mort en 1488. Après avoir brillamment participé à la fin de la Guerre de Cent Ans, fut gouverneur de la Guyenne. Il devint l'un des chefs de la Guerre du Bien public, obtint néanmoins de hautes charges et servit loyalement Louis XI. À la mort de ce roi, il prétendit à la régence et combattit Anne de Beaujeu. Il mourut sans postérité mâle. Sa fille unique, Suzanne de Bourbon, épousa son cousin, Charles de Montpensier, connu sous le nom de connétable de Bourbon. Son frère, le sire de Beaujeu, lui succéda sous le nom de Pierre II.

BOURBON (Louis de), évêque de Liège, assassiné par Guillaume de La Marck en 1482.

BOURBON (Louis, bâtard de), amiral de France en 1466, mort en 1488.

BOURGOGNE (Maison de) - Ducs de Bourgogne:

— PHILIPPE LE HARDI, fils de Jean le Bon (1342-1404).

— JEAN SANS PEUR (1371-1419).

— PHILIPPE LE BON (1396-1467).

— CHARLES LE TÉMÉRAIRE, d'abord comte de Charolais (1433-1477).

— ANTOINE, dit le Grand Bâtard de Bourgogne (fils de Philippe le Bon et de Jeanne de Presle, né en 1421, mort en 1485).

— BAUDOIN, bâtard de Bourgogne, autre fils de Philippe le Bon et de Catherine Thieffries, au service de Louis XI dès 1470, mort en 1505.

— MARIE DE BOURGOGNE, fille du Téméraire, mariée à Maximilien d'Autriche, née en 1457, morte en 1482.

BRETAGNE (François II, duc de), fils de Richard d'Etampes et de Marguerite d'Orléans, il succéda en 1458 à son oncle Arthur III de Bretagne. Il prit une part très active à la guerre du Bien public, mais, vaincu par Louis XI, il dut signer l'humiliant traité d'Ancenis. Acharné à défendre l'indépendance de la Bretagne, il s'assura l'appui d'Edouard IV d'Angleterre et s'agrégea à la coalition du duc d'Orléans contre la régente Anne de Beaujeu. Après sa défaite à Saint-Aubin-du-Cormier, il mourut de chagrin en 1488. Son héritière, la duchesse Anne de Bretagne, épousa Charles VIII en 1491, puis, en 1499, Louis XII.

BRÉZÉ (Pierre de), comte de Maulévrier, grand sénéchal d'Anjou, de Poitou et de Normandie. Il participa activement à la libération de la France avec Charles VII et fut tué, dans le parti de Louis XI, pendant la guerre du Bien public en 1465, à Montlhéry.

BRÉZÉ (Jacques de), fils du président, grand sénéchal de Normandie, épousa l'une des filles de Charles VII et d'Agnès Sorel. Mort en 1494.

BUEIL (Jean de), comte de Sancerre, conseiller et chambellan du roi, amiral de France, né en 1406, mort en 1477. Auteur du *Jouvencel*.

CASTILLE (rois de) pendant le règne de Louis XI:

— HENRI IV, roi de 1454 à 1474;

— ISABELLE Iere, reine de 1474 à 1504.

CHABANNES (Antoine de), seigneur de Saint-Fargeau, comte de DAMMARTIN, né en 1408, mort en 1488. Après avoir occupé de hautes fonctions sous Charles VII, il fut disgracié par Louis XI, puis réintégré dans ses fonctions et nommé grand maître d'hôtel de France.

CHASTEL (Tanguy du), gouverneur du Roussillon en 1472. Après avoir été disgracié par Louis XI, il fut tué à ses côtés, en 1477, au siège de Bouchain.

COMMYNES (Philippe de), né en 1447, mort en 1511. Fils de Colart II van den Clyte, seigneur de Renescure, et de Marguerite d'Armuyden, il naquit probablement à Commynes (ou Commines, à proximité de Lille), terre qui appartenait à sa famille. En 1464, il entra comme écuyer au service de Charles le Téméraire et participa à la guerre du Bien public aux côtés de son maître. Lorsque Charles le Téméraire devint duc de Bourgogne en 1467, Commynes était l'un de ses familiers. Il fut présent à la célèbre entrevue de Péronne. Charles le Téméraire le chargea ensuite de plusieurs missions diplomatiques en Angleterre, en Bretagne et en Espagne. En 1472, Commynes passa au service de Louis XI et il épousa, l'année suivante, Hélène de Chambes. Devenu sire d'Argenton (en Poitou), il tint le rôle de premier ministre de Louis XI jusqu'à la mort du Téméraire en 1477. Il fut ensuite chargé d'importantes missions en Bourgogne et en Italie. Chassé de la cour de Charles VIII, il fut emprisonné à Loches et à Paris. Il prit part à la campagne d'Italie de ce roi, négociant avec Venise, Milan, Florence. À partir de l'avènement de Louis XII (1498), il ne joua plus qu'un rôle effacé, mais, retiré à Argenton, il rédigea ses *Mémoires*. Il avait dû restituer la plupart des biens que lui avait donnés Louis XI, notamment Talmont et Dreux.

CRÈVECOEUR (Philippe de), sire d'Esquerdes ou des Cordes, gouverneur de Picardie et d'Artois sous le Téméraire, passa au service de Louis XI en 1477 et devint grand chambellan et maréchal de France. Né en 1418, mort en 1494.

DAILLON (Jean de), sire du Lude, conseiller et chambellan de Louis XI, gouverneur du Dauphiné, mort en 1482.

ÉCOSSE (Marguerite d'), fille du roi Jacques Ier d'Écosse, mariée en 1436 au dauphin, futur Louis XI, morte à vingt-six ans en 1444.

ÉDOUARD IV, de la Maison d'York, né en 1422, roi d'Angleterre de 1461 à 1483. Fils de Richard, duc d'York, chef du parti d'York (La Rose Blanche), il continua la lutte menée par son père contre les Lancastre (la Rose Rouge) et parvint, avec l'appui de Warwick, à déposséder Henry VI (voir ce nom) de son trône. Afin de secourir Charles le Téméraire, il débarqua à Calais en 1475, mais Louis XI acheta son départ. Il vécut désormais dans les plaisirs, laissant quasi le pouvoir à ses favoris.

ÉDOUARD V, né en 1470, roi d'Angleterre en 1483. Fils du précédent, il fut à son avènement placé sous la tutelle de son oncle, Richard de Gloucester. Ce dernier le fit assassiner dans la Tour de Londres, ainsi que son frère puîné Richard d'York : les Enfants d'Edouard.

ESQUERDES, *voir* CRÈVECOEUR.

ESTOUTEVILLE (Jean d'), seigneur de Torcy, grand maître des arbalétriers de France, disgracié puis réintégré par Louis XI, mort en 1494.

FERDINAND II LE CATHOLIQUE, né en 1452, roi d'Aragon et de Sicile de 1479 à 1516. Fils de Jean II, il lui succéda sur le trône d'Aragon en 1479. Son épouse, l'infante Isabelle, devint reine de Castille en 1474. Unissant les forces d'Aragon et de Castille, Ferdinand put achever la reconquête de l'Espagne sur les Maures (prise de Grenade en 1492). Isabelle et lui reçurent du pape le titre de Rois Catholiques. En 1504, Ferdinand devint roi de Naples. Il paracheva l'unité de l'Espagne en annexant la Navarre quatre ans avant sa mort. Sa fille, Jeanne la Folle, avait épousé Philippe le Beau, fils de l'empereur Maximilien Ier. Son petit-fils fut Charles-Quint.

FOIX (Gaston IV, comte de), né en 1436, mort en 1472, servit Charles VII qui lui conféra la pairie et fut l'intermédiaire entre son beau-père, Jean II d'Aragon, et Louis XI, lors du traité d'alliance conclu en 1462. Louis XI le récompensa en lui octroyant la seigneurie de Carcassonne.

FOIX (François Phébus, comte de) : petit-fils d'Eléonore d'Aragon, reine de Navarre et épouse de Gaston IV de Foix, roi de Navarre en 1479, il régna jusqu'en 1483. A sa mort, sa sœur Catherine, hérita du comté de Foix et de la Navarre qu'elle apporta en dot à la maison d'Albret, en épousant Jean III d'Albret en 1484. Elle est la grand-mère d'Henri IV, roi de France et de Navarre.

FRÉDÉRIC III, né en 1415, empereur d'Allemagne de 1440 à 1493. Chef de la Maison de Habsbourg, il fut duc de Styrie et de Carinthie, avant de succéder à son cousin, l'empereur Albert II. Il soutint le Saint-Siège contre le concile de Bâle, mais, sans autorité et sans esprit d'entreprise, il céda ses droits sur la région du Rhin à Charles le Téméraire, Vienne et la Basse-Autriche au roi de Hongrie, Mathias Corvin. Mais en mariant le futur Maximilien Ier avec Marie de Bourgogne, héritière de Charles le Téméraire, il amorça le glorieux destin des Habsbourg.

GALLES (Édouard, prince de), fils d'Henry VI et de Marguerite d'Anjou, marié à Anne Neville, fille de Warwick, tué à la bataille de Tewkesbury en 1471.

GUYENNE (Charles de Valois, duc de), né en 1446, mort en 1472. Frère cadet de Louis XI, il n'était encore que duc de Berry quand il participa à la guerre du Bien public. Louis XI lui accorda cependant le duché de Normandie, puis le lui enleva, mais en lui attribuant le duché de Guyenne en compensation. Charles de Guyenne poursuivit néanmoins ses relations avec Charles le Téméraire. On accusa, à tort, Louis XI de l'avoir fait empoisonner.

HENRI LE NAVIGATEUR, né en 1394, mort en 1460, duc de Viseu, frère du roi Édouard de Portugal, chef de l'Ordre des Chevaliers du Christ (prolongement de l'Ordre du Temple). Féru de navigation et de géographie, il créa un arsenal et une école nautique et donna une impulsion décisive aux grandes expéditions maritimes en Afrique, amorçant ainsi le destin colonial du Portugal.

HENRI IV L'IMPUISSANT, né en 1423, roi de Castille, de 1454 à 1474, il succéda à son père Jean II. Méprisé en raison de sa complaisance envers les débordements de sa femme, il ne put empêcher les nobles de contester la légitimité de sa fille, Jeanne, et dut reconnaître pour successeur son frère Alphonse, puis sa sœur, la future Isabelle Ire, épouse de Ferdinand d'Aragon.

HENRY VI, de la Maison de Lancastre, fils d'Henry V, le vainqueur d'Azincourt, et de Catherine de Valois, fille de Charles VI et d'Isabeau de Bavière, il nacquit en 1421, couronné roi de France à Notre-Dame de Paris en 1431 ; roi d'Angleterre de 1422 à 1461, puis de 1470 à 1471. Les échecs et la mort de Bedford firent perdre à Henry VI ses possessions françaises et provoquèrent des troubles graves en Angleterre. Ayant hérité des tares mentales de son grand-père Charles VI, Henry VI ne put maîtriser la situation, en dépit des talents politiques de sa femme Marguerite d'Anjou. Le conflit entre les Lancastre et les York dégénéra en guerre civile (la Guerre des Deux-Roses). Vainqueur à Towton en 1461, Édouard d'York détrôna Henry VI et se fit couronner sous le nom d'Édouard IV. En 1470, avec l'appui de Warwick, Henry VI recouvra son trône, mais, ses armées ayant été battues l'année suivante, il fut emprisonné à la Tour de Londres par son rival Édouard IV, et périt peut-être assassiné.

ISABELLE Ire, née en 1451, reine de Castille de 1474 à 1504. Fille de Jean II de Castille, elle avait épousé l'infant Ferdinand d'Aragon en 1469, lequel succéda à son père en 1479 (voir FERDINAND V). Elle gouverna la Castille avec lui, contribua à la libération définitive de l'Espagne et soutint avec ardeur les entreprises de Christophe Colomb. Mécontente de son gendre, Philippe le Beau, elle confia la régence de Castille à Ferdinand jusqu'à la majorité de leur petit-fils, le futur Charles Quint.

JEAN II, né en 1398, roi de Navarre de 1425 à 1479 et roi d'Aragon de 1458 à 1479. Fils puîné de Ferdinand le Juste, il devint roi de Navarre par son mariage avec Blanche, fille de Charles III de Navarre, et roi d'Aragon après la mort de son frère aîné, Alphonse le Magnanime. Il disputa longtemps le trône de Navarre à son fils, le prince de Viane. Pour faire face à la révolte des Catalans, il s'allia à Louis XI et lui céda le Roussillon et la Cerdagne en 1462. Il vainquit les Catalans, mais ne put recouvrer les territoires cédés à la France.

JEAN II LE PARFAIT, né en 1455, roi de Portugal de 1481 à 1495. Après avoir brisé les révoltes de la noblesse, il intensifia les grands voyages de découverte en Afrique. Sous son règne, Diaz franchit le cap de Bonne-Espérance.

LA MARCHE (Olivier de), né en 1425, mort en 1502. Conseiller, chambellan et capitaine des gardes du Téméraire, auteur de *Mémoires* d'un grand intérêt anecdotique.

LA MARCK (Guillaume de), dit « le Sanglier des Ardennes », comte d'Aremberg, conseiller et chambellan de Louis XI, décapité en 1485.

LE DAIM ou LE DAIN (Olivier Necker, ou Teufel, dit), né à Thielt (en Flandre), valet de chambre et barbier de Louis XI, puis diplomate, il obtint des lettres de noblesse et le titre de comte de Meulan. Il fut capitaine du château de Loches et gouverneur de Saint-Quentin. Louis XI, dont il avait gagné la confiance, l'envoya en ambassade à Gand, près de Marie de Bourgogne, après la mort de Charles le Téméraire. La régente Anne de Beaujeu fut obligée de le sacrifier ; il fut pendu à Montfaucon en 1484.

LUDE *voir* DAILLON.

LUXEMBOURG (Louis de), comte de Brienne et de SAINT-POL, fils de Pierre Ier de Luxembourg et de Marguerite des Baux, connétable de France, décapité en 1475.

MAHOMET II LE CONQUÉRANT, sultan ottoman, succéda à son père Amurat II, attaqua l'empereur grec Constantin Dragadès et prit Constantinople en 1453. Il soumit ensuite la Grèce et la Serbie. En 1461, il renversa l'empire de Trébizonde où régnaient les Comnène. Il s'empara ensuite de comptoirs vénitiens et génois, mais échoua devant Rhodes défendue par les chevaliers de Saint-Jean. Il préparait la conquête de l'Italie quand il mourut en 1481, au retour d'une expédition contre l'Égypte. Il fit preuve de réels talents d'administrateur et protégea les arts.

MÉDICIS (Cosme ou Cosimo de), dit l'Ancien, né en 1389, mort en 1464. Fils de Jean de Médicis, dit Giovanni di Bicci, il fut nommé gonfalonier en 1429, mais fut chassé de Florence par le clan patricien des Albizzi. Il rentra triomphalement à Florence en 1434, et fut dès lors le maître incontesté de cette ville. Le peuple lui décerna le titre de « Père de la Patrie ». Il combattit victorieusement Venise et Milan, cités rivales de Florence. Il fut surtout un mécène éclairé et fastueux, s'entoura d'artistes illustres et fonda l'Académie platonicienne de Florence.

MÉDICIS (Laurent de), dit le Magnifique, né en 1449, mort en 1492. Fils du précédent, il lui succéda de part avec son frère Julien de Médicis. Les deux frères obtinrent le titre de princes. Ils eurent à faire face à la conspiration patricienne des Pazzi, soutenue par le pape Sixte IV, sinon fomentée par celui-ci. Julien fut surpris dans la cathédrale de Florence et tué en 1478. Laurent triompha de la rébellion. Sixte IV déclencha alors une guerre contre Florence avec l'appui de Naples et de Sienne. Une razzia turque en Italie lui fit lâcher prise et, dès lors, Laurent fut le maître incontesté de Florence. Prototype des princes de la Renaissance, il protégea les arts et les lettres et contribua à la propagation de l'humanisme païen fustigé par Savonarole.

MELUN (Charles de), seigneur de Nantouillet et de Normanville, bailli de Sens, lieutenant général du roi à Paris et en Ile-de-France, disgracié en 1467 et décapité l'année suivante.

MESCHINOT (Jean), sire des Mortiers (près Clisson), né entre 1420 et 1422, mort en 1481. Ce poète, surnommé « Banni de Liesse » (L'Exilé de la Joie), fut écuyer de la Maison de Bretagne. Il servit successivement les ducs Jean V, François Ier, Pierre II, Arthur III (Richemont) et François II, avant de devenir maître de l'hôtel de la duchesse Anne. Plus célèbre en son temps que Villon, il fut l'auteur d'un long poème allégorique, *La Lunette des Princes*, de ballades et de rondeaux, notamment des vingt-cinq ballades écrites contre Louis XI en collaboration avec le Bourguignon Georges Chastellain (« Georges l'Aventurier »). Ces ballades, d'une virulence extrême, exaltent l'alliance de la Bretagne et de la Bourgogne lors de la guerre du Bien public.

MORVILLIERS (Pierre de), seigneur de Clary, parlementaire, chancelier de France en 1461, révoqué en 1465, mort en 1476.

NAVARRE (rois de) pendant le règne de Louis XI :
— JEAN II D'ARAGON et BLANCHE DE NAVARRE de 1425 à 1479.
— ÉLÉONORE D'ARAGON et de NAVARRE, 1479.
— FRANÇOIS PHÉBUS de Foix, 1479 à 1483.

NEMOURS, *voir* ARMAGNAC.

ORIOLE (Pierre d'), seigneur de Loiré d'Aunis, occupa diverses fonctions dans les finances royales avant d'être nommé chancelier de France en 1472. Révoqué en 1483, il mourut en 1485.

ORLÉANS (Jean, bâtard d'), comte de Dunois, né en 1403, mort en 1468.

ORLÉANS (François d'), comte de Dunois, fils du précédent, né en 1447, mort en 1491, fut gouverneur du Dauphiné et grand chambellan.

PAPES (pendant le règne de Louis XI) :
— PIE II (1458-1464) ;
— PAUL II (1464-1471) ;
— SIXTE IV (1471-1484).

PAUL II, d'origine vénitienne, neveu d'Eugène IV, pape de 1464 à 1471. De même que Pie II, il s'efforça de lutter contre les Turcs, mais il détourna les croisés de Mathias Corvin sur les Hussites et le roi de Bohême. Il bâtit à Rome le palais de Venise. En 1469, il confirma à Louis XI et à son successeur le titre de Fils aîné de l'Église.

PAULE (saint François de), né en 1416 à Paule (Calabre), mort en 1508, devint en 1436, en raison de son exceptionnelle piété, chef d'un nouvel ordre appelé « les Ermites de Saint-François », dont le pape Sixte IV le nomma Supérieur (Ordres des Minimes). Le bruit de guérisons miraculeuses incita Louis XI à l'appeler en France, où François de Paule resta jusqu'à sa mort. Il jouit d'un grand crédit auprès de Charles VIII et de Louis XII. Léon X le canonisa en 1519.

PIE II (Aenas-Sylvius Piccolomini), pape de 1458 à 1464. Né en 1405 près de Sienne, il abandonna l'étude du droit pour celle de la littérature et devint l'un des meilleurs humanistes de son temps. Il joua un rôle éminent au concile de Bâle et fut secrétaire de l'anti-pape Félix V, avant de rallier la cause romaine. Élu pape en 1458, il désavoua les doctrines qu'il avait naguère professées contre l'autorité du Saint-Siège et, par la bulle *Execrabilis*, interdit tout appel au futur concile. En 1461, il obtint de Louis XI l'abolition de la Pragmatique Sanction de Bourges, mais, trompant les espérances de ce roi, il investit bientôt Ferdinand d'Aragon du royaume de Naples, au lieu des princes de la Maison d'Anjou. Effrayé par les conquêtes des Turcs de Mahomet II, il essaya d'organiser contre eux une croisade groupant les principales forces occidentales, en 1463.

PORTUGAL (rois de) pendant le règne de Louis XI :
— ALPHONSE V L'AFRICAIN, roi de 1438 à 1481.
— JEAN II LE PRINCE PARFAIT, roi de 1481 à 1495.

PORTUGAL (Isabelle de), née en 1397, fille de Jean Ier de Portugal et de Filippa de Lancastre, elle épousa en 1430 Philippe le Bon, duc de Bourgogne et fut la mère de Charles le Téméraire. Morte en 1472.

POT (Philippe) seigneur La Roche, né en 1428, mort en 1494. Filleul et favori de Philippe le Bon, duc de Bourgogne, il fut chargé de missions diplomatiques importantes. Son éloquence l'avait fait surnommer « Bouche de Cicéron ». Lorsque la Bourgogne revint à la couronne, après la mort de Charles le Téméraire, il entra au service de Louis XI et devint grand sénéchal de Bourgogne. Pendant la régence d'Anne de Beaujeu, il fut gouverneur de la Bourgogne.

RENÉ (le roi René), *voir* ANJOU.

RICHARD III, né en 1452, roi d'Angleterre de 1483 à 1485. Fils cadet de Richard d'York, il accumula les titres et fonctions lorsque son frère aîné devint roi sous le nom d'Henry VI. A la mort de ce dernier, il se proclama régent, fit déclarer ses deux neveux Édouard V et Richard d'York illégitimes et les fit exécuter à la Tour de Londres, avant de s'emparer de la couronne. Ce crime odieux lui aliéna l'opinion. Lorsque Henri Tudor débarqua en Angleterre, Richard III ne put enrayer ses progrès et fut tué à Bosworth. La guerre des Deux-Roses prit fin avec l'avènement des Tudor. Richard III inspira à Shakespeare l'une de ses plus grandes tragédies.

ROUAULT (ou Rouaut) (Joachim), né en 1416, mort en 1478, maréchal de France en 1461 après avoir suivi le dauphin à Genappe; révoqué et condamné au bannissement en 1476.

SAINT-POL, *voir* LUXEMBOURG.

SAVOIE (Yolande de), sœur de Louis XI, elle épousa Amédée IX, duc de Savoie; veuve en 1472, elle mourut en 1478. Philibert, leur fils, né en 1465, fut duc de Savoie de 1472 à 1482. Charles Ier, son frère, lui succéda, et mourut en 1489.

SFORZA Illustre famille italienne qui régna sur le duché de Milan de 1450 à 1535 et eut pour fondateur GIACOMUZZO Attendolo, dit SFORZA (Le Fort). Fils d'un laboureur de la Romagne, Giacomuzzo (ou Jacques), né en 1369, mort en 1424, devint condottiere et combattit pour Florence, pour le pape et pour la reine Jeanne de Naples qui le nomma grand connétable. Son fils naturel, FRANCESCO (ou François) SFORZA, né en 1401, mort en 1466, fut un intrépide soldat et un politicien sans scrupules, servant des intérêts opposés, à son seul profit. Ayant épousé Bianca Maria, fille de Filippo Visconti, il devint duc de Milan à la mort de son beau-père. Allié de Cosme de Médicis et de Louis XI, il devint le modérateur et l'arbitre de l'Italie. GALEAZZO MARIA SFORZA, son fils aîné, né en 1444, mort en 1476, fut duc de Milan de 1466 à 1476. Ce fut un prince de la Renaissance, protecteur des arts, raffiné, cruel et débauché. Sa fille Bianca Maria épousa l'empereur Maximilien Ier. GIAN GALEAZZO SFORZA, fils et successeur du précédent, né en 1469 mort en 1494. D'abord sous la tutelle de sa mère Bonne de Savoie, il subit ensuite celle de son oncle LUDOVICO SFORZA, dit LE MORE (né en 1451), qui le fit peut-être empoisonner et prit le titre de duc de Milan, avant de mourir en 1508, à Loches, captif de Louis XII. Son fils, MASSIMILIENO, fut duc de Milan de 1512 à 1515; il céda ses droits à François Ier et mourut en France.

SIXTE IV (François d'Albescola de la Rovère), pape de 1471 à 1484. Après avoir envoyé une flotte contre les Turcs en 1472, il ne travailla plus guère qu'à la restauration de son pouvoir temporel en Romagne et à l'enrichissement de sa famille: deux de ses neveux furent princes; les deux autres, cardinaux. Perfide, parfois cruel, il poursuivit les Colonna de sa vindicte et lutta contre Florence et les Médicis, malgré la menace turque.

TURQUIE (sultans ottomans) pendant le règne de Louis XI:
— MAHOMET II, sultan de 1451 à 1481.
— BAJAZET II, sultan de 1481 à 1512.

BIBLIOGRAPHIE

ARNAUD D'AGNEL (abbé G.) — *Politique des rois de France en Provence* (2 vol.), Paris, 1914.

ASSE (Eugène) — *Louis XI et Charles le Téméraire*, Paris, 1889.

BAILLY (Auguste) — *Louis XI*, Paris, 1936.

BARANTE (Prosper de) — *Histoire des ducs de Bourgogne de la Maison de Valois* (12 vol.), Paris, 1824-1826 — Édition abrégée de J. Cazeaux, Paris 1969.

BASIN (Thomas) — *Histoire des règnes de Charles VII et de Louis XI*, édition Quicherat (4 vol.), Paris, 1855-1859 — *Histoire de Louis XI*, édition Samaran (2 vol.), Paris, 1963-1966 — Autre édition (3 vol.), par C. Garaud, Paris, 1972.

BEAUCOURT (Gaston du Fresne de) — *Charles VII et Louis XI d'après Thomas Basin*, Paris, 1860.

BERRUS (P.) — *Louis XI et Pierre de Brézé*, Angers, 1912.

BORDONOVE (Georges) — *Charles VII le Victorieux*, Paris, 1985.

BRICARD (G.) — *Un serviteur et compère de Louis XI, Jean Bourré*, Paris. 1893.

BRUSTER (Charles) — *L'Armée Bourguignonne de 1465 à 1477*, Bruxelles, 1954.

BURLATS-BRUN (Pierre) — *Un compère peu connu de Louis XI, Me Guillaume Brun (1430-1509), conseiller et médecin royal* (85 p.), Montpellier, 1969.

CAILLET (Louis) — *Projet d'empoisonnement de Louis XI en 1466: Arrestation à Lyon de Jean le Doux, dit Fortune* (8 p.), Besançon, sd.

CALMETTE (Joseph) — *La question du Roussillon sous Louis XI* (in *Annales du Midi*, 98 p.), Toulouse, 1896.

CALMETTE (Joseph) — *Louis XI, Jean II et la révolte Catalane (1461-1473)*, Toulouse, 1903.

CALMETTE (Joseph) et PÉRINELLE (G.) — *Louis XI et l'Angleterre (1461-1483)*, Paris, 1930.

CALMETTE (Joseph) et DEPREZ (Eugène) — *L'Europe Occidentale de la fin du* XIVe *siècle aux guerres d'Italie* (in *Histoire Générale* de Glotz, T. VII), Paris, 1937-1939.

CALMETTE (Joseph) — *Le grand règne de Louis XI*, Paris, 1938.

CALMETTE (Joseph) — *Les grands ducs de Bourgogne*, Paris, 1949.

CHAMPION (Pierre) — *Calendrier royal pour l'année 1471*, Paris, 1928.

CHAMPION (Pierre) — *Le roi Louis XI,* Paris, 1936.
CHASTELLAIN (Georges) — *Chroniques,* édition Kervyn de Lettenhove, Bruxelles, 1863-1866.
CHEVANNE (J.-R. de) — *Les états de Bourgogne et la réunion du duché à la France en 1477,* Dijon, 1934.
CHOISNET (Pierre) — *Le livre des trois sages et le rosier des guerres,* édition Samaran, Paris, 1926.
COMBAT (Joseph) — *Louis XI et le saint-Siège,* Paris, 1903.
COMMYNES (Philippe de) — *Mémoires,* édition Denis Godefroy (4 vol.), Paris, 1706 — édition Lenglet de Fresnoy (4 vol.), Paris, 1747 — édition Petitot (3 vol.), Paris, 1820 — édition Dupont (3 vol.), Paris, 1840-1847 — édition de Mandrot (2 vol.), Paris, 1901-1903 — édition Calmette et Durville (3 vol.), Paris, 1924-1925 — édition Folio, Paris, 1979.
COURTEAULT (Henri) — *Quatre lettres inédites de Louis XI* (23 p., in *Annuaire société d'Histoire de France*), Paris, 1921.
COVILLE (Alfred) — *La jeunesse et la vie privée de Louis XI* (in *Journal des Savants*), Paris, 1908.
DÉPÊCHES DES AMBASSADEURS MILANAIS EN FRANCE SOUS LOUIS XI ET FRANÇOIS SFORZA, édition de Mandrot et Samaran (4 vol.), Paris, 1916-1923.
DEPREZ, voir CALMETTE.
DOUET D'ARCQ (L.) — *Comptes de l'hôtel des rois de France aux* XIVe *et* XVe *siècles,* Paris, 1863.
DROUOT (H.) et CALMETTE (J.) — *Histoire de Bourgogne,* Paris, 1928.
DU CLERCQ (Jacques) — *Mémoires,* édition de Reiffenberg, Orléans, 1875.
DUCLOS (Charles-P.) — *Histoire de Louis XI* (3 vol.), La Haye, 1750.
DUMONT (Georges-Henri) — *Marie de Bourgogne,* Paris, 1982.
FAVIER (Jean) — *François Villon,* Paris, 1982.
FAVIER (Lucie), voir SAMARAN.
FORGEOT (Henri) — *Jean Balue, cardinal d'Angers,* Paris, 1885.
FRÉDÉRIX (Pierre) — *La mort de Charles le Téméraire (5 janvier 1477),* Paris, 1966.
GANDILHON (A.) — *Contribution à l'histoire de la vie privée et de la cour de Louis XI* (in *Mémoires de la société historique du Cher*), Bourges, 1906.
GANDILHON (René) — *Politique économique de Louis XI,* Paris, 1941.
GAUSSIN (Pierre Roger) — *Louis XI, roi méconnu,* Paris, 1976.
GAUTHIER (Léon) — *Fragments de correspondance de Jacques Coitier, Médecin de Louis XI* (24 p., in *Bulletin société d'histoire de la médecine*), Paris, 1912.
GINCINS LA SARRA (Frédéric de) — *Dépêches des ambassadeurs milanais sur les campagnes de Charles le Hardi (1474-1477),* 2 vol., Paris, Genève, 1858.
HALOPPEAU (L.-A.) — *Louis XI; Le drame entre la France et la Bourgogne* (1464-1482), Paris, 1940.
HARVEY (John) — *Les Plantagenets,* traduit de l'anglais par A. Gentien, Paris, sd.
HAYNIN (Jean de) — *Mémoires (1465-1477),* éditions Brouwers (2 vol.), Liège, 1905-1906.
IPCAR (Docteur Ludovic) — *Louis XI et ses médecins* (94 p.), Paris, 1936.
JACQUETON (G.) — *Documents relatifs à l'administration financière de la France de Charles VII à François Ier,* Paris, 1891.
KENDALL (Paul Murray) — *Louis XI, l'universelle araigne...,* traduit de l'anglais par Eric Diacon, Paris, 1974.

LA BORDERIE (Arthur de) — *Jean Meschinot, sa vie et ses œuvres ; ses satires contre Louis XI*, Paris, 1896.
LA BOUTETIÈRE (comte Louis de) — *Un impôt de guerre en 1479*, Saint-Philibert de Pont-Charrault, 1883.
LA MARCHE (Olivier de) — *Mémoires (1435-1488), édition Beaume et d'Arbaumont (4 vol.), Paris, 1884-1888.*
LAVISSE, voir PETIT-DUTAILLIS.
LECOY DE LA MARCHE (A.) — *Louis XI et la succession de Provence (35 p. in Revue Questions historiques*), Paris, 1888.
LEDRU (abbé Ambroise) — *Louis XI et Colette de Chambes* (63 p., in *Revue de l'Anjou*), Angers, 1882).
LEFÈVRE DE SAINT-RÉMY, dit TOISON D'OR — *Chroniques* (2 vol.), Paris, 1884-1888.
LEGEAY (Urbain) — *Histoires de Louis XI, son siècle, ses exploits comme dauphin, ses dix ans d'administration en Dauphiné, ses cinq ans de résidence en Brabant et son règne* (2 vol.), Paris, 1874.
LETTRES DE LOUIS XI ROI DE FRANCE, édition Vaensen, Charavay et de Mandrot (11 vol.), Paris, 1883-1909.
LINIGER (Jean) — *Philippe de Commynes*, Paris, 1978.
LORRAINE (CHRONIQUE DE), édition Marchal, Nancy; 1859.
MANDROT (Bernard de) — *Relations de Charles VII et de Louis XI, rois de France, avec les cantons suisses*, Zurich, 1881.
MANDROT (Bernard de) — *Louis XI, Jean V d'Armagnac et le drame de Lectoure* (64 p., in *Revue historique*), Nogent-le-Rotrou, 1888.
MASSIAT DU BIART (J.) — *Étienne Leloup, maître d'hôtel de Louis XI* (in *Bulletin société archéologique de Lorraine*), sl 1943.
MICHELET (Jules) — *Histoire de France* (Livres XIII à XVII).
MONSTRELET (Enguerrand de) — *Chroniques*, édition Doutrepont et Jodogne (3 vol.), Bruxelles, 1935-1937.
MULLER (Josy) — *Louis XI à Namur* (8 p.), Namur, 1952.
PAQUET (Just) — *Mémoires sur les institutions provinciales, communales et des corporations, sous Louis XI*, Paris, 1835.
PASQUIER (Félix) — *Louis, Dauphin, fils de Charles VII, et les routiers du Languedoc* (23 p.), Foix, 1895.
PASQUIER (Félix) — *Un favori de Louis XI, Boifille de Juge, comte de Castres, vice-roi du Roussillon*, Albi, 1914.
PÉRINELLE (Georges) — *Louis XI bienfaiteur des églises de Rome (Mélanges d'archéologie et d'histoire*, École de Rome), Rome, 1903.
PÉRINELLE, voir CALMETTE.
PERRIER (CC F.) — *Granson et Morat*, Fribourg, 1876.
PETIT-DUTAILLIS (Charles) — *Charles VII, Louis XI et les premières années de Charles VIII (1422-1492)* — Tome IV de l'*Histoire de France* de Lavisse, Paris, 1902.
PILOT DE THORAY (E.) — *Catalogue des actes du dauphin Louis II devenu roi de France Louis XI, relatifs à l'administration du Dauphiné* (2 vol.), Grenoble, 1899.
REIFFENBERG (F.A. de) — *Notice sur Olivier le Diable ou le Daim*, Bruxelles. 1829.
RIGAULT (Jean) — *Les relations de Louis XI avec la ville de Metz (13 p., in Annales de l'Est*), Nancy, 1955.
ROBERT DE CHEVANNE (J.) — *Les débuts de la campagne de 1478 en Bourgogne* (18 p., in *Mémoires société archéologique de Beaune*), Beaune, 1931-1932.

BIBLIOGRAPHIE

ROYE (Jean de) — *Histoire de Loys XI, roi de France, et des choses mémorables advenues de son règne (1460-1483), autrement dit la Chronique Scandaleuse*, Paris, 1620 — Mémoires rédigés par Jean de Troye, greffier de l'Hôtel de Ville de Paris, autrement dit *Chronique de Louis de Valois*, Londres, Paris, 1786 — édition de Mandrot (2 vol.), Paris, 1893.
SACHÉ (Maurice) — *Fantaisies et réalité: les fillettes de Louis XI et le château d'Angers* (20 p., in *Revue de l'Anjou*), Angers, 1916.
SAMARAN (Charles) — *Cinquante feuillets retrouvés des comptes de l'argenterie de Louis XI (1466-1471)* (11 p., in *Bulletin philologique et historique*), Paris, 1928.
SAMARAN (Charles) et FAVIER (Lucie) — *Louis XI et Jacques d'Armagnac* (12 p., in *Journal des Savants*), Paris, 1966.
SCHELLE (Klaus) — *Charles le Téméraire, la Bourgogne entre les lys de France et l'aigle de l'empire*, traduit de l'allemand par Denise Meunier, Paris, 1979.
SÉE (Henri) — *Louis XI et les villes*, Paris, 1891.
STEIN (Henri) — *Charles de France, frère de Louis XI*, Paris, 1919.
TAUTEY (E.) — *Charles le Téméraire et la ligue de Constance*, Paris, 1902.
THIBAULT (Marcel) — *La jeunesse de Louis XI*, Paris, 1907.
TRANCHANT (commandant André) — *La bataille de Nancy, 1477*, Nancy, 1933.
VALLIÈRE (P.-E. de) — *Morat, le siège et la bataille*, Lausanne, 1926.
VARENNES (Jean-Charles) — *Anne de Bourbon, roi de France*, Paris, 1978.
VARILLON (Michel de) — *Histoire de Louis XI* (2 vol.), Paris, 1689.

TABLE DES MATIÈRES

CHEZ LE MÊME ÉDITEUR

LES ROIS QUI ONT FAIT LA FRANCE
par Georges Bordonove

Les Bourbons :
Tome 1 : Henri IV. Tome 2 : Louis XIII.
Tome 3 : Louis XIV. Tome 4 : Louis XV. Tome 5 : Louis XVI.

Les Capétiens :
Tome 1 : Philippe Auguste. Tome 2 : Saint Louis.
Tome 3 : Philippe le Bel.

Les Valois :
Tome 1 : Charles V.
Tome 2 : Charles VII.

FOUCQUET
COUPABLE OU VICTIME ?
par Georges Bordonove

●

NAPOLÉON
par Georges Bordonove

●

LOUIS XVIII
par Philip Mansel

●

LOUIS-PHILIPPE
ET LA RÉVOLUTION FRANÇAISE
par Marguerite Castillon du Perron

●

CHAMPOLLION
par Hermine Hartleben

LES GRANDS MAÎTRES DE LA CHASSE
ET DE LA VENERIE

LA CHASSE AU FUSIL
par Magné de Marolles

●

MANUEL DE VENERIE FRANÇAISE
par Le Couteulx de Canteleu

●

LES VEILLÉES DE SAINT-HUBERT
par le Marquis de Foudras

●

LE CHASSEUR RUSTIQUE
par Adolphe d'Houdetot

●

LES HOMMES DES BOIS
(Le curé de Chapaize et autres contes)
par le Marquis de Foudras

Achevé d'imprimer en février 1989
sur presse CAMERON
dans les ateliers de la S.E.P.C.
à Saint-Amand-Montrond (Cher)

N° d'Édition: 273. N° d'Impression: 330.
Dépôt légal: avril 1986.

Imprimé en France